湖南省教育科学“十二五”规划2015重点课题
“幼儿园教育活动资源建设研究”阶段性成果
课题批准号：XJK015AJC002

幼儿园教育活动
资源建设研究丛书

丛书主编：周丛笑

直击《指南》

幼儿园区域活动

本册主编：罗　霞

中国出版集团 東方出版中心

图书在版编目(CIP)数据

直击《指南》幼儿园区域活动/罗霞主编. —上海：东方出版中心，2018.4（2021.8重印）
（幼儿园教育活动资源建设研究丛书/周丛笑主编）
ISBN 978-7-5473-1250-6

Ⅰ.①直… Ⅱ.①罗… Ⅲ.①活动课程—学前教育—教学参考资料 Ⅳ.①G613.7

中国版本图书馆 CIP 数据核字(2018)第 025796 号

丛书主编 周丛笑
本册主编 罗 霞
责任编辑 邓 伟

直击《指南》幼儿园区域活动

出版发行：东方出版中心
地　　址：上海市仙霞路 345 号
电　　话：(021)62417400
邮政编码：200336
经　　销：全国新华书店
印　　刷：江苏南通韬奋印刷有限公司
开　　本：720×1000 毫米 1/16
字　　数：298 千字
印　　张：17.75
版　　次：2018 年 4 月第 1 版 2021 年 8 月第 2 次印刷
ISBN 978-7-5473-1250-6
定　　价：42.00 元

东方出版中心邮购部 电话：(021)52069798

前　言

幼儿园教育活动资源建设的理论构想

《国家中长期教育改革和发展规划纲要(2010—2020年)》吹响了“基本普及学前教育”的号角，并要求“把提高质量作为教育改革的核心任务”，“加强优质教育资源开发与应用”；《国务院关于当前发展学前教育的若干意见》启动了“学前教育三年行动计划”。由此，我国学前教育迎来了发展的春天。

当聚光灯射向学前教育时，教育部《关于规范幼儿园保育教育工作，防止和纠正“小学化”现象的通知》不失时机地开始了学前教育的“自我矫正”程序，而《3—6岁儿童学习与发展指南》(以下简称《指南》)则掀起了我国幼儿园教育的“新一轮革命”。由此，我国学前教育进入了改革的“深水区”。

有目共睹的是，改革开放30多年来，幼儿园教育改革与发展的经验和教训，似乎均证明了一个朴素的道理：幼儿园教育必须以适宜于幼儿学习与发展的活动为基本形式，而资源是活动得以有效开展的基础和条件。从《幼儿园工作规程》(以下简称《规程》)到《幼儿园教育指导纲要(试行)》(以下简称《纲要》)，幼儿教育界在这一点上基本达成了共识。

很显然，教育活动构成了幼儿园教育的核心。然而，幼儿园应该开展哪些教育活动？如何为其提供丰富的资源，使其有效地开展？时至今日，这两个基本问题不仅仍然困扰着一线教师，而且在学术界也没有达成真正的共识。

俗话说，巧妇难为无米之炊。长久以来存在的教育活动资源缺乏科学性、系统性、针对性、适切性、便捷性等问题，已经成为制约幼儿园教育活动有效开展的关键因素之一。在如火如荼的改革与发展形势下，要全面提高幼儿园教育质量，必须对教育活动资源建设展开研究，以期为教育活动的有效开展提供一个强有力的“支架”。

一、幼儿园教育活动资源建设的价值阐释

马克思指出:“价值,这个普遍的概念是从人们对待满足他们需要的外界物的关系中产生的。”价值所表示的是客观事物对人类社会的存在和发展所具有的作用和意义。幼儿园教育活动资源建设的价值,是说明其作用和意义的。

(一) 幼儿园教育活动资源建设有利于为幼儿的学习与发展提供多方面支持,促进幼儿的全面发展

一方面,建设大量丰富的,以具体形象、生动活泼、亲自参与为特征的幼儿园教育活动资源,可将幼儿真实地引入到幼儿园教育活动中;而适宜的、开放性的、社会和自然的教育活动资源,会给幼儿提供教材和配套教辅资料无法替代的信息刺激、感官刺激、思维刺激,这对幼儿身体机能、认知水平、社会性情感发展的价值是不言而喻的。

另一方面,当幼儿的真实生活成为教育活动情境,幼儿各自的态度、能力、知识等将会自然地呈现出来,成为幼儿间互动互补的依托,促成幼儿从被动学习走向主动探索。面对丰富的幼儿园教育活动资源,幼儿面临着如何获取信息,如何筛选信息,如何从这些信息中归纳出对解决问题有价值的信息等问题,需要学习如何行使自主选择活动及其相应资源的权利,学习如何认识自我、调整自我与激励自我——真正找到蕴藏于本体之中的教育主体的自我教育资源。这一过程将形成并强化幼儿处理信息的能力,并且逐渐培养幼儿独立学习的意识、能力和习惯,使幼儿真正学会学习,促成幼儿最终成为幼儿园教育活动资源的主体和学习的主人,学会主动地、有创造性地利用一切可用资源,为自身的学习、实践、探索性活动服务。

从这个意义上说,幼儿园教育活动资源建设能为幼儿表现潜能、发展个性、培养能力提供支持,并成为促进幼儿发展的基石;能使幼儿在任何需要的时候获得资源来满足学习与发展的需求,解决自己学习中的困难,成为有一定独立学习能力的人。

(二) 幼儿园教育活动资源建设有利于为教师组织各类教育活动提供专业引领,促进教师的专业发展

教师的专业发展是指作为社会职业人员的教师从接受师范教育的学生,到初任教师,到有经验的教师,到实践教育家的持续过程。幼儿园教育活动资源的建设,在给教师带来挑战的同时,也为其提供了专业发展的广阔舞台和良好契

机。通过资源建设的实践活动，教师将与自然和社会互动，不断地融入自然和社会生活，深化对自然、社会及人与自然、人与社会的关系的感悟，获得与他人分享智慧的机会和创造的广阔空间，赢得专业自主权和幼儿园教育活动决策权，摆脱对资源的无意识状态，实现认识上的飞跃。

作为教师专业发展的理想途径，幼儿园教育活动资源建设可以在以下几个方面促进教师的成长。

首先，幼儿园教育活动资源建设能促进教师专业能力的发展。教师的专业能力不是与生俱来的，而是来自创造性的实践活动。在资源建设的实践中，教师要改变支持幼儿的思路和方式，转变行为习惯和行为方式，要培养和施展自己的教育智慧，创造性地为幼儿提供支持和指导，从而不断提高专业水平。更为重要的是，教师要经历反复的操作等资源建设实践活动，这一过程可使教师的专业能力得到优化和发展。

其次，幼儿园教育活动资源建设能促进教师知识结构的优化。资源建设能促使教师将教育理论和教育实践联系起来，依靠专业知识解决问题。教师在解决问题的过程中不断反思和改进自己的实践，融专业服务和专业研究为一体，逐步形成自己特有的专业知识。同时，它还迫使教师关注自己专业以外的领域，接触各行各业的社会人士，从而使教师的社会知识和人际交往的经验有长足的发展。这样，教师的知识体系就会得到扩展和改进，最终实现知识结构的重整与优化。

再次，幼儿园教育活动资源建设能增强教师的合作意识。资源建设使教师的工作方式和指导学习的方式发生根本变化，使教师从个体走向合作，和幼儿、同事、家庭、社区进行沟通与联系，促进相互间的理解。在幼儿依托资源进行的学习中，教师指导的内容包括生活经验、基础知识等很多方面，几乎很难依靠一个人很好地完成对幼儿所有问题的全部指导工作，这就要求教师在关注幼儿教育走向的同时关注其他相关领域，从习惯于孤军奋战、独立完成资源建设任务转变为善于和其他教师一起合作，共同完成任务。因此，资源建设不仅是幼儿成长的有益途径，也是加强教师间的合作和凝聚力，提升教师专业形象，创造新型教师文化的重要途径。

最后，幼儿园教育活动资源建设能促进教师角色和工作方式的转变。在资源建设的实践中，教师将与幼儿一起获取知识，在建设过程中转变其传统的角色形象。教师将不仅是知识经验的提供者，也将成为幼儿获取知识经验的组织者和合作者；不仅是知识经验的拥有者，也将同时变为一个学习者。各种教育资源特别是现代化的教育资源引入幼儿园教育活动，将极大地改变教师的工作方式。教师将不再只是教科书的被动讲授者、幼儿园教育活动的被动执行者，而是幼儿园教育活动目标的制订者、实施者，将主动、积极地参与幼儿园教育活动的全过程，实现工作方式的根本转变。

（三）幼儿园教育活动资源建设有利于防止和纠正“小学化”现象，促进园所的内涵发展

教育部明确规定：规范幼儿园保育教育工作，防止和纠正“小学化”现象，首先要遵循幼儿身心发展规律，纠正“小学化”教育内容和方式。幼儿园要遵循幼儿的年龄特点和身心发展规律，科学制订保教工作计划，合理安排和组织幼儿一日生活；要坚持以游戏为基本活动，灵活运用集体、小组和个别活动等多种形式，锻炼幼儿强健的体魄，激发探究欲望与学习兴趣，养成良好的品德与行为习惯，培养积极的交往与合作能力，促进幼儿身心全面和谐发展。其次要创设适宜幼儿发展的良好条件，整治“小学化”教育环境。幼儿园要创设多种区域活动空间，配备丰富的玩具、游戏材料和幼儿读物，为幼儿自主游戏和学习探索提供机会和条件。

科学、系统地建设幼儿园教育活动资源，就是贯彻落实教育部精神的重要举措。因为，它能为幼儿园各类教育活动的有效开展提供强有力和可持续性的保障系统，使幼儿的“学”和教师的“教”都有抓手，使幼儿园由仅以上“传统的课”为主转变为开展丰富的游戏和活动，从而从根本上防止和纠正“小学化”现象，全面提高教育质量。

幼儿园的内涵发展，表现为培养出来的孩子具有鲜明的个性和独创性，也意味着幼儿园要根据自己的园情开展体现园际差异的教育活动。而这，有赖于各个幼儿园独特的教育活动资源。因此，幼儿园和教师应对呈现多元形态的教育活动资源的作用和价值有清醒的认识，并不断加强资源建设，将传统意义上只是忠实地执行幼儿园教育活动计划的教师的“教”和幼儿的“学”，不断让位于师幼共同开发、整合、利用教育活动资源进行互教互学的过程。

资源作为幼儿园教育活动形成、发展、完善的基础和前提，其开发利用的范围和程度成为活动开展的基本保障——它是幼儿园教育活动目标达成的桥梁、活动顺利实施的条件和载体。资源建设对幼儿园的内涵发展、持续发展具有重要意义。

同时，幼儿园教育活动资源建设的过程，还将是动态地充分发挥整个幼教团队的人力和信息资源优势的过程，在此过程中能够实现园际之间的良好合作和优势互补，更将在园所间形成一个互相交流、取长补短、资源共享的平台，从而使缩小园所之间的办园差距成为可能。

二、幼儿园教育活动资源建设的内涵剖析

内涵，是指一个概念所反映的事物的本质属性的总和。本节拟通过剖析幼儿园教育活动资源建设的概念和范畴，来揭示幼儿园教育活动资源建设的本质。

（一）幼儿园教育活动资源建设的概念

1. 幼儿园教育活动

活动，在《教育辞典》(朱作仁主编，江西教育出版社 1987 年版)里解释为人有意识、有目的地影响周围环境的过程。人的活动是有意识的活动，它总是指向一定的目标或对象。而以皮亚杰为首的心理学家认为，儿童发展在于其本身与外界环境相互作用的建构，儿童在其发展的早期阶段，其智力十分依赖于“某种外在的运动性质的操作”。也就是说，儿童早期发展的关键在于儿童与周围世界的交互活动。

幼儿园教育活动不仅应该包含教育辞典所指的活动的基本意义，还应包含心理学上的儿童发展观念。对此，《纲要》指出：“幼儿园的教育活动，是教师以多种形式有目的、有计划地引导幼儿(开展)生动、活泼、主动活动的教育过程。”这说明，首先，幼儿园教育活动是一种有目的、有计划的活动，其引导者是教师。其次，幼儿园教育活动还应是幼儿的主动活动，教育活动应满足幼儿的兴趣和需要，幼儿是活动的主体。再次，教育活动应有多种开展形式，从活动类型上，可分为集体教学活动、游戏活动、生活活动等；从组织形式上，可分为集体活动形式、小组活动形式和个体活动形式。

我们认为，可以这样对幼儿园教育活动进行界定：幼儿园教育活动是教师有目的、有计划地引导幼儿开展生动、活泼、主动活动的，以促进幼儿全面发展为目的的、形式多样的教育过程，它包括生活活动、游戏活动、区域活动、集体教学活动、亲子活动等。

2. 幼儿园教育活动资源

资源，系一国或一定区域内拥有的物力、财力、人力等各种物质与精神要素的总称。马克思、恩格斯指出，自然资源和人类社会资源同时存在。

本书中的幼儿园教育活动资源，指的是为幼儿园教育活动提供多方面支持所需要的可开发和利用的资源系统，如自然资源、社会资源等，它们可以人、物、活动、网络等为载体。换句话说，幼儿园教育活动资源是教育活动开展过程中可利用的一切人力、物力以及自然资源的总和，它们能保障幼儿园教育目标的实现和教育活动的顺利开展。因此，一切幼儿园获取方便、具体有效并有利于教育活动开展、有利于幼儿学习与发展的因素和材料都可称为幼儿园教育活动资源。

3. 幼儿园教育活动资源建设

建设，《现代汉语词典》(商务印书馆 2016 年第 7 版)解释为：创立新事业；增加新设施。本书中的幼儿园教育活动资源建设，主要指教育活动资源的科学开发与综合利用。其中科学开发就是寻找、创造一切有可能进入幼儿园，能够与幼儿园各年龄段各类教育活动联系起来的资源；综合利用则是赋予或挖掘资源的教育价值并将资源应用于教育过程的各种活动。我们认为，幼儿园教育活动资源的科学开发与综合利用是一体的两面，科学开发是综合利用的前提，综合利用是科学开发的目的，而科学开发的过程包含一定的综合利用，在综合利用的过程中也会促进进一步的科学开发。将科学开发与综合利用合为一体，我们称之为“建设”。

(二) 幼儿园教育活动资源建设的范畴

从理论上讲，幼儿园教育活动资源是无所不在、无时不有的，它并不局限于幼儿园内部，而是来源于广阔的自然、社会、文化环境与幼儿的实际生活之中，以多样化的表现形式存在于人们周围。但是，相对于人来讲，它是外在的、对象性的存在，不会自觉进入教育活动领域显示其潜隐价值，需要人们发挥主体意识，能动性地去开发和利用。因此，有必要对幼儿园教育活动资源划定一个大致的范畴以深化认识。

1. 人力资源

(1) 教师

首先，教师自身是最丰富的资源——其教育思想、教育伦理、思维方式、心理素质、价值观念、专业知识、专业技能、教育潜能、饱含生命力的生活经验与人生体验、人格魅力等重要的隐形资源，都能在教育活动过程中发挥、创造出比自身价值更大的新的教育活动资源。

其次，如果教师认识到资源建设的重要性，掌握资源建设的方法，注重资源建设的经常性和便捷性，那么教师间不仅可以共享资源，还能在有限的空间内，

充分利用资源，优化改进教育活动，并积极地开发资源来保证教育活动的顺利进行。事实上，有些教师甚至能够在资源紧缺的情况下，凭借自己对教育、对幼儿发展需要的解读，“化腐朽为神奇”，在活动中创造出活的教育素材和资源，供幼儿选择与分享，从而超水平发挥自身作为资源的作用，实现自身的独特价值。

因此，在幼儿园教育活动资源建设的过程中，要始终把教师队伍建设放在首位，通过对教师这一重要资源的突破来带动其他资源的建设。同时，幼儿园的支持人员包括保健医生、厨师、门卫和维修人员等，他们也发挥着资源的作用，也应该引起重视。

(2) 幼儿

幼儿拥有自己独特的存在形式或文化，他们不仅仅是教育的对象，更是最重要的资源之一。没有对幼儿这一具有内生性、生成性、鲜活性的教育活动资源的研究与尊重，没有将幼儿也当作一种重要的教育活动资源的意识，将会极大地影响资源建设，影响教育活动的开展。

如何理解幼儿中的教育活动资源？首先，幼儿的经验是一种资源。幼儿的经验是教育的起点。知识只有与幼儿的经验结合起来并最终内化为经验才是有价值的。教师要善于把幼儿已经掌握的和能够发现的信息作为资源，以使教育内容更丰富，更贴近生活实际，更贴近幼儿的兴趣爱好。其次，幼儿的兴趣是一种资源。兴趣是学习的动力，要想使教育获得成功，就要想办法将幼儿的兴趣与教育结合起来。再次，幼儿的差异是一种资源。幼儿在生活经验、兴趣、智能倾向上有差异，从逻辑上讲，差异可能导致两种状况：冲突和共享。幼儿之间可能会因为差异而形成冲突，但是如果引导得好，也可以共享差异，在差异中丰富和拓展自己——尊重、珍惜并善于把幼儿富有个性的思维方法、多样化的探索策略和探索成果作为一种资源加以利用，将更有利于幼儿的学习与发展。

(3) 家长

家长包括幼儿的父辈、祖辈亲属和监护人。家长中有各种人才，蕴涵着丰富的教育资源。

首先，家长的理解和支持是宝贵的资源。随着教育观念的更新和转变，充分发动家长参与幼儿园的教育活动，已逐渐成为一种教育常态。这样，家长的支持与理解就成为宝贵的资源，成为保证教育活动顺利开展的重要前提。

其次，家长各不相同的职业背景、爱好特长、人生经历等，是含量丰富、可开发与利用程度高的资源。家长们承担着不同的社会角色，有丰富的社会知识和经验，教师依据教育活动目标，与条件适合的家长联系，请家长直接参与活动的组织，与教师一起成为施教者，不仅可以使家园联系更加密切，优化家园同步教育，还可挖掘家长中的教育资源、发挥家长的教育潜能。

再次，幼儿家长特殊的社会关系是一种高效而难得的资源。特殊的社会关系使有些家长有能力请一些知名的科学家或艺术家到幼儿园来；有办法为幼儿园与辖区单位牵线搭桥建立某种联系，组织双向服务；有可能为幼儿园争取、筹集到教育资金或协调各方面关系，解决资源建设难题等。

目前，幼儿园越来越重视家长，但从总体上看，重视的主要是家长能为幼儿园提供哪些帮助和家长对幼儿园的评价，家长依然处于配合的地位。幼儿园尚未充分发掘家长中潜藏的教育活动资源。

(4) 社区人士

除了幼儿家长，居住在同一个社区的具有各种专业特长的居民、公职人员、企业界人士、专家学者等，都是可以充分利用的人力资源。他们可以在社区内为幼儿园办好事、办实事，如成立社区义工队、组织各种社区教育活动，为幼儿提供实践基地，向教师介绍前沿学术动态、为教育提供智力支持等，通过这些方式帮助幼儿园不断提高教育质量。

2. 物质资源

幼儿园教育活动物质资源是指以历史、现实和将来存在的物为载体的资源，即物化形态的资源。这类资源较多，只要是附载信息的物，如自然环境、教育活动时间和场地、教学设施和设备、玩教具和游戏材料、师幼读物等，都有可能成为此类资源，关键是要根据需要灵活开发和利用。这里仅谈谈玩教具、游戏材料的建设。

游戏是正在成长中的儿童最大的心理需求。儿童需要游戏，就如需要安全和食物一样。如果儿童能获得与其发展相适宜的游戏环境，那么游戏对儿童来说，就不只是“工作”或生活，还是主动、自觉及愉快的、有益的学习，是一种对社会、对自然的有益探寻，也是儿童接触社会文化的重要途径。因此，充足的游戏材料、适当的场地配置、数量与品种适宜的玩教具、自由摆弄玩具材料的时间和空间等支持游戏顺利进行的物质资源与隐性资源，是极其重要的教育活动资源。

幼儿园应改变玩教具、游戏材料等资源的提供仅仅是由资料室人员做好计划，购买后发放给班级使用的现状，在玩教具与游戏材料等资源建设上逐步做到

以下几点：充分挖掘自然资源和生活中废旧物品的教育价值，收集、整理后投放到班级，运用于各类教育活动中；根据不同班级主题活动的不同阶段配置资源，如发放一定数额的费用给教师购买各种书籍、材料等；同一年龄班的活动区材料可以资源共享；成立教育活动支持小组，外聘教育专家分析教师和幼儿的需要，在进行资源调查与分类的基础上建立资源库；设置资源室，陈列不同年龄主题活动所需要的材料和各种信息资料，以便教师自由取放等。

3. 社区资源

社区指“在一定地域形成的社会生活共同体”(《现代汉语词典》，商务印书馆2016 年第 7 版)。社区为人们提供了社会交往的组织空间和活动区域；同时，社区对人的思想观念、行为规范、生活和发展有着深刻的影响。社区蕴藏着的丰富资源，其优势往往是幼儿园内的资源所不可比拟的。

(1) 社区物质环境资源

社区的文化基础设施如图书馆、体育馆等始终是幼儿教育的重要场所，如何最大限度地开发和利用以满足幼儿活动的需求，是资源建设过程中必须关注的。对幼儿来说，社区儿童活动场所、社区幼儿实践基地、工厂、农村、机关、部队、商场等，都是幼儿向社会学习的场所。这些单位在社区所辖范围内，与幼儿园建立长期的合作关系，可以为幼儿提供了解社会、从事实践活动的条件，充实幼儿园教育的内容，增强教育活动实效性。

(2) 社区民间艺术资源

有一定区域特征的民间艺术是一种大众的艺术形式，是最直接的来自生活、反映生活的艺术。形式多样化的社区民间艺术，如民间美术(民间绘画、手工、雕塑等)、民间音乐(民间歌曲、舞蹈、戏曲等)、民间文学(民间歌谣、故事、传说等)等，是最为鲜活的、不可或缺的幼儿园教育活动资源。

4. 网络资源

网络信息技术的发展，为幼儿园教育活动资源的开发利用提供了信息平台，各种类型的网络教育资源是幼儿园获得高质量数字化、信息化教育资源的途径。

由于网络信息一般都是以网页的形式存储在服务器中，所以网络资源往往依附于一定的网站。以信息处理数字化、存储光盘化、呈现方式多媒体化、传输网络化、学习资源系列化等为主要特征的网络教育资源，主要来自一定的教育网站和科普网站。因此，网络教育资源的质量是与其依附的教育网站的质量密切相关的。幼儿园要想获取高质量的网络教育资源应首先选择优秀的教育网站，如科学育儿网(http://yuer.cbern.com.cn/)、中国学前教育研究会(http://www.cnsece.com/)等。

尽管网上教育资源库的种类有很多,但是,适合幼儿年龄特点的学习、交流方面的教育资源依然不足——主要是缺乏科学的、系统的、理论与实操兼顾的素材库以及使用资源的工具(如搜索引擎),且资源的更新不够,资源管理、检索系统也比较复杂。

随着信息技术的深入发展,网上教育资源建设的不足成为制约幼儿教育信息化发展的瓶颈,教师很难快速准确地找到所需要的资源,获取资源的效率较低。因此,应明确幼儿园教育活动网络资源库的建设目标,建立便捷的分类检索系统、资源档案系统和各类教育活动资源库,拓宽园内外教育活动资源及其研究成果的分享渠道,提高使用效率。

三、幼儿园教育活动资源建设的应然路径

路径,指到达目的地的路线。本书所指的幼儿园教育活动资源建设路径,主要涉及幼儿园教育活动资源建设应秉承的观念、应遵循的原则以及建设的基本步骤三个方面。

(一) 幼儿园教育活动资源建设应秉承的观念

观念是人们对事物的主观与客观认识的系统化之集合体。人们会根据自身形成的观念进行各种活动,如对事物进行决策、计划、实践、总结等。因此,观念具有主观性、实践性、发展性等特点。形成正确而清晰的观念,有利于做正确的事情,提高做事的水平和质量。对幼儿园教育活动资源建设而言,秉承正确而清晰的观念,有利于提高资源建设的水平和质量。

1. 需求观

幼儿园教育活动资源建设的目的,是要为各类教育活动服务,为幼儿的学习与发展服务,因而无论在内容上还是在功能上都应充分考虑幼儿园教育活动的需求,考虑幼儿学习与发展的需要,使幼儿园教育活动的开展有“支架”,使幼儿的学习与发展有抓手,使幼儿园教师和其他幼教工作者能方便及时地获取所需要的信息,使资源具有可利用性。在了解需求的基础上,必须进行需求分析,即结合实际情况,从专业的角度对需求信息进行科学的分析和表述。

2. 系统观

幼儿园教育活动资源建设是一个系统工程,牵涉不同类型的教育活动和

幼儿学习与发展的多方面需求，需要综合幼儿年龄特点、幼儿教育规律、政策法规、硬件配置、师资水平等来考虑各个因素之间的复杂关系，因而决定了幼儿园教育活动资源建设的系统性。幼儿园教育活动资源建设不仅要处理系统内各个子模块之间的结构关系，更要正确处理其与幼儿教育这个大系统中其他子系统之间的关系，只有真正实现了模块之间、系统之间的协调发展，幼儿园教育活动资源才能被高效地利用起来，这是避免重复建设而浪费资源的必要因素。

3. 规范观

幼儿园教育活动资源的建设必须符合幼儿教育的规律和特点，对年龄段、资源种类、呈现方式、文件格式等进行确定时要根据统一的规范标准，符合国家相关规定。由于各地区幼儿教育水平发展不一致，因而在幼儿园教育活动资源建设方面必然存在差异，只有按照相对统一的要求或标准建设资源，实现资源统筹、资源交流与共享才具有可行性，并与世界接轨。

4. 动态平衡观

幼儿园教育活动资源的建设并不是一步到位的，而是一个“缺失—供给—平衡—缺失—供给—平衡……”不断循环的动态过程，它和整个幼儿教育的发展是相辅相成的。随着幼儿教育水平的提高和幼儿教育需求的不断增加，幼儿园教育活动资源的功能和内容应该不断地完善和更新，以适应时代发展的要求。

（二）幼儿园教育活动资源建设应遵循的原则

原则规范着人们的行为，是正确行动的依据、尺度和准则。幼儿园教育活动资源的建设不是随意而行的，同样需要一定的原则来规范。

1. 开放性原则

幼儿园教育活动资源的建设要以开放的心态对待人类创造的一切文明成果，尽可能开发与利用有益于教育活动的一切可能的资源。资源建设的开放性包括类型的开放性、空间的开放性和途径的开放性。类型的开放性，是指不论以什么类型、形式存在的资源，只要有利于提高教育质量和效果，都应是开发与利用的对象。空间的开放性，是指我国地域广阔，地区之间差别大，资源组合有所差异，不同地区间的幼儿园教育活动资源具有很强的互补性和动态交流的必然性，因此不论园内的还是园外的，城市的还是农村的，国内的还是国外的，只要有利于提高教育质量，都应加以开发与利用。途径的开放性，是指资源建设不应局限于某一种途径或方式，而应探索多种途径或方式，并且尽可能地协调配合使用。

2. 经济性原则

幼儿园教育活动资源的建设要尽可能用最少的开支和精力，达到最理想的效果，具体包括开支的经济性、时间的经济性、空间的经济性和学习的经济性。开支的经济性，是指用最节省的经费开支取得最佳效果，尽可能“少花钱多办事”“不花钱也办事”，不应借口资源建设而“大兴土木”，不计高昂的经济代价。时间的经济性，是指应尽可能开发与利用那些对当前教育活动有现实意义的资源，而不能一味等待更好的条件或时机，否则就会影响幼儿园教育活动的实施。空间的经济性，是指资源建设要尽可能就地取材，不应舍近求远，好高骛远。园内有的不求助于园外，本地有的不求助于外地。学习的经济性，是指尽可能开发与利用能激发幼儿学习兴趣的资源。

3. 针对性原则

幼儿园教育活动资源的建设是为了教育目标的有效达成，针对不同的目标应该建设与之相适应的资源。一般说来，每一种资源对于特定的目标具有不同的作用和功能，不同的目标就需要建设不同的资源。但是，由于资源本身的多质性，同一的资源又可以服务于不同的目标，所以，幼儿园教育活动资源的建设就必须在有明确目标的前提下，认真分析与目标相关的各种资源，认识和掌握其各自的性质和特点，这样才能保证资源建设的针对性及有效性。

4. 个性化原则

尽管幼儿园教育活动资源多种多样，但是相对于不同的地区、幼儿园、教师和不同类型的教育活动，可供开发与利用的资源具有极大的差异性。因此，资源建设不应强求一致，而应从实际出发，发挥地域优势，强化园本特色，区分活动特性，展示教师风格，扬长避短乃至补短。资源建设本身就是一项极具创造性的实践活动，每个地区的资源都是独特而丰富的，因为不同区域、不同民族的文化是有差异的，从本地资源中开发出更多可利用的教育因素，既要保持文化的独特性，同时又要引导幼儿学会理解和尊重多样文化。

(三) 幼儿园教育活动资源建设的基本步骤

步骤，指事情进行的程序、次第。幼儿园教育活动资源的建设步骤，指的是为了达到教育目的所设计的资源建设的程序。我们认为，应按照“团队组建—调研论证—方案设计—资源收集、遴选与研发—推广应用—评价反馈—持续更新”的路径来展开幼儿园教育活动资源建设，具体步骤见下图。

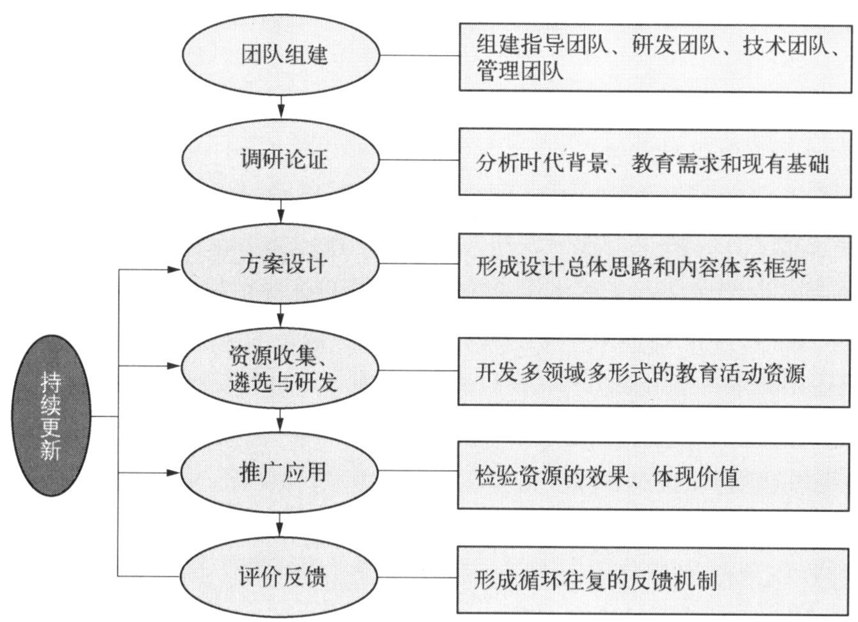

从上图可以看出，幼儿园教育活动资源建设是一个滚动发展、不断充实的过程，同时需要注意以下几点：

第一，在开展调研论证时，要认真领会《规程》《纲要》《指南》等政策精神，全面了解儿童学习与发展的研究成果，全面调查城乡各类幼儿园的教育活动资源需求情况，形成资源建设整体方案，规划并确定资源建设的具体内容，如根据各类教育活动需求，全面建设生活活动资源、区域活动资源、游戏活动资源、集体教学活动资源、亲子活动资源等。每类资源分利用和开发两个维度，每个维度又分别从内容、与内容相关的配套资源、活动设计与实施策略方面展开研究，构建资源库。

第二，在进行方案设计时，应注意系统设计、整体解决。即要构建起既能满足幼儿学习与发展需要，又能契合当前广大教师实际专业发展需要的整体解决方案。为此，要整体建设生活、区域、游戏、集体教学、亲子等活动资源，以最大限度地支持和满足幼儿通过“直接感知、实际操作和亲身体验”获取经验的需要，最大限度地支持和满足教师专业成长的需要。

第三，在进行资源收集、遴选与研发时，首先应注意合作共建、资源共享。即采取多方合作共建模式，最大范围地汇集幼儿园、高等院校、教科研机构的人力和社会资源，共同开展资源收集、整理工作，并采用原创、改造、组合、借鉴、选用相结合的方法，全面系统地建设符合不同年龄段幼儿身心发展特点的资源，形成内容充实、形式多样、贴近实际的资源体系。其次，要把握共性、体现特色。根据《纲要》“城乡各类幼儿园都应从实际出发，因地制宜地实施素质教育”的要求，在建设具有普适性特点的资源的同时，应兼顾不同区域和不同等级、类别园所的需要，充分考虑幼儿的个体差异，体现共性和个性的结合、普适和特色的统一。再次，要注意网络互动、共同参与。即开发网络平台，为幼儿园提供检索、查询、下载、咨询以及业务指导、人员培训等服务。教师可通过网络便捷地找到所需要的资源，并通过讨论、交流、展示等活动，不断丰富资源。

第四，在进行推广应用时，应注意推荐使用、实践检验。即将建设的资源推荐给城乡各级、各类幼儿园使用，在实践中检验资源的科学性、适宜性。

第五，在进行评价反馈时，应注意调整完善、持续改进。即根据实践检验情况，采用行动研究法，不断修改、完善、丰富幼儿园教育活动资源体系。

四、结语

“幼儿园教育活动资源建设”课题组历经近十年的预研究和三年的开题研究，汇集学前教育行政、教研和一线幼儿园的各类优秀教育活动资源，形成了《幼儿园教育活动资源建设研究丛书》。本丛书以全面贯彻落实《3—6 岁儿童学习与发展指南》精神、服务于幼儿园各类教育活动的实施为宗旨，内容涵盖幼儿园各领域集体教学活动、各类游戏活动、各类区域活动、各类生活活动、各类亲子活动以及班级管理活动及其相应资源，共计 12 册。丛书编著的具体分工如下：

湖南省教育科学研究院基础教育研究所学前与特殊教育研究室副主任、特级教师周丛笑担任丛书主编，负责确定 12 册的编写思路，拟定 12 册的目录、提纲及编写体例，进行 12 册书稿的统稿与修改，并撰写丛书前言《幼儿园教育活动资源建设的理论构想》；湖南省株洲市芦淞区芦淞教育幼稚园园长肖瑛、湖南省株洲市教育科学研究院幼教教研员邓艳共同担任《直击〈指南〉幼儿园游戏活动》的编著工作；湖南省长沙市芙蓉区教育局德政园幼儿园园长罗霞担任《直击〈指南〉幼儿园区域活动》的编著工作；湖南省怀化市新晃县幼儿园园长、特级教师李奕担任《直击〈指南〉幼儿园生活活动》的编著工作；湖南省军区幼儿园书记杨燕、湖南省湘潭市教育科学研究院幼教教研员陈丹共同担任《直击〈指南〉幼儿园亲子活动》的编著工作；湖南省人民政府直属机关第三幼儿院院长刘娟担任《直击〈指南〉幼儿园健康教学活动》的编著工作；湖南大学幼儿园园长、特级教师肖晓

敏担任《直击〈指南〉幼儿园语言教学活动》的编著工作；湖南省长沙市岳麓幼儿教育集团第一幼儿园园长杨立群担任《直击〈指南〉幼儿园社会教学活动》的编著工作；湖南省长沙市人民政府机关第三幼儿园园长陈浩军担任《直击〈指南〉幼儿园科学教学活动》的编著工作；湖南省长沙市雨花区教育局第一幼儿园园长、特级教师邓益云担任《直击〈指南〉幼儿园数学教学活动》的编著工作；湖南省人民政府直属机关第一幼儿院院长罗红辉担任《直击〈指南〉幼儿园音乐教学活动》的编著工作；湖南省长沙市岳麓幼儿教育集团第二幼儿园园长向松梅担任《直击〈指南〉幼儿园美术教学活动》的编著工作；湖南省长沙市岳麓幼儿教育集团第八幼儿园园长彭青青担任《直击〈指南〉幼儿园班级管理》的编著工作。

和其他课程资源一样，本丛书涉及的幼儿园教育活动资源建设基本属于“预设”，不可能包括全部内容，也不可能适应所有园所、班级、教师、幼儿。同时，幼儿教育的对象是千变万化的，幼儿园教育活动的过程也是千变万化的，再好的预设也不可能预见教育过程中可能出现的所有情况。苏霍姆林斯基曾言：教育的技巧并不在于能预见教学的所有细节，而在于能根据当时的具体情况，巧妙地作出相应的变动。教师只有把关注的焦点真正放在幼儿身上，思考幼儿在做什么、需要什么，在教育过程中放手让幼儿活动，才能真正彰显幼儿的主体性。因此，在资源建设及教育活动过程中，教师要灵活应变，以更好地适应实际的教育活动需要。为了驾驭好这一过程，教师的教学基本功、教育机智、知识结构等都要进一步加强或改善。

周丛笑

2017 年 8 月

目　录

第一章

幼儿园区域活动概述

随着教育部《幼儿园教育指导纲要(试行)》(以下简称《纲要》)的颁布以及人们对幼儿个性和主动学习的重视,幼儿园区域活动日益受到重视。那什么是区域活动?区域活动的基本概念是什么?为什么要开展区域活动?以及区域活动有什么特点?幼儿园有哪些区域?这些问题我们将在这一章中一一陈述,帮助教师了解区域活动的基本概念,明确区域活动的意义。

一、幼儿园区域活动的内涵与价值

随着幼儿教育改革的不断深入以及对幼儿自主学习重要性认识的日益加深,集体教学不再是幼儿园教育活动的统一模式,区域活动作为实施个别化教育的重要组织形式越来越受关注。区域活动是当前幼儿园普遍采用的一种自由、自主的分组活动形式,是教师创设自然情景下的幼儿自愿、自发的游戏,以其个别化的教育形式尊重了幼儿的个体差异,满足了幼儿个体发展的需要。而区域活动具有自选性、自主性和小组活动的特征,其教育价值依托于幼儿的活动环境、操作材料、家长资源等得以综合体现。幼儿园区域活动是根据幼儿发展需求和主题教育目标创设的立体化育人环境,即充分利用各类教育资源,有效运用集体、分组和个别相结合的活动形式,组织幼儿进行自主选择、合作交往、探索发现的学习、生活和游戏活动,它是深受幼儿喜爱的活动之一。在宽松、愉悦的学习环境中,幼儿能根据自己的兴趣和能力,自主地选择活动内容、活动方式和合作伙伴,按自己的速度进行自主学习。这样改变了集体教学时全班幼儿“齐步走”的教学模式,给学习活动赋予了鲜活的生命力,真正让幼儿体验到操作和交往的乐趣,从而积极主动地探索、发现、表现,既促进了幼儿身心全面和谐发展,又能够维护幼儿爱游戏的天性,满足不同幼儿的发展需要和能力需求,使他们的认知在原有水平上得到不同程度的提高。

(一) 什么是区域活动?

区域活动(area activities)也叫“活动区活动”,是 20 世纪 70 年代从美国引进中国教育界的新名词。在我国,该概念更多地被称为“区域活动”。在我国托幼机构的历史发展过程中,以游戏为基本活动、以活动区为空间结构的活动组织形式早已存在。从 1989 年试行、1996 年正式施行、2016 年修订的《幼儿园工作规程》(以下简称《规程》),到 2001 年颁布的《纲要》,到 2010 年下发的《国务院关于当前发展学前教育的若干意见》,再到 2012 年颁布的《指南》,“以游戏为基本活动”的提法一字不变地在这些文本中予以强调,这在一定程度上推动了区域活动在幼儿园的普及。

区域活动在英文中有多种名称,如游戏区(playing area)、学习区(learning area)或兴趣小组等。通过搜集相关书籍资料及对电子期刊的检索,发现目前关于区域活动的研究主要集中在对区域活动的实践探索方面,并形成了一定的教育理论。

蒙台梭利(M. Montessori)是第一个明确提倡在幼儿园教育中运用区域活动教学的实践者。她提出了将教育领域划分为不同活动区的教育思想,并亲自设计和规划了幼儿园教室里各个区域的教具及相应的具体教育活动,以便幼儿能借助这些教具和操作活动自发地集中学习,从而实现教育目标。其教育法中的区域活动主要是让每个幼儿都可以根据自己的兴趣和内在需求自由地选择活动区域以及区域活动中的材料,促进幼儿各方面的发展。蒙台梭利区域活动主要分为七个部分:日常生活练习区、感官教育区、数学教育区、语言教育区、科学教育区、文化教育区和艺术教育区。在这七个区域中,分别投放不同层次、不同内容和不同发展水平的活动材料,这些材料是幼儿进行自主探索的内容。幼儿在这些活动区的活动主要是以个别教育的方式开展,教师不直接干预幼儿的活动,只在幼儿需要时提供帮助。其区域活动有一个重要的原则就是将所有区域活动的内容都“物化”为符合幼儿特点的具体活动对象,让幼儿在操作“物化”了的教育内容的过程中实现其自身的发展。

美国的高瞻(High/Scope)课程,也与区域活动有密切的关系。高瞻课程强调关键经验,教师要有意识地把关键经验物化为活动情境和活动材料,而幼儿则通过以“活动区”为中介的一系列活动及操作一系列材料,获取经验。

美国哈佛大学的加德纳教授(H. Gardner)和塔夫茨大学的费尔曼教授

(D. Feldman)共同主持的“光谱方案”建立于1984年，是哈佛大学“零点方案”的一个组成部分，它基于“每个儿童都有其能力(或称为智能光谱)的长处，而智能并非固定不变的，富有材料与活动的环境和教育机会能促进其发展”这一信念开展研究。光谱方案针对幼儿的独特性和个性发展设计了八个领域：运动领域、语言领域、数学领域、自然科学领域、社会领域、视觉艺术领域、音乐领域、机械和建构领域，每个知识领域的一组活动一般都是自由游戏和结构化活动的组合。光谱方案活动主要分四个步骤：让幼儿见识或接触广泛的学习领域；在丰富的学习环境中发现儿童的强项；发展儿童的强项；把强项迁移到其他领域和学业表现中去。一般每一个光谱教室会开设八个学习中心，包括语言、数学、自然科学、机械和建构、艺术、社会理解力、音乐、运动。在学习中，幼儿可以根据自己的兴趣和发展需要自由选择活动区，教师主要给幼儿提供丰富的、富有刺激性的材料，着重培养幼儿学术能力以外的其他能力和特长。

皮亚杰(J. Piaget)认为，幼儿在游戏中学习，好奇心驱使他们学习。他强调，幼儿通过积极参与活动而建构知识，并认为指导教师应鼓励幼儿积极主动、动手实验、尝试逻辑推理和社会合作；教师还应为幼儿的自发探索创设安全的支持性环境。在这里学习者有自由选择的机会。

维果斯基(L. Vygotsky)也认为，幼儿积极建构他们自己的知识，游戏是幼儿建构知识的手段。他强调，游戏，特别是假想游戏，应该成为学前儿童或幼儿的主导活动。除了游戏之外，学前儿童还应该参与他所说的“多产活动”，比如讲故事、搭积木以及绘画。维果斯基教育法要求教师成为细心的观察者，能用观察中获得的信息，为幼儿创设亲身体验的互动环境，并支持他们的学习。

瑞吉欧教育法中要求为幼儿提供小组活动或单独活动的空间，丰富幼儿经验，促进沟通，发展关系。提供丰富的感官体验，使幼儿能“用全身探索和发现”。将外面的世界带到室内，幼儿园应该成为大千世界和周围社会的一部分，并鼓励幼儿和成人想象性地使用物体和空间，发展幼儿的灵活性和创造性。

综上所述，我们认为，幼儿园区域活动是指在一定的教育思想指导下，由教师为幼儿提供合适的活动场地、材料、玩具和学具等，让幼儿自由选择活动内容，通过操作、摆弄、发现、讨论、拼搭等活动来获得知识、发展能力的一种教育形式。区域活动具有自由性、自主性、个性化和指导的间接性等特点。区域活动开展的前提是有一个特定的“有准备的环境”，幼儿在教师有目的、有计划创设的环境中自由交往、自主操作，获取经验，获得发展。

(二) 区域活动的基本价值

2001 年颁布的《纲要》和 2016 年修订的《规程》都强调幼儿园教育应该“以游戏为基本活动”“寓教育于各项活动中”，这在一定程度上推动了区域活动在幼儿园的普及。

1. 区域活动符合以幼儿为本的教育理念

“以幼儿为本”是《纲要》倡导的教育理念。区域活动可以帮助教师在实践中具体落实以幼儿为本的理念，真正实现“促进每个幼儿富有个性地发展”的人文教育目标。区域活动中教师的指导和干预更多地表现为活动前的环境创设和活动过程中的观察，如果需要教师介入指导，教师也会尽可能在不破坏幼儿游戏和自主性的前提下介入，指导的前提是细致的观察。

2. 活动有助于改变幼儿教育小学化倾向

区域活动不可能从根本上消除小学化倾向，但从某个角度讲，区域活动的推行有助于改善现阶段的幼儿教育现状，有助于教师在实践中落实《纲要》和《指南》的先进理念，让幼儿园教育回归幼儿教育的本质，让幼儿园教育不那么沉闷，从而让幼儿获得更多自由、自主的活动时间，让幼儿在快乐的童年生活中获得有效和有益的发展。

3. 活动强调幼儿的主体性

把幼儿从被动的学习状态中解救出来，凸显其主体性价值，一直是我们的追求。区域活动能很好地凸显幼儿作为活动主体的价值，因为区域活动强调的是幼儿的自由、自主和自选活动，所以活动中幼儿会以“主人翁”的姿态出现，有自己的计划和想法，这样不仅有利于其知识经验的建构和社会性的发展，更重要的是有利于其自主性的发展，凸显其主体性价值。

4. 活动能保护幼儿的创造性

在幼儿园的活动室规划区域，投放适宜的材料，放手让幼儿自由交往和操作，让幼儿有机会遭遇真实的生活问题和认知冲突，有助于幼儿提高自我学习的能力，提高发现问题、解决问题的能力，提高交往的能力和认知的能力，当然更有助于幼儿创造性地自主表现。

(三) 区域活动存在的问题

幼儿园区域活动意味着选择的可能性，意味着幼儿可以根据自己的兴趣和需要来决定自己做什么和怎么做，而兴趣、自由选择与自主决定是幼儿主动学习的基本条件。但在实际观察中发现，教师对区域活动的开展常流于形式，盲目借

鉴，表面上开展得红红火火，却没有真正发挥区域活动所蕴涵的教育价值。

近年来，随着我国经济建设的步伐加快，人们对优质教育资源的需求日益迫切，幼儿园普遍存在班级人员较多、空间范围小的问题，教师在环境创设和材料投放上或令人感到眼花缭乱或单调贫乏，环境的潜在教育价值挖掘不深、不透，一些教师为了省时省力，将设计好的特殊“角”高高搁置着，只有在临近相关部门参观检查时，才能让幼儿们与之互动一下，生怕准备好的材料耗尽，幼儿们眼里所谓的“好玩具”、喜欢的“角”纯粹是摆花架子、摆样子。另外，投放的材料横向比较，独立性较强，彼此之间没有联系，拓宽不了幼儿的思维；纵向分析，欠递进性、层次性，引发不了幼儿深入持久探索的欲望，而且小中班仅限于美工方面的绘画、剪贴等，大班虽有操作区和益智区等，但幼儿也只是按部就班地完成教师交代的任务，没有独立思考、积极创作的愿望，参与活动的过程变成了一种简单的、呆板的、机械的“手工劳动”，幼儿失去了自主学习、向同伴学习的机会。幼儿对“我想布置什么”“怎么布置”“需要哪些材料”等问题无法主动思考。教师指导方式程式化，未能观察了解幼儿的游戏行为，指导随意性大，缺乏个性化指导，幼儿游戏时间得不到保证，现有的教育资源利用不够到位。归结起来乃是“导演”与“放任”两种极端情况并存，反映出非此即彼的极端化、片面化认识。此外，区域活动所倡导的“间接指导、适时介入”“尊重个体差异”“幼儿自主建构”等理念与日常教学观念中的“个体要服从集体的统一要求”“强调短期可见的学习结果”尚有较大的差异。

（四）区域活动与理论实践

正如我们前面提到的，并不是所有的区域活动都对幼儿发展有益，而只有那些高水平的区域活动才是对幼儿最有益的。在目前幼儿园的区域活动中，我们常常看到三种不同水平的区域活动：混乱失控的区域活动，简单重复的区域活动，有目的的、丰富的、能够让幼儿聚精会神的区域活动。作为幼儿教育工作者，必须掌握一些重要的儿童发展理论，因为运用理论框架可以帮助教师识别哪些事物对幼儿来说具有发展适宜性。

1. 需求层次理论

按照马斯洛（A. Maslow）的需求层次理论（见图 1 - 1），有些需要比其他需要更加强烈，而且在拥有更高水平的需要之前必须得到满足。因此，生理的、安全的和归属感的需要必须首先得到满足，这样才能集中于更高水平的尊重和自我实现的需要。

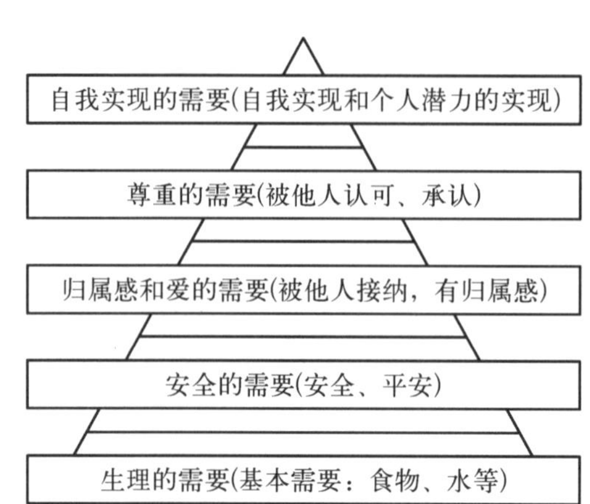

图 1－1　马斯洛的需求层次理论

用这一理论来分析区域活动的三种水平，当幼儿进行混乱无序的游戏时，他们的安全需要没有得到满足。他们的学习、成长和变化都需要安全感，在没有安全感的环境里幼儿无法进行高水平的区域活动。

除了安全需要，幼儿还必须信任他人，这样他们的归属需要才能得到满足。在区域活动中通常会包含许多社会化活动、合作和妥协。当幼儿说"让我们一起玩吧"或者"你做爸爸，我做妈妈"时，他们都能感受到对社会、对群体的归属感。在美工区、建构区进行创造活动时能让幼儿产生自尊感，这时尊重需要获得了满足：我的画真美！我的办法太好了！在不同类型的区域活动中，当幼儿发展出高水平的认知能力和汲取到各种各样的知识、信息并创造性地运用它们时，我们都能看到幼儿的自我实现。

对于教师而言，观察幼儿区域活动并识别哪种需要在区域活动中体现得最明显是非常重要的，同时也是非常直观的。因为在区域活动中教师的主要工作就是观察幼儿。教师根据自己的观察，一步步地满足幼儿的需要，让幼儿能够深入进行活动。幼儿进行新活动尝试时，是会感到害怕的。所以，注重实效的幼儿教师应该努力为幼儿建立一种充满关爱的师幼关系，并营造班级集体感。这样，幼儿就能自信地进行高水平的区域活动，并在区域活动中投入所有注意力和精力；教师就能帮助他们在活动中获得更高层次需要的满足。

2. 同化和顺应理论

同化和顺应理论是皮亚杰提出的，用这一理论来分析区域活动的三种水

平也是可行的。同化(Assimilation)这一过程包含对新信息的吸收,而顺应(Accommodation)这一过程则包含对自己思维的改造。人类获得新经验和摄入新信息时,这两个过程同时发生。顺应为人类提供思考和解决问题的动机。在混乱失控和简单重复的区域活动中,幼儿的同化模式超过了顺应模式。他们不会运用自己的智力去改变思维或者尝试新的经验。因此,幼儿较难摄入新的信息并且在区域活动中运用它们。最终,幼儿会产生挫败感,并且因此出现错误行为。

要想让幼儿以有益的方式进行区域活动,必须让他们经历更多的顺应过程,运用自己的区域活动经验去调整或改变自己的思维。例如,当幼儿将教师给他们阅读过的故事线索整合到表演区,并将其演绎出来时,他们通常会在某种程度上改编故事情节并将不同故事中的角色混编起来。这就是他们的顺应过程——将来源于故事的新信息整合进来,并且在表演时将它们变成自己的东西。他们在建构区搭建高架桥并预测哪辆汽车能走得更远时,会运用从科学活动中学会的词汇,这也是一种顺应过程。对教师而言,观察幼儿的行为以及了解他们是否真正在区域活动时进行更为复杂的运用新信息的活动,即顺应活动,而非同化活动是非常重要的。

3. 最近发展区理论

维果斯基将"最近发展区"定义为幼儿在成人的帮助和支持下努力完成新的事情的区域。在对高水平游戏的支持中,教师的角色是至关重要的。幼儿享受着挑战并且寻求自我的拓展。但是,假如挑战太过强烈,他们也会感到害怕;或者假如挑战不足以激励他们前进,他们也会遭遇挫败。好教师非常了解班级中的幼儿,因此能够针对每一名幼儿的能力提供水平最为适宜的挑战。我们可以将高水平的区域活动视作一种最近发展区,或是一种"有助于幼儿获得更高水平的认知功能的自我帮助工具"。但是,需要重申的是,幼儿正迈向的是高水平的、成熟的区域活动,而不是混乱的、简单的区域活动。

对于教师来说,非常重要的是,要思考支持高水平的区域活动的必备条件有哪些,以及一个能够促进幼儿想象力、激发幼儿兴趣的环境是什么样子的。通常,为了促进幼儿区域活动水平的提高,在各个活动区提供一批有趣的、组织有序的操作材料,为区域活动体验创建一个内在的结构,为幼儿区域活动的深入发展提供充足的时间,都是必不可少的。同时,教师的角色也不能被忽略。虽然高水平的、复杂的区域活动没有教师的介入有时也会成功,但是教师仍然需要和幼儿交流互动，使幼儿的区域活动能够持续发展。在本书的第六章将着重阐述区域活动中教师的观察以及针对观察结果而进行的一系列支持、引导、调整等反应。

研究幼儿发展的学者们的观点能够帮助我们寻找促进幼儿区域活动的方式。比如根据以上理论可以引发的三个方面的思考：其一，幼儿对安全感和归属感的需要；其二，将新想法融入区域活动的重要性以及幼儿在活动中进行角色扮演的益处；其三，教师可以找到引导幼儿将简单的、混乱的区域活动发展成高水平的、成熟的区域活动的方式。本书将在后续章节进行详细阐述。

二、幼儿园区域活动的特点与类型

关于区域活动对幼儿发展的独特价值，人们已有共识，区域活动中宽松愉悦的氛围、丰富的操作材料、灵活多样的活动形式，可以满足幼儿发展的不同需要。但笔者实际观察发现，区域活动表面上开展得红红火火，却没有真正体现出其所涵盖的教育价值。在上一节我们阐述了区域活动的基本概念与教育价值，本节我们将对区域活动的特点及活动类型进行深入探讨。

(一) 区域活动的特点

对区域活动概念的深层理解是教师组织指导区域活动的前提条件。目前教师对区域活动的理解，基本上是从教师、幼儿两个维度出发的：从教师的角度理解，区域活动是“集体教学的延续”和“分组活动”；从幼儿的角度理解，区域活动是“自由游戏活动”和“学习性活动”。教师的观点直接影响活动的开展形式，“集体教学的延续”“分组活动”“自由游戏活动”“学习性活动”是当前幼儿园区域活动开展的主要方式。其实这些观点并无对错之分，只是各自理解的角度与价值取向不一样。但教师应在理解区域活动基本特点的基础上组织实施区域活动，并全面、综合地加以运用才能保障区域活动开展的主旨不走形。教师要清楚区域活动的实质与功能，不同活动区有不同的功能和不同的规则要求，教师的指导也应不同。关于区域活动的特点描述林林总总，下面我们从区域活动的实质以及活动内容的特点来进行分析。

1. 区域活动的实质特点

从区域活动的实质来看，其主要特点表现为以下几个方面：

(1) 自由、自选

区域活动为幼儿提供了较为充分的自由行为的条件，教师让幼儿自由选择自己喜欢的区域，自己决定跟谁一起玩、玩什么、怎么玩。幼儿只要不破坏环境、

不吵架、不打架，没有安全问题，教师一般不会限制太多，所以，幼儿会感受到与集体活动完全不一样的自由感。

(2) 自主交往和操作

教师对区域活动的控制和指导较少，所以，在区域中的幼儿有更充分的机会融入环境，通过与区域内的同伴自由交流和交往，或者自主地操作材料和玩具获得实实在在的发展。

(3) 教师间接指导

区域活动强调幼儿自由、自主地活动，所以，教师的主要任务是为幼儿创设适宜的环境、提供适宜的材料，通过物化目标的材料引领幼儿的活动，或者通过与幼儿的共同游戏间接实现对幼儿的指导。但是教师应当明确，自主性并不是任意自发的行为。自主性是具有方向性的，主体能够对自己的行为结果负责，能够支配自己的行为。自主性的前提是对自己与周围事物有正确认识，自主性行为是后天通过教育培养而形成的，是社会规范的内化，逐渐成为主体的一种较为稳定的行为特征。自发性行为，即在外在刺激下，由某种情绪冲动而引起的。

(4) 个性化的学习和发展

区域活动一般都是小组活动或个别活动，较为突出的是幼儿自主操作、自由互动，每个幼儿都可以根据自己的兴趣和需要选择区域和活动材料，进行符合自己发展进程的各种各样的活动，所以，区域活动是幼儿喜欢的，能满足其个体需要的、促进其个别化发展的活动。

2. 区域活动的功能特点

区域活动是一个整体概念，既强调幼儿的自主性、兴趣性，又是幼儿主动学习的基本条件。也就是说，区域活动不仅仅是幼儿感兴趣的，同时也蕴涵着学习的潜能。

(1) 游戏、学习统一

区域活动要求教师创设活动环境，投放活动材料，实际上区域活动是教师教育意图的客体化和物质化。也就是说，教师可以通过创设活动区来影响幼儿的游戏和学习活动。区域活动既是幼儿的游戏活动，也是幼儿的学习活动。但此时的“学习”，不是传统意义上的“教学”，没有“教师讲、幼儿听”的概念，而是教师通过材料与环境潜移默化对幼儿的活动施加影响，以支持、帮助幼儿顺利进行活动。

(2) 游戏性大于学习性

区域活动更多强调的是幼儿自主选择活动区，自己决定活动内容、活动方式、活动伙伴，对活动区的环境、材料提出更高的要求，活动的趣味性更强，这要求教师不要一味地将区域活动学习化，应加强活动区的游戏性，特别是当今幼儿园盛行的任务定向的区域活动，应适当减少。

(3) 空间开放性与内容整合性

各活动区之间应是既开放又相互联系的，方便幼儿出入，方便各区域之间的交流。例如，利用货币的流通，将角色扮演区的“银行”“超市”“医院”“娃娃家”“理发店”“幼儿园”等多个游戏区联系起来，形成一个大型的社区角色体验游戏场。在活动中，幼儿的兴趣、主动性极高，同伴间的交往率大大加强，语言、社会性、动作技能等多方面的能力都得到了发展。

同时，还要注意活动内容的整合，避免活动区活动的单一化、狭窄化。比如，建构区中，幼儿进行的不仅仅是“建构”活动，也可以进行艺术、语言、科学、社会等多领域的学习活动。关键是教师要有研究、发掘各活动区教育潜能的思想意识，时刻注意活动材料的多领域经验的指向性，材料的低结构化，注重隐性环境的暗示作用。

(二) 区域活动的类型

根据活动内容对空间进行划分是幼儿园常见的区域活动前期准备。一般来说，每个班级活动室根据空间大小和课程需要，可分隔成若干个小型的功能区角，有时这些区域会延伸到走廊、大厅和户外等公共区域，由多个班级幼儿共享。有条件的幼儿园还会根据课程的特色，将某个功能区扩展为专门的功能室，除了班级每天进行的区域活动外，还会组织各班幼儿轮流到功能室去活动。有些幼儿园会把功能交叉的活动区合并，有的会把某种功能区的材料分散到各个区域。现在关于区域活动类型的说法有很多种，但无论如何进行分类，比较常见的不外乎这两种分类方式：一种是按照区域功能内容来分类，即表现性活动区、探索性活动区、运动性活动区、欣赏性活动区，这些功能涵盖了幼儿发展的五大领域；另一种是按照使用率来进行分类，即常规区域、特色区域、主题区域。

1. 按功能内容进行分类

(1) 表现性活动区

表现性活动区是以幼儿已有的经验为导向的，通过各种开放性材料的投放，为幼儿提供自我表现与表达的机会。幼儿在这类活动区中会综合运用已有知识，在表达意愿、展示能力，充分体现自己天性和潜力的过程中进行各种创造性的活动。主要包括以下几类：

装扮区——幼儿开展角色游戏的场所。

表演区——幼儿自发地进行故事表演和歌舞表演的场所。

建构区——幼儿使用各种结构元件如积木、插塑等材料进行结构造型的场所。

美工区——幼儿自主地进行绘画和手工制作的场所。

(2) 探索性活动区

对幼儿来说,探索性活动区应当是充满好奇并极具挑战性的,惊奇、疑问、尝试、发现是这类活动的一般过程。如何通过创设环境激发幼儿的认知冲突,让幼儿在不断的尝试中建构自己的经验,是教师对这类活动区的主要作为。主要包括以下几类:

益智区——幼儿通过手脑并用操作材料(棋牌类、拼图类)进行逻辑思维活动的游戏场所。

科学区——教师通过投放各种低结构化的材料,使幼儿通过与材料的相互作用,获得物体属性和事物关系的知识,是幼儿探索发现客观世界物理经验的活动场所。

沙水区——幼儿玩沙、玩水的游戏场所。

种植饲养区——针对的是植物和动物,这是增长幼儿自然常识、认识生命变化的活动区域,有室内自然角和室外种植饲养园地等。

(3) 运动性活动区

运动性活动区是指在户外场地上的,以粗大动作练习为主要内容的活动区域。对户外场地的功能区域划分,可以考虑三大要素:一是发展哪些粗大动作,二是如何提高综合运动能力,三是怎样促进运动中的思维发展。主要包括以下几类:

固定运动器械区——幼儿在固定的大型运动器械上进行活动的场所。

可移动运动器材区——幼儿可用双手操纵移动性运动材料来进行游戏的场所。

自然游戏区——富有野趣的自然游戏场所。

(4) 欣赏性活动区

在欣赏性活动区,幼儿的主要活动方式是通过用眼、用脑进行理解和感受。欣赏性活动区主要包括图书阅读区和实物展示区,这是幼儿增长见识,获得自主发展的重要区域。

图书阅读区——幼儿阅读图画书的安静场所,有条件的幼儿园既有专门的图书室，也有在班级活动室内设置的阅读区。

实物展示区——把各种想让幼儿了解而幼儿又难以亲历的事物，以一种环境布置的方式进行展示的区域。

2. 按使用率进行分类

(1) 常规区域

常规区域通常是指那些在各个幼儿园都通行的、大家普遍认同和设置的区域。这些区域几乎不受地域的限制和年龄的影响，在各个班都可以设置，只不过投放的具体材料和开展的活动有异，所以被称为常规区域。本书中将针对常规区域的活动目标、内容选择、环境创设、过程设计以及组织与指导五项内容一一进行探讨。我们将常规区域设定为以下八个：

语言区——提供适宜的阅读材料供幼儿进行阅读活动的区域。精心创设的语言区能为幼儿提供成为有效说话者、倾听者、阅读者和写作者所需技能的学习机会。语言区中的活动内容主要分为“听赏”“讲述”“阅读”“前书写”四类活动。

科学区——幼儿可以集中时间观察、预测、实验、比较分析、推理判断、使用科学工具、实践“过程”以及学习的区域。幼儿天生好奇，创设良好的并基于好奇心的科学区域活动，能激发幼儿的探究欲望，使他们喜爱探究并享受这个过程。科学区中的活动内容主要分为“科学探究”和“数学认知”两类活动。

美工区——提供各种美术活动材料供幼儿进行美术创意活动的区域。幼儿在参与美工活动的过程中，不但能激发创造力，丰富美术知识、技能，而且还能促进情感、社会性、认知和身体能力的发展。美工区中的活动内容主要分为“绘画”“手工”“欣赏”三类活动。

生活区——提供各种与生活有关的材料供幼儿进行操作练习的区域。精心创设的生活区是幼儿学习的资源地。幼儿用小肌肉和感知技能在该区域实践操作，既进行了手眼协调的练习，还能促进认知技能的发展。生活区主要包括“自我服务”与“环境理护”两个内容。

表演区——提供各种道具和材料，供幼儿进行表演活动的区域。表演区不仅能促使幼儿实践生活和学习中获得的知识，消化吸收信息，并理解其含义，还有助于促进幼儿的读写能力、自控力、认知力、社会性、情感和创造力的发展。幼儿在表演区的活动内容主要分为“音乐类表演”“文学类表演”“戏剧类表演”。

建构区——提供各种构造材料让幼儿进行各种造型活动的区域。建构区为幼儿提供了丰富的学习与发展的机会，如发展数学能力、运用象征符号、实践科

学技能、运用读写能力、展示情感技能、呈现审美意识与情趣、运用地理知识等。从建构场地及要求来分主要包含“桌面建构”“地面建构”“立面建构”三类活动。

角色区——提供各种材料供幼儿进行角色扮演，以体验社会生活的区域。角色区能满足幼儿参与社会生活的愿望，帮助他们积累社会生活的经验，促进他们的社会化进程和交往能力。同时也为幼儿提供了促使他们自主解决冲突和矛盾、创造性地使用材料进行游戏的平台。角色区的活动内容从扮演的角色来分类可分为“家庭角色”和“社会角色”两类。

户外活动区——提供各种材料供幼儿在户外进行各种活动的区域。幼儿在户外活动时，各项技能包括身体素质都会得到提高，也有利于培养幼儿亲近大自然的情感。不同类型的活动场所，对幼儿发展的影响有不同的侧重。这一区域由于地理空间的特点，所涵盖的内容非常丰富，主要有“运动”“野趣”“玩水”“玩沙”“种植”“饲养”“学习”“休息静坐”等。

(2) 特色区域

所谓特色，放到幼儿教育中来可以解释为：人无我有、人有我精、人精我特。显见，特色区域也就是与别的幼儿园不同的、比较独特的区域。这种特色可以是地域特色，也可以是园本、班本特色。

特色区域并不仅仅反映在独特的名称上，有些区域用的是常规区域的名称。如建构区，但在建构区投放的是本地区独有的建构材料，或者本幼儿园开发挖掘的、独有的建构材料，开展的是富有特色的建构活动，这也可以被称为特色区域。

此外，有的区域尽管从名称上看没有什么特别之处，好像很多幼儿园都有，但是某个幼儿园有自己持续深入的探索研究，积累了丰富的经验，形成了自己丰富而独特的环境和活动特色，这也是一种特色区域。

所以，特色既可以体现在空间利用和布置、材料投放、开展的活动内容、活动指导上，也可以体现在区域评价等方面。但是，特色区域应该是教师根据幼儿的兴趣和发展需要，尤其是根据自己班级的资源开发挖掘形成的，是长期积累形成的结果。有些地域要求幼儿园的区域活动园园有特色、班班有特色，这样的强求只会让教师为特色而特色，或者生造特色，这样就违背了教育的基本规律。

(3) 主题区域

主题区域活动主要是指那些和主题活动关系密切并随着主题活动的变化而相应发生明显变化的区域活动，尤其是随着新的主题活动的衍生、发展与结束而相应(但实践中往往不会同时而是提前或滞后)诞生、发展与结束的区域活动，这

些相应的活动区便被称为主题区域活动。比如在“大马路上”的主题教学活动中，建构区的“立交桥”活动就属于主题区域活动。

主题区域活动作为一种和主题教学活动密切联系的区域活动，除了具有常规区域活动的一般特点外，它还具有一些独特的特点。主题区域依存于某一具体主题教学活动的诞生、发展与结束而相应地变化，主题区域活动的内容与区域的数量会随着同一个主题教学活动的内容变化而相应地变化。同时，主题区域活动与常规区域活动大多数时候还是相互并存的。但是，主题区域活动相对来说学习成分会多一些，游戏成分少一点。主题区域活动从目标到操作，结构性更高一些，是主题教学活动很好的补充和延伸。考虑到主题区域的这些特点，一般来讲，在班级区域中主题区域不可以太多，太多的主题区域会削弱幼儿的自主游戏。主题区域、常规区域和特色区域应有恰当的比例，以常规区域为主。

三、幼儿园区域活动与其他因素之间的关系

区域活动与教学活动、游戏活动到底是什么关系？区域活动中的自主性具体体现在哪些方面？这些都是让教师们感到困惑的问题。下面笔者根据所在幼儿园五年的区域活动研究，结合大量文献资料，针对区域活动与其他因素之间的关系这一问题进行阐述。

(一) 区域活动与教学活动的关系

区域活动与教学活动应该是怎样一种关系？这是让教师比较困惑的问题之一。

这里所说的教学活动就是指的“集体教学活动”。长期以来，教学活动在我国学前教育领域中居于主导地位，而作为“舶来品”的区域活动长期处于边缘地位。随着《纲要》的颁布实施，幼儿在幼儿园教育中的“中心地位”逐渐得到确立和认可。在此背景下，“区域活动”“教学活动” “一日生活活动”三者相互配合，共同构成幼儿园的保教活动。

教学活动包括教师预设的和生成的教育活动，单独的一节“课”和围绕一个主题展开的系列活动，以及全班一起进行的和分小组同时进行的教育活动。教学活动强调活动的目的性、计划性，教师以直接指导为主；区域活动则强调环境和材料对幼儿的引导，教师表现为间接指导。它们之间是相辅相成、相互延伸、相互转化的。

一般而言，教学活动是教师有目的、有计划地组织，班级所有幼儿都参加的

一种教育活动。它具有高效、经济、公平、引领性强、系统性强等优越性。幼儿在教学活动中获得的经验会潜移默化地通过区域活动得到运用与迁移，从而丰富幼儿的区域活动内容。而目前在幼儿园最常用的一种模式是将教学活动延伸到区域活动中。比如，在“找秋天”的活动中幼儿收集到各种落叶，掌握各种关于落叶的知识，在科学区中可以运用这些知识经验对落叶进行观察、分类，而在美工区则用各种落叶粘贴创作各种手工作品。反过来讲，幼儿也会将区域活动中的知识、经验和能力迁移运用到教学活动中，而幼儿的这些表现也是教师设计和实施教学活动的重要依据。

区域活动和教学活动有时是能够相互延伸和转化的。比如，在“我的家乡”的主题教学活动中，当教师发现建构区中幼儿搭建“岳麓书院”的活动停滞不前时，就组织相应的集体活动以丰富幼儿对“岳麓书院”的认识，明确如何进一步改善他们搭建的内容，以便幼儿在更高的水平上进行搭建；当搭建活动又出现停滞时，教师再次针对幼儿遇到的共性问题开展相应的集体活动，然后再帮助幼儿在更高的水平上搭建……有些时候，教学活动时间有限，或者受材料、场地等因素的限制，幼儿没有足够的时间进行反复探索和操作，那么教师可以将其投放进相应的区域中，满足幼儿操作探究的欲望。比如，在小班科学活动“变了，变了”中，教师为幼儿提供了各种干货食品，让幼儿探索感知食品的“泡发（吸水性膨胀）”特征。由于时间有限，教学活动之后，教师把这些操作材料投放到科学区，并补充更多的、不同种类的食品，以便幼儿在区域活动时间继续探索发现。

（二）区域活动与游戏活动的关系

《〈3—6 岁儿童学习与发展指南〉解读》中指出“通过活动区游戏来实施《指南》”，“活动区活动时幼儿通过游戏进行自发学习”，因此在很多关于幼儿园游戏的书中都能看到区域活动的内容。笔者在调查中发现，教师对区域活动与游戏活动之间是否可以画等号存在着不同的声音。具体有三种不同的看法，一种是把区域活动等同于游戏活动，一种是将区域活动与游戏活动分为截然不同的两种类型，还有一种则认为区域活动中既有游戏活动，也有学习活动。本书所提倡的观点更接近于第三种。

在幼儿园“以游戏为主”的现状下，一个活动是否属于游戏活动没有明确的界限。通常我们只会说游戏成分更多一些，还是学习成分更多一些。也就是说游戏活动与非游戏活动其实是在一条线上，它们只是侧重点不同而已。游戏强调的是幼儿的自由、自主和愉悦性，是由内在动机引发的活动，相对来讲，幼儿更喜欢，兴趣更浓厚；而学习活动通常有一定的学习目标和较为统一的要求，自主性与趣味性相对少一些。

而区域活动中有些显而易见是属于游戏，比如娃娃家、商店、医院、餐厅里的角色游戏等，建构区中运用积木进行搭建的结构游戏，科学区的中拼图、走迷宫等，也算是游戏活动。但也有一些区域活动很难归到游戏的类别，这些区域活动包含技能练习的成分或者独立学习的成分更多一些，从本质上分析，说它们是学习活动更贴切。教学活动延伸到区域中的活动，比如美术活动中未完成的作品的再创作、数学类操作材料的再使用等，这些材料诱发的活动从本质上讲都属于学习活动，而非游戏活动。

而教师干预活动的多与少也决定着区域活动是游戏还是学习活动。一般来说，教师干预较多、指导比较直接的活动更接近于学习活动，可以归类为小组学习或个别化学习；反之，教师干预较少，或者即使有干预，也以间接方式为主的活动，一般来说更倾向归于游戏活动。

在现阶段我们看到的幼儿园区域活动有两种明显的表现，一种强调区域活动与主题教学相结合，要求每个区域投放的材料能根据主题教学的要求进行投放，这就很容易把区域活动变成教学活动的延伸和附属，这让区域活动失去它自主、自选的独特价值。现阶段幼儿园的教育现状，并不缺少教学活动，相反缺少的是游戏和幼儿的自主活动。所以，区域活动应该更多地体现游戏活动，增加游戏的区域，给予幼儿更多的自由、自主活动的机会。

而另一种就完全相反，整个幼儿园每个班级的区域统一规划、材料统一投放，活动组织也采用的是“放羊式”，教师无指导、无观察，幼儿在园三年玩的是同样的区域、同样的材料，这样的区域活动带给幼儿的发展是非常有限的。我们的幼儿真正需要的，除了游戏的时间之外，还包括能够促进游戏的有趣经历、材料和有价值的交流。

(三) 区域活动中幼儿的自主意识

我们在上文了解区域活动的概念、存在的问题的基础上，分析了区域活动与教学活动、区域活动与游戏活动的关系。现在我们进一步探究区域活动中幼儿的自主意识如何体现。

每到开学前期，或者在对外展示、接受检查之前，教师都会加班加点地忙着完善班级环境。为什么会出现这种现象呢？一方面可见教师对于环境这个“隐形的教育者”的认可，另一方面也反映了教师对于这个“隐形的教育者”的理解较

为肤浅。

1. 环境创设谁做主

幼儿园的环境创设如果要真正成为“隐形的教育者”，它就应该是长期的、慢慢地形成的，而不是加班加点“赶”出来的。教师匆匆忙忙“赶制”出来的环境，仅仅是个摆设，很难与幼儿的活动建立联系。尽管我们强调区域环境是教师为幼儿创设的“有准备的环境”，但并不是说区域环境创设是教师一个人的事，与幼儿无关。如果我们认可班级环境是教师和幼儿共同生活和学习的空间，那么布置班级环境就是教师和幼儿共同的任务。创设环境的过程为幼儿提供了思考、操作、表现、创造的机会，其本身就是一个非常好的教育过程。一名优秀的教师不仅仅在环境布置上会考虑幼儿的想法，以幼儿为本，而且会巧妙地把布置环境的过程转化为幼儿学习的过程，尽量把自己的工作转化为幼儿的学习任务，真正体现幼儿是主人的观念，让幼儿在参与创设的过程中获得发展。

对于中、大班的幼儿来讲，每学期初或学期末的时候，活动室可能需要重新规划调整，这时教师可以组织幼儿讨论并设计新的活动室。班级需要哪几个区域，每个区域设在什么位置，容纳几个人，玩什么游戏……所有这些问题都可以请幼儿自己讨论商定，然后全班师幼共同做出选择。

2. 材料投放谁做主

区域活动的另一重点就是操作材料，材料的缺乏是区域活动中最大的问题。有时教师有很好的想法，却因为没有适宜的材料而不得不放弃。区域材料如果单凭教师个人搜集难度太高，这个过程一定需要家长和幼儿参与才可能实现。

大部分教师仅仅是在需要家长配合时发个通知就完事了，其实这是一个长期、持续的过程，教师要注意培养家长的资源意识，即通过各种方式让家长意识到家里的废旧物品在幼儿园里都是幼儿们的“宝物”，对于幼儿们的学习和发展意义重大。本书将在第四章着重探讨如何利用家长、社会资源开展区域活动。

新玩具或材料到来之后，投放在哪个区域，和什么材料放在一起，可以怎样使用……这些问题，教师都可以交给幼儿自己讨论决定。我们一直在强调的区域规则之一是“物归原处”，教师每周尽可能拿出一些时间和幼儿们一起讨论，根据需要重新调整某些区域的材料。

3. 区域规则谁做主

区域活动的规则不是教师一厢情愿提出的“要求”，也不是为了控制幼儿的行为而划定的“条条框框”，而是整个区域活动顺利进行的一种内在需求，是进入区域幼儿都必须共同遵守的规则。因此在制定规则时应该让幼儿参与进来，师幼共同商讨、制定和调整规则。只有幼儿自己认同和接纳的规则，他们才有可能更好地遵守。笔者所在的幼儿园，教师和幼儿共同制定合理的区域规则已经成为常态，这样做有助于活动的顺利进行，也能让区域活动更具有内在的条理性，以保证幼儿活动时的安全。在讨论基本规则前，教师可以与幼儿一起聊一聊在区域活动中可以做什么，然后一起讨论，怎样才能保证大家都能做好、玩好。当规则引发一些活动的矛盾与问题时，这个区域的活动规则就应该重新制定，这时也需要教师将幼儿召集起来，与他们一起讨论该区域存在的问题。下面这三条简单的规则可以囊括大部分的行为和期望：我们要确保自身的安全；我们要很好地保持室内外环境；我们要互相帮助。除此之外更多的是每个区域因操作材料而衍生出来的额外规则，这些规则有助于幼儿的区域活动向更高水平发展。

4. 区域评价谁做主

评价是区域活动实践中不可或缺的重要一环，是不断改善区域活动的关键所在。区域活动的核心主体是幼儿，区域环境是否适宜，区域活动是否有效都是透过幼儿的表现和发展状况体现出来的，所以，对区域中的幼儿的观察和评价是至关重要的。

从评价的参与者这方面来看，应该是基于共同经验基础的“相关人员”参与评价。具体地说，是对一个共同话题感兴趣并具有了相应的经验基础的所有“相关人员”，包括相关的教师、幼儿甚至家长。“相关人员”就某一共同话题的经验基础进行评价，不仅提高了幼儿参与评价活动的积极性，更为重要的是，有利于幼儿真正参与到评价活动中来，并且在与同伴的互评过程中，产生高质量的思维碰撞与对话，因为对话的一个重要条件就是有一个对话参与者共同关心的话题以及相应的经验基础。

根据评价时机的不同，对幼儿的评价可以粗略地划分为活动过程中的随机评价和活动结束后的集中评价两种。区域活动具有较大的自主性、自由性与开放性，每个幼儿参与的情况不同，开展过程中需要幼儿自身、同伴或教师及时进行相应的评价，其中尤其以教师进行评价为主。但是，随着幼儿评价意识和能力的不断提高与增强，教师应引导幼儿在活动过程中逐渐尝试对自己或同伴的活动进行评价。活动结束后的集中评价也被称为总结性评价，在这一过程中不仅有教师对幼儿的评价，更有同伴对幼儿的评价，还有幼儿对自己的评价。教师应采用多种方式，积极鼓励、引导与支持幼儿参与评价活动。

让幼儿们参与这些活动不仅仅是对他们的尊重，更重要的是培养他们独立思考和解决问题的能力，不过早地把幼儿的思维固定在一个框子里。

(四) 区域活动的保障因素

如果想让幼儿园的区域活动既能成为保教活动的点缀，又能成为一项常规活动来开展，需要各方面的共同努力。

1. 教师的观念

教师是幼儿教育最根本的决定性因素，所以，教师专业素养的提升尤为关键。一名合格的幼儿园教师必须要有正确的儿童观、教育观和课程观，不能很好地认识幼儿教育的价值，就很难保证幼儿教育的科学性，很难实现《纲要》和《指南》中规定的幼儿发展的目标。区域活动不仅需要教师的指导，而且对教师的指导要求更高，难度更大，涉及教师的儿童观、教育观、游戏观、发展观，教师的自身素质和教育技能等。这意味着教师对区域活动的指导充满新的挑战，需要不断学习与更新观念。

2. 学习课程与游戏课程的平衡

游戏是发展适宜性实践中重要的一部分。不幸的是，一些幼儿教育者逐渐限制了游戏，因为他们认为游戏让幼儿失去了学习和达成学习课程目标的机会。然而，游戏和学习课程是可以共存的。学习课程的实现并不需要额外的时间，也不一定非得在教师主导的小组和集体活动中才能实现，在这些活动中儿童都是被动的学习者，被要求安静地坐很长的时间，这是绝对不需要的。相反，我们可以在幼儿进行区域活动时，看见学习目标的达成。为了能在区域活动中体现学习课程，教师必须熟悉学习课程的目标，并能够正确理解目标中的各项指标。

3. 时间保障

在现阶段的很多幼儿园中，区域活动大多是点缀性质的，每天半小时都很难保障。在西方国家的很多幼儿园里，幼儿一天的正常活动内容首先是区域自由活动，然后才是生活活动、户外活动和较少的集体活动。为保障幼儿的游戏时间，幼儿园应尽可能减少集体活动时间，增加室内区域活动和户外游戏时间，并在一日作息时间表中体现出来，作为时间上的保障。

4. 空间保障

幼儿多、空间小的问题是现阶段很多幼儿园教师面对的区域活动困境。对于教师来讲，我们只能通过改善空间的利用率来改善区域互动不足的现状：一是开展分组活动，二是把玩具和材料分门别类地存放，用摞高的方式来节省空间，也可以利用班级和走廊共有的空间开展小组活动或自由活动。

5. 玩具、材料的保障

玩具、材料是区域活动开展的关键要素，但玩具、材料不足的现象是目前幼儿园普遍存在的问题。我们应尽量少建豪华幼儿园园舍、减少豪华设施设备的投入，把更多的资金投入在幼儿园的玩具、材料、图书等与幼儿生活和幼儿发展关系密切的方面。同时，教师应该更多地利用自然材料和废旧物品制作出活动所需要的材料投放到区域，以丰富幼儿区域活动的内容。

6. 家长和全社会教育价值理念的调整

幼儿教育不仅仅是幼儿园的教育，社会各方面都有为幼儿成长保驾护航的责任。现阶段社会上出现了许多认识误区和违背教育规律及发展规律的做法，突出地表现在把幼儿学习小学化、应试化、商业化、功利化，幼儿教育变成了片面灌输知识技能的、急功近利的、让幼儿身心疲惫的训练，极大地危害了幼儿的健康发展，误导了幼儿教育的方向。所以，帮助家长理解适宜幼儿身心发展的教育活动，以及了解幼儿的学习内容，是教师的责任。

第二章

幼儿园区域活动的目标建构

区域活动是在教师的教育计划内幼儿自主探究、学习与发展的过程。与主题教学活动一样，区域活动作为一种教育形式，是带有教师教育意图和教育目标的。因此为区域活动制订切实可行的教育目标是非常必要的。本章我们将围绕区域活动的目标构建进行阐述。

一、幼儿园区域活动目标建构的依据

《纲要》明确提出："幼儿园应为幼儿提供健康、丰富的生活和活动环境，满足他们多方面发展的需要，使他们在快乐的童年生活中获得有益于身心发展的经验。"《指南》也指出："理解幼儿的学习方式和特点。幼儿的学习是以直接经验为基础，在游戏和日常生活中进行的。要珍视游戏和生活的独特价值，创设丰富的教育环境，合理安排一日生活，最大限度地支持和满足幼儿通过直接感知、实际操作和亲身体验获取经验的需要。"幼儿园活动区是根据活动内容的类别对空间进行划分后的区域。之所以要设置活动区是为了让幼儿有更多机会作用于环境，通过游戏进行自主学习，从而获得有意义的经验。各个区域之间可以进行相互独立的活动，也可以进行区域间有联系的活动。

《指南》的目标部分是由"目标"和各目标下的"各年龄段典型表现"与"教育建议"组成的。《指南》就幼儿发展的五大领域提出了 32 条目标，并列举了各年龄段目标达成的典型表现以供教师参考。这些目标告诉我们，在幼儿阶段，哪些东西是最值得学的，我们可以从哪些方面为幼儿创设有助于发展的物理环境，可以从哪些方面为幼儿营造健康成长的心理氛围，我们可以从哪些方面关注幼儿的发展，以及如何了解他们的发展状况。然而，《指南》中大部分目标的陈述，却并非是一种具有可操作性的行为界定。《指南》中对目标的这种表述方式本身体

现了教育的价值取向，“目标”意在导向，强调的是发展的连续性，注重在经验的不断累积和强化中逐步达成目标。《指南》中区域活动虽然没有单列，但生活与游戏本身就具有天然的整体性，幼儿各领域的学习与发展也在其生活和游戏中自然地融合着各领域的知识。教育建议不仅告诉我们应该在日常生活和游戏中如何指导幼儿，实际上也告诉了我们在生活和游戏中如何关注幼儿，同时还告诉我们应当如何反思我们的教育行为。我们在制订幼儿园区域活动目标时，不仅要考虑社会对幼儿的要求，也要考虑幼儿发展的一般规律和年龄特点，同时还要体现区域活动的自身特点。

正因为如此，我们依据《纲要》第二部分教育目标与内容要求和《指南》目标部分，将幼儿园区域活动的目标建构为幼儿园各区域活动的总目标和幼儿园各区域活动的年龄段目标，旨在给广大幼儿教师提供一个参考，尚需教师基于当时、当地和幼儿的实际情况灵活地拓展与创造，不断丰富和发展。

二、幼儿园各区域活动的总目标

从以下所列活动区的内容特点来看，虽各有功能侧重，但每一类活动区都综合了《指南》五大领域的目标，如果教师能够依据《指南》，全面地考虑具有吸引力的活动区环境创设，使幼儿能自由自在地参与各类活动区的活动，那么，幼儿的发展就将会是均衡而个性化的。

(一) 语言区目标

语言区——幼儿进行语言锻炼的活动区域，语言区是活动区中必有的基本区域之一。幼儿语言的发展贯穿于各个区域，也对其他区域的学习与发展有着重要的影响：幼儿在运用语言进行交流的同时，也在发展着人际交往能力、理解他人和判断交往情境的能力、组织自己思想的能力。应为幼儿创设自由、宽松的语言交往环境，鼓励和支持幼儿与成人、同伴交流，让幼儿想说、敢说、喜欢说并能得到积极回应。为幼儿提供丰富、适宜的低幼读物，经常和幼儿一起看图书、讲故事，丰富其语言表达能力，培养阅读兴趣和良好的阅读习惯，进一步拓展学习经验。语言区活动中应引导幼儿自然而然地产生对文字的兴趣，不应用机械记忆和强化训练的方式让幼儿过早识字。

(1) 注意倾听，能听懂日常语言并能理解对方的话。

(2) 喜欢与人谈话、交流，能清楚地说出自己想说的事。

(3) 具有文明的语言习惯。

(4) 喜欢听故事、看图书，具有初步的阅读理解能力。

(5) 具有书面表达的愿望和初步技能。

(二) 科学区目标

科学区——教师通过投放各种低结构化的材料，使幼儿通过与材料的相互作用，获得物体属性和事物关系的知识，是幼儿探索发现客观世界物理经验的场所。幼儿科学区的核心是激发探究兴趣，体验探究过程，发展初步的探究能力。科学区不仅能满足幼儿的好奇心，还能发展表现力，从而保持求知欲；不仅解决了幼儿对某一科学现象的短暂困惑，还为入学以后对这些现象的抽象学习奠定了感性经验的基础。教师要真诚地接纳、多方面支持和鼓励幼儿在科学区的探索行为。如认真对待幼儿的问题，引导他们猜一猜、想一想，做一做；容忍幼儿因探究而弄脏、弄乱，甚至损坏活动区材料的行为，引导他们活动后做好收拾整理；多为幼儿选择一些能操作、多变化、多功能的玩具材料或废旧材料，在保证安全的前提下，鼓励幼儿拆装或动手自制玩具。

(1) 对周围的事物、现象感兴趣，喜欢探究。

(2) 喜欢观察，乐于动手动脑、发现和解决问题。

(3) 乐于在探究中思考，尝试进行简单的推理和分析，发现事物之间明显的关联。

(4) 能从游戏中感受事物的数量关系并体验到数学的重要性和趣味性。

(5) 爱护动植物，关心周围环境，亲近大自然；珍惜自然资源，有初步的环保意识。

(三) 美工区目标

美工区——幼儿自主地进行绘画和手工制作的场所。美工区既为幼儿提供了精细动作练习的机会，也为幼儿审美表征能力的发展创造了条件，更是创造性教育的重要场所。美工区的核心价值在于体验表现与创造的乐趣及成就感，经历色彩、线条、立体造型等个性化的表现经验与情感，获得熟悉运用并创造性综合使用美工材料的机会。幼儿通过这样的机会，从简单创作逐步走向复杂创作，其创造性也日益展现出来。幼儿对事物的感受和理解不同于成人，他们表达自己认识和情感的方式也有别于成人。美工区的关键在于充分创造条件和机会，激发幼儿对美的感受和体验，丰富其想象力和创造力，引导幼儿学会用心灵去感受和发现美，用自己的方式去表现和创造美。

(1) 喜欢自然界与生活中美的事物。

(2) 喜欢美工活动，能用自己喜欢的方式大胆地表现自己的感受与体验。

(3) 乐于与他人分享、交流作品和美感体验。

(四) 生活区目标

生活区——幼儿在幼儿园中经常接触的区域，是一种以生活材料为核心来提升幼儿自理能力的区域。通过营造温暖、轻松的心理环境，让幼儿形成安全感和信赖感，形成积极稳定的情绪情感，并帮助幼儿养成良好的生活与卫生习惯，提高自我保护能力，形成使其终身受益的生活能力和文明生活方式。其最终目的是使幼儿在生活化教育活动后能够更好地自主生活。生活区是幼儿园中必不可少的教学区域。生活区内材料的投放与使用，直接影响着幼儿的参与兴趣，直接影响着幼儿自理能力的发展。所以，合理、科学的投放和使用生活操作区材料是至关重要的。

(1) 情绪稳定愉快，能遵守基本的游戏规则。

(2) 具有良好的生活与卫生习惯，有基本的生活自理能力。

(3) 知道必要的安全知识，学会保护自己。

(4) 能主动选择操作材料进行操作，手的动作灵活协调。

(五) 表演区目标

表演区——幼儿自发地进行故事表演和歌舞表演的游戏场所。表演作为一种综合性的表达方式，具有丰富的教育价值。幼儿在表演时需要运用多种感官，调动多种经验。表演活动可以促进幼儿语言能力、动作表现能力、交往能力、审美能力、创造能力以及情感等多方面的发展。经常开展表演游戏，对幼儿的艺术素养、审美能力是一种很好的熏陶，幼儿的创造性想象得到充分发挥，表现力日益增强，开朗、自信、合作的品质也都由此得到发展。幼儿独特的动作和语言往往蕴含着丰富的想象和情感，成人应对幼儿的表现给予充分的理解和尊重，不能用自己的审美标准去评判幼儿，更不能为追求结果的"完美"而对幼儿进行千篇一律的训练，在表演区要提供丰富的便于幼儿取放的材料、工具或物品，支持幼儿进行自主表演。

(1) 喜欢表演活动并大胆表现。

(2) 具有初步的表演与创造能力。

(六) 建构区目标

建构区——幼儿用各种结构元件，如积木、插塑等材料进行结构造型的游戏场所。建构区的活动是幼儿根据自己的水平、兴趣和需要来选择材料进行个别性或小组性的操作活动。经常玩建构游戏的幼儿，能获得大量有关数量、图形以

及空间的核心经验。这主要是因为，在积木拼搭和接插各种作品的过程中，在审美规则的运用上，诸如对称、有序排列、均衡等美的形式的体现，需要运用到许多数学经验。可见，建构游戏是融思维、操作、艺术、创造为一体的活动，是幼儿阶段不可缺少的一种体验。幼儿园必须提供足够的空间、充足的材料以及充分的时间，保障幼儿建构游戏的开展。建构区的创设一方面通过投放各种色彩鲜明、富于变化的材料吸引幼儿，另一方面，又可以让幼儿在玩的过程中达到一定的要求，培养一定的能力，学会一定的技能，促使不同能力水平的孩子都能得到发展。

(1) 对建构活动感兴趣，喜欢摆弄各类积木，体验创造与成功的喜悦。

(2) 能与同伴分享、分工合作，共同建构设计。

(3) 了解结构材料的性质、大小、颜色、形状等，发展空间知觉，理解数量关系。

(4) 能运用各种建构技法，动手动脑，自由地表现主题物；能自行解决建构过程中出现的问题。

(5) 尝试运用对称、平衡、协调等艺术要素，发展审美及表现美、创造美的能力。

(七) 角色区目标

角色区——幼儿开展角色游戏的场所。角色游戏是幼儿通过扮演角色，运用想象，创造性地反映个人生活印象的一种游戏。在角色游戏中，幼儿需要按照游戏的主题、角色、情节去支配与控制自己的行动，按自己的意愿作用于周围的环境，这就要求幼儿积极地、独立地去从事活动。幼儿要充分地发挥想象力，开动脑筋，进行创造性的活动，并为达到游戏的目的，不断地、独立地解决与克服遇到的种种障碍。它是幼儿对现实生活的一种积极主动的再现活动，游戏的主题、结构、情节、使用的材料均与社会生活有关。幼儿以自己对社会生活的种种印象对游戏的情节进行设计和安排，并按照自己的愿望、兴趣和能力来进行游戏。幼儿个人的生活经验越丰富，角色游戏的水平也就越高，因此，教师应当注意丰富幼儿的生活经验。

(1) 乐意运用已有生活经验参与角色区活动；能逐步理解并遵守日常生活中基本的社会行为规则。

(2) 在角色体验中乐意与人交往。

(3) 恰当地表达自己的情绪、情感，学习理解他人的情感和需要，关心、尊重他人。

(4) 喜欢进行自编、自导、自演的活动并大胆表现，具有初步的创造能力。

(八) 户外区目标

户外区——在户外场地上以粗大动作练习为主要内容的活动区域。户外区域活动要充分利用园内室外的空间，开设成独立的区域，根据活动的需要投放本土化的材料，挖掘民间资源，让幼儿在相对宽松的环境中进行操作和探索，获得各方面的能力。在户外的区域活动中，幼儿的活动空间比较大，互相间的干扰很少。在户外有更多的材料可以成为幼儿的“玩伴”，更好地促进幼儿与环境的交互作用。孩子在自身多种感官与实物的交互作用中获取经验，增强自主学习的能力。户外区域活动除了关注知识本身的价值、幼儿获取知识和解决问题的过程外，更重要的是通过丰富的户外活动环境，给幼儿充分的自主权，让幼儿按自己的方式去探索、去学习、去发展。

(1) 喜欢参加户外活动，具有一定的适应能力。

(2) 在自主活动的基础上，积累运动经验，增强体质。

(3) 能遵守活动规则，乐意与同伴一起游戏，会协商、能互助。

(4) 具备基本的安全知识与自我保护能力。

三、幼儿园各区域活动的年龄段目标

《指南》目标部分分别对 3—4 岁、4—5 岁、5—6 岁三个年龄段末期幼儿应该知道什么，能做什么，大致可以达到什么发展水平提出了合理期望，指明了幼儿学习与发展的具体方向；教育建议部分列举了一些能够有效帮助和促进幼儿学习与发展的教育途径与方法。《指南》在每一条目标下面列举了各年龄段的典型表现。这些典型表现的陈述虽然已经具体到行为特征，但除了健康领域和其他领域的部分条目外，同样不具有可测量性，也就是说，幼儿是否达成某一目标，不能用单个任务进行评判衡量，而是需要教师在幼儿游戏过程中通过反复的观察，才能作出判断。

幼儿的发展是一个持续、渐进的过程，同时也表现出一定的阶段性特征。每个幼儿在相似发展进程中，各自的发展速度和到达某一水平的时间不完全相同。要充分理解和尊重幼儿发展进程中的个别差异，支持和引导他们从现有水平向更高水平发展，按照自身的速度和方式到达《指南》所呈现的发展“阶梯”。正因为如此，《指南》中的教育建议不仅告诉我们应该在日常生活和游戏中如何指导幼儿，实际上也告诉了我们在生活和游戏中如何关注幼儿，同时还告诉我们应当如何反思我们的教育行为。以下的幼儿园区域活动的年龄段目标是导向，教师

在实施过程中切忌用一把“尺子”衡量所有幼儿。

(一) 各年龄段语言区目标

3—4 岁：

(1) 能听懂日常会话，别人对自己说话时能注意听并作出回应。

(2) 说话自然，声音大小适中。

(3) 愿意表达自己的需要和想法，必要时能配以手势动作。

(4) 喜欢跟读韵律感强的儿歌、童谣，能口齿清楚地说儿歌、童谣或复述简短的故事。

(5) 能在同伴或老师的提醒下使用恰当的礼貌用语。

(6) 会看画面，能根据画面说出图中有什么，发生了什么事等；爱护图书，不乱撕、乱扔。

4—5 岁：

(1) 在活动中能有意识地听与自己有关的信息，能结合情境感受到不同语气、语调所表达的不同意思。

(2) 愿意与同伴交谈，基本会说普通话，能基本完整地讲述自己的所见所闻和经历的事情，讲述比较连贯。

(3) 别人对自己讲话时能回应，能根据场合调节自己说话声音的大小，能主动使用礼貌用语，不说脏话、粗话。

(4) 能反复看自己喜欢的图书，喜欢把听过的故事或看过的图书讲给别人听。

(5) 能大体讲出所听故事的主要内容，能根据连续画面提供的信息，大致说出故事的情节；能随着作品的展开产生喜悦、担忧等相应的情绪反应，体会作品所表达的情绪情感。

(6) 愿意用图画和符号表达自己的愿望和想法；在老师提醒下，写写画画时姿势正确。

5—6 岁：

(1) 在活动中能注意听老师或同伴讲话，听不懂或有疑问时能主动提问。

(2) 能有序、连贯、清楚地讲述一件事情，讲述时能使用常见的形容词、同义词等，语言比较生动。

(3) 能根据谈话对象和需要，调整说话的语气，懂得按次序轮流讲话，不随意打断别人。

(4) 能专注地阅读图书，喜欢与他人一起谈论图书和与故事有关的内容。

(5) 能说出所阅读的幼儿文学作品的主要内容;能根据故事的部分情节或图书画面的线索猜想故事情节的发展,或续编、创编故事。

(6) 对看过的图书、听过的故事能说出自己的看法;能初步感受文学语言的美。

(二) 各年龄段科学区目标

3—4 岁:

(1) 对感兴趣的材料能仔细观察,发现其明显特征。

(2) 认识常见的动植物,能注意并发现周围的动植物是多种多样的。

(3) 能感知和发现物体和材料的软硬、光滑和粗糙等特性。

(4) 能感知和区分物体的大小、多少、高矮长短等量的方面的特点,并能用相应的词表示。

(5) 能手口一致地点数五个以内的物体,并能说出总数;能按数取物。

(6) 能注意物体较明显的形状特征,并能用自己的语言描述。

(7) 能感知物体基本的空间位置与方位,理解上下、前后、里外等方位词。

4—5 岁:

(1) 喜欢动手动脑探索物体和材料,并乐在其中。

(2) 能对事物或现象进行观察比较,发现其相同与不同。

(3) 能根据观察结果提出问题,并大胆猜测答案。

(4) 能通过简单的调查收集信息并能用图画或其他符号进行记录。

(5) 能感知和发现动植物的生长变化及其基本条件。

(6) 能感知和发现常见材料的溶解、传热等性质或用途;能感知和发现简单的物理现象,如物体形态或位置变化等。

(7) 能感知和区分物体的粗细、厚薄、轻重等量的方面的特点,并能用相应的词语描述。

(8) 能通过实际操作理解数与数之间的关系,会用数词描述事物的排列顺序和位置。

5—6 岁:

(1) 能主动动手动脑寻找问题的答案,探索中有所发现时感到兴奋和满足。

(2) 能通过观察、比较与分析,发现并描述不同种类物体的特征或某个事物前后的变化。

(3) 能用一定的方法验证自己的猜测。

(4) 在成人的帮助下能制订简单的调查计划并执行；能用数字、图画、图表或其他符号记录。

(5) 能察觉到动植物的外形特征、习性与生存环境的适应关系。

(6) 能发现常见物体的结构与功能之间的关系。

(7) 能发现事物简单的排列规律，并尝试创造新的排列规律。

(8) 能通过实物操作或其他方法进行10以内的加减运算。

(三) 各年龄段美工区目标

3—4岁：

(1) 乐于进入美工区活动，喜欢操作、摆弄相关材料，体验其中的乐趣。

(2) 喜欢涂涂画画、粘粘贴贴并乐在其中。

(3) 能用简单的线条和色彩大体画出自己想画的人或事物。

4—5岁：

(1) 在欣赏艺术作品时，关注其色彩、形态等特征，会产生相应的联想和情绪反应。

(2) 能用绘画、捏泥、手工制作等多种方式表现自己的所见所想。

(3) 能运用绘画、手工制作等表现自己观察到或想象的事物。

5—6岁：

(1) 愿意和同伴、老师分享、交流自己喜爱的艺术作品和美感体验。

(2) 能用多种工具、材料或不同的表现手法表达自己的感受和想象。

(3) 能用自己制作的美术作品布置区角，美化生活。

(四) 各年龄段生活区目标

3—4岁：

(1) 初步培养良好的生活、卫生习惯。

(2) 自己能做的事情愿意自己做。

(3) 喜欢承担一些小任务，如熟练使用勺子，尝试给娃娃穿脱衣物或鞋袜。

(4) 能用剪刀沿直线剪，边线基本吻合，知道要安全地使用剪刀等操作材料。

(5) 初步了解应对意外事故的安全常识。

(6) 能将玩具放回原处。

4—5岁：

(1) 会运用介绍自己、交换玩具等简单技巧加入同伴游戏。

(2) 对大家都喜欢的东西能轮流分享；与同伴发生冲突时，能在他人帮助下和平解决;活动时愿意接受同伴的意见和建议。

(3) 自己的事情尽量自己做,不依赖别人;能自己穿脱衣服、鞋袜、扣纽扣,初步学习使用筷子,能正确使用剪刀,能操作简单的劳动工具或用具。

(4) 敢于尝试有一定难度的活动和任务。

(5) 了解应对意外事故及体育活动中的安全常识。

(6) 能整理自己的物品。

5—6 岁:

(1) 有自己的好朋友,也喜欢结交新朋友。

(2) 活动时能与同伴分工合作,遇到困难能一起克服;与同伴发生冲突时能倾听和接受别人的意见,不能接受时会说明理由。

(3) 讲究个人和公共环境卫生。

(4) 自己的事情自己做,不会的愿意学。知道根据冷热增减衣服,会自己系鞋带,能熟练使用筷子,能沿轮廓线剪出由曲线构成的简单图形。

(5) 主动承担任务,遇到困难能够坚持而不轻易求助。

(6) 知道躲避危险、应对意外事故和快乐身心的最基本方法。

(7) 能按类别整理好自己的物品。

(五) 各年龄段表演区目标

3—4 岁:

(1) 喜欢在集体面前表演。

(2) 能模仿有趣的动作、表情和声调。

(3) 能用声音、动作、姿态模拟自然界的事物和生活情景。

4—5 岁:

(1) 能够专心地观看自己喜欢的表演,有模仿和参与的愿望。

(2) 愿意参加表演活动,能初步用音色、语调的变化表现出有突出特征的角色,口齿清楚。

(3) 能通过即兴表演来表达自己的心情。

5—6 岁:

(1) 能用表情、动作、语言等方式表达自己对艺术作品的理解。

(2) 愿意参加表演活动,会根据情节协商有什么角色,并协商分配角色,有问题不争吵。

(3) 能自编自演故事,并为表演选择和搭配简单的服饰、道具或布景。

（六）各年龄段建构区目标

3—4岁：

（1）喜欢玩积木、积塑，愿意在游戏中与同伴交流，能用语言表达自己的愿望与需要。

（2）知道分类材料的具体名称，在不断操作感知中逐渐理解大小、多少、长短、形状等概念，辨别上下、前后、里外等方位。

（3）不干扰别人，能注意不碰坏别人的作品。

（4）使用材料不争抢，轻拿、轻放；不扔丢材料，用多少取多少，不用放回原处；结束游戏时，能按标记收放材料，放整齐。

（5）能根据自己的喜好和需要选择一种合适的材料，搭建简单的物品，表现出其主要特征，在一定范围内搭建，不随意占地。

（6）在搭建过程中学会简单的铺平、横排、顺接、垒高、加宽、延长、接插、围合、盖顶等基本搭建技能。

4—5岁：

（1）对积木、积塑搭建感兴趣，不随便串组活动，学会认真做好一件事。

（2）学习根据预定的计划调节人数，能友好地同伙伴一起搭建，能尝试自己想办法解决搭建中的问题。

（3）使用材料先来后到，不争抢，用什么取什么，不用放回筐内。

（4）能感知物体的形体结构特征，拼搭出该物体的造型。

（5）在搭建过程中学会桥式、塔式、围拢和覆盖等基本搭建技能；能采用平式、转向和斜式等联结方式和同伴合作搭建一组主题物体。

（6）学习使用辅助材料和替代物进行搭建，能较好地控制自己的身体不撞倒搭好的物体。

（7）保留建构作品，能讲述建构主题与过程。

5—6岁：

（1）能较专注持续地进行积木、积塑的主题搭建活动。

（2）能主动协商，推选组长、明确分工、协作建构，会交往合作，用语言等方式交流，协调行为。

（3）能用常见的几何形体有创意地拼搭物体的造型。

（4）在建构活动中学习并理解平衡、对称、重心等概念，会区分左右；从保留的有价值的搭建成果中掌握有价值的搭建方法。

(5) 能按语言指示或根据简单示意图正确取放材料。

(6) 能完整地讲述搭建的内容和过程。

(七) 各年龄段角色区目标

3—4 岁:

(1) 乐意和小朋友一起参加角色区体验活动,能根据自己的兴趣选择角色,活动中情绪稳定、愉快。

(2) 在游戏过程中能模仿成人的语言、行为、动作,能用语言进行简单的角色交流。

(3) 会有礼貌地与他人交往。

4—5 岁:

(1) 喜欢和小朋友一起参加角色游戏,能按自己的想法进行游戏,情绪投入、积极愉快。

(2) 能用协商的方法开展游戏,如分配角色、确定情节等,能基本完整地表达自己的想法。

(3) 能根据需要对游戏的空间、材料等进行调整,不断地拓展游戏情节。

(4) 在游戏过程中能进行角色之间的积极互动,能主动使用礼貌用语,不说脏话、粗话。

(5) 敢于尝试有一定难度的任务,初步尝试自己解决交往中出现的问题。

5—6 岁:

(1) 能主动地表现所扮演的人物角色,活动时能与同伴分工合作,遇到困难能一起克服。

(2) 敢于尝试有一定难度的角色,能大胆表达所扮演角色的想法并与其他角色积极交流,相互沟通,友好地与小朋友进行角色交往、角色合作或角色转换。

(3) 学习理解他人的情感和需要,会用多种形式加以表达,能自我控制和调整与同伴之间的相互行为和关系。

(4) 能用以物代物的方法设计、制作简单的场景或道具,分工布置、整理场景。

(八) 各年龄段户外区目标

3—4 岁:

(1) 喜欢大自然,愿意参加户外活动,体验运动的乐趣。

(2) 能在较热或较冷的户外环境中活动。

(3) 初步尝试用各种材料和器械活动身体,学习一些基本运动方法。

(4) 具有一定的平衡能力，动作协调、灵敏：能沿地面直线或在较窄的低矮物体上走一段距离，能双脚灵活交替上下楼梯，能身体平稳地双脚连续向前跳，分散跑时能躲避他人的碰撞，能双手向上抛球。

(5) 具有一定的力量和耐力：能双手抓杠悬空吊起 10 秒左右，能单手将沙包向前投掷 2 米左右，能单脚连续向前跳 2 米左右，能快跑 15 米左右，能行走 1 公里左右(途中可适当停歇)。

(6) 在提醒下能注意安全，不做危险的事。

4—5 岁：

(1) 喜欢大自然，愿意参加户外活动，体验合作运动的快乐。

(2) 知道简单的求助方式；能在较热或较冷的户外环境中连续活动半小时左右。

(3) 能根据自己的喜好，选择不同的户外活动方式，尝试更多的运动方法。

(4) 具有一定的平衡能力，动作协调、灵敏：能在较窄的低矮物体上平稳地走一段距离，能以匍匐、膝盖悬空等多种方式钻爬，能助跑跨跳过一定距离或助跑跨跳过一定高度的物体，能与他人玩追逐、躲闪跑的游戏，能连续自抛自接球。

(5) 具有一定的力量和耐力：能双手抓杠悬空吊起 15 秒左右，能单手将沙包向前投掷 4 米左右，能单脚连续向前跳 5 米左右，能快跑 20 米左右，能连续行走 1.5 公里左右(途中可适当停歇)。

(6) 运动时能主动躲避危险。

5—6 岁：

(1) 能主动参加体育活动，大胆尝试新奇、有野趣的活动。

(2) 能在较热或较冷的户外环境中连续活动半小时以上。

(3) 能根据自己的喜好，选择不同的户外活动方式，尝试在合作交流运动的过程中获得身体活动的经验。

(4) 具有一定的平衡能力，动作协调、灵敏：能在斜坡、荡桥和有一定间隔的物体上较平稳地行走，能以手脚并用的方式安全地爬攀登架、网等，能连续跳绳，能躲避他人滚过来的球或扔过来的沙包，能连续拍球。

(5) 具有一定的力量和耐力：能双手抓杠悬空，吊起 20 秒左右，能单手将沙包向前投掷 5 米左右，能单脚连续向前跳 8 米左右，能快跑 25 米左右，能连续行走 1.5 公里以上(途中可适当停歇)。

(6) 运动时能注意安全，不给他人造成危险。

幼儿在区域活动中，其经验往往是综合的，不会出现语言、社会、认知、动作等领域的割裂，因此教师从幼儿经验出发进行的指导行为也应是整合的。区域活动具有潜移默化的学习效应，这种效应不仅是现时的（即有助于《指南》中目标的实现），它还是未来的（即有助于幼儿以后长远的发展）。

第三章

幼儿园区域活动的内容选择

分析了幼儿园区域活动的概念与目标,对幼儿园区域活动有了比较清晰的认识后,我们来分析语言区、科学区、美工区、生活区等常规区域在不同年龄段实施内容选择时需要遵循哪些原则,可以选择一些什么样的内容。希望本章能给教师提供一些参考。

一、幼儿园区域活动内容的选择原则

区域活动内容的选择决定着区域活动开展的作用,教师组织区域活动一般是先进行环境创设,再逐步投放、完善操作材料的。而投放什么样的操作材料才能帮助幼儿达成发展目标呢?这就需要教师对各区域活动目标有清晰的认识后,再依据幼儿的年龄特点、个性发展情况等进行活动内容的甄选。在幼儿园区域活动内容的选择过程中必须注意以下几条原则:

(一)目标性原则

区域活动是在"有准备的环境"中进行的,它本身就是隐性的课程,会对幼儿有很大的影响,是幼儿园课程的组成部分。所以,应该把区域活动放在和集体教学一样的高度看待,并围绕幼儿发展目标来确定活动内容。首先要关注《纲要》各领域教育目标,其次要关注《指南》中各领域各个年龄段的发展目标,最后关注学期计划和月计划、周计划中的发展目标。

(二)全面性原则

不同的区域功能不同,对应的发展目标不同。全面性原则不是说要把所有的区域都创设出来,而是指在同一时期应该既有促进幼儿动作发展、语言发展、社会性发展、认知发展的区域,又有促进幼儿个性和情绪情感发展的区域。比如生活操作区的活动内容主要指向动作发展,角色区主要指向语言和社会性的发展，科学区主要指向动作发展等等，所以，贯彻全面性原则的前提是教师对于各个区域的功能有充分的认识，并能与幼儿的发展目标相对应。

(三) 科学性原则

幼儿园区域活动内容的科学性原则体现在：能根据幼儿的发展特点选择恰当的区域活动种类和数量；能根据幼儿的兴趣和发展目标有层次地投放适宜的操作材料；能观察幼儿在区域内的活动状况，并能根据幼儿的表现不断调整区域活动内容；能对区域活动内容的合理性进行科学的评估。

(四) 趣味性原则

趣味性原则在整个幼儿教育中都很重要，这是由幼儿的年龄特点所决定的。所以，区域活动内容应该更多地关注幼儿的兴趣和需要，如：注重创造性游戏(如角色游戏、建构游戏、表演游戏)区域活动内容的设置，满足幼儿游戏的需要；投放的材料应该尽可能好玩，可操作性强，可以一物多玩；对于幼儿已经不再感觉新鲜的活动内容可以暂时将相关的操作材料收存起来，过段时间再利用，或者与不同的内容的材料相互搭配活动，增强其趣味性。

(五) 互动性原则

区域活动是通过有准备的环境来引发幼儿的互动活动，因此，区域环境最主要的功能不是美化活动室环境而是教育幼儿，通过幼儿与环境的互动来实现幼儿的自主游戏、主动探索和学习的。这里的互动包含幼儿与他人的互动以及幼儿与环境、材料之间的互动。

二、幼儿园区域活动的内容建议

虽然区域活动的特点是自主、自选、自由，但我们更希望看到幼儿进行富有成效的高水平活动。如何让区域活动具有吸引力的同时又能促进幼儿的全面发展，这就取决于教师对各区域活动内容的选择。

(一) 各年龄段语言区活动内容建议

语言区中的活动内容主要分为听赏、讲述、阅读、前书写活动四大类。早期听说读写能力的发展，为幼儿今后语言能力奠定了基础，此外这四种内容还在幼儿学习其他学科的内容中扮演了重要的角色。

1. 听赏

听赏活动，主要是指教师通过提供图片、指(棒)偶、录音机、CD(教师可指导

幼儿学会播放故事录音)引导幼儿欣赏故事,或对活动中接触到的故事、儿歌进行复习,学习复述、表演,以培养幼儿对文学作品的兴趣和听说赏的能力的活动。教师应随时关注主题活动的开展情况,并提供相应的听赏材料。

项目＼具体内容＼年龄段	3—4岁	4—5岁	5—6岁
活动内容	简单简短、有重复性对话、生活化的、有幼儿喜欢的动物形象1—3个的故事和儿歌等的欣赏	故事情节稍复杂、有角色3—5个的故事及儿歌、简短诗歌、散文等其他文学作品的欣赏;地方方言版童谣及电视播报等	故事情节稍复杂、有人物形象5—7个的故事及儿歌、简短诗歌、散文等其他文学作品的欣赏;地方方言版童谣及语言游戏等
投放材料	录音机、CD/DVD播放机;教师录音的故事、儿歌,故事及儿歌的CD、MP3,故事机等	录音机、CD/DVD播放机;教师录音的故事、儿歌,故事及儿歌的CD、MP3等	录音机、CD/DVD播放机;教师录音的故事、儿歌,故事及儿歌的CD、MP3等

2. 讲述

讲述活动主要为幼儿创设正式的口语表达情景,使幼儿有机会在集体面前表达自己对某一图片、实物或者情景的认识、看法等,学习表述的方法和技能。这类活动培养幼儿认真倾听的习惯和完整、连贯、清楚表述的能力,促进其独白语言的发展。

项目＼具体内容＼年龄段	3—4岁	4—5岁	5—6岁
活动内容	词语练习、表演讲述、故事盒	表演讲述、词语练习、故事讲述	故事讲述、词语练习、采访、表演讲述
投放材料	图片、话筒、录音笔、指偶、手偶、操作棒等	图片、话筒、录音设备、感觉箱(摸出物品并进行口头描述)、手偶等	图片、仿真相机、仿真摄像机、仿真话筒、电视台模型、手偶等

3. 阅读

阅读活动,主要是指教师通过提供图书与图片,引导幼儿阅读或进行与阅读相关的语言游戏,丰富他们的主题活动经验,提高其阅读能力。教师提供的材料可以是与主题活动相关的图书，还可以提供一些用于拼图或排图的图片，比如投放故事《三只小猪》和《大狗医生》的故事图片各一套，将它们打散放在一个盒子里，供幼儿选择、排列、制作小故事书来阅读。教师应及时根据活动的推进、调整、变化来调整语言区中的材料，尤其是及时收集、调整图书内容，以满足幼儿不断增长的阅读需求；同时应注意引导与提醒幼儿养成爱护图书、整理图书的习惯。

项目 \ 具体内容 \ 年龄段	3—4 岁	4—5 岁	5—6 岁
活动内容	阅读图书、绘本	阅读图书、经典绘本；自制绘本、图书修补；认识生活中常见的标识	自制绘本、经典绘本；图书修补；阅读图书
投放材料	画面清晰、色彩鲜艳、造型大而简单的图书、布书、绘本、立体书、洞洞书、翻翻书、发声书等（每个种类3—5 本）	国内外经典故事、科幻故事、幼儿生活故事、童话故事、“十万个为什么”、绘本等（人均 5—8 本）；打孔机、订书器、纸、笔、制作图书的工具、修补图书的工具；交通标识、安全警示标识、交警手势标识等	国内外经典故事、科幻故事、幼儿生活故事、童话故事、绘本等（人均 5—8 本，每两周进行更换）；汉字字卡、标点符号字卡、生活中常用的文字符号等；制作图书的工具、修补图书的工具等

4. 前书写

前书写活动是指学龄前儿童以笔墨纸张以及其他书写替代物为工具，通过画图和涂写，运用图画、图形、文字及符号，表达信息、传递信息，与周围的同伴和成人分享、交流其思想、情感和经验的游戏和学习活动。前书写不是写字，是为幼儿将来写字、写作而做的准备工作，是为书写进行基本动作、方位知觉、字形辨别、书写方式、书写习惯等的学习与培养。通过让幼儿练习书写形式（绘画样式），向幼儿教授有关笔画、笔顺、间架结构的知识，帮助幼儿建立上、下、左、右、里、外等空间知觉，掌握前书写技能，并获得一些有关汉字书写的经验，为进入小学以后正式学习书写汉字做好准备。前书写的主要目的在于引发幼儿对书写的兴趣，丰富幼儿的书写经验，锻炼幼儿精细运动技能及培养幼儿用书写来表达想法和情感的意愿。

项目 \ 具体内容 \ 年龄段	3—4岁	4—5岁	5—6岁
活动内容	/	自制绘本	自制绘本、书写书信、书写书法
投放材料	/	打孔机、订书器、纸、笔、制作图书的工具、桌子、椅子	打孔机、订书器、纸、笔、制作图书的工具等；适合幼儿书写的桌子、椅子(2—3套)

(二) 各年龄段科学区活动内容建议

科学知识基础的奠定，始于幼儿早期。由于幼儿试图理解世界，他们有一套自己解释世界的方式。创设科学区时，教师应该试图了解幼儿现有的科学经验。科学区中主要可以分为两大类活动，一类是数学认知，一类是科学探究。

1. 数学认知

数学认知活动就是投放一些能促进幼儿观察、比较分析、推理判断以及启发幼儿思考的材料，供幼儿进行操作以达到发展幼儿智力的目的的活动。数学认知活动能帮助幼儿学习观察的方法，培养幼儿形成良好的观察习惯，提高其观察力；能帮助幼儿辨别、分析、判断，提高幼儿分析问题、解决问题的能力；能培养幼儿思维的敏捷性、灵活性、独创性等良好的思维品质，提高其思维能力；能培养幼儿专注、细致有序、有条理等良好的学习习惯。

项目 \ 具体内容 \ 年龄段	3—4岁	4—5岁	5—6岁
活动内容	5以内的数、点数、比多少；三角形、方形、圆形、前后、里外等的辨识	认识数字、5以内的组成分解、序数；正方形、长方形、梯形、上下等的辨识	10以内的加减、统计、量的相对性的认知；正方体、圆柱体、左右等的辨识
投放材料	几何图形、数字、点卡、骰子等	七巧板、迷宫图、扑克牌、记录表、笔等	七巧板、棋子、迷宫图、扑克牌、拼图、记录表、笔等

2. 科学探究

科学探究活动是指教师在班级活动室内或阳台、窗台上为幼儿创设可以自由进行实验操作、感知观察和科学探索的空间，从而开展一系列与科学相关的内容的活动。科学探究活动可以满足幼儿的好奇心和爱摆弄物体的愿望，给幼儿一个自我观察、自主探究、自我学习以及和同伴进行合作游戏的机会，而且还可以美化活动室使其更有生机。科学探究活动一般包括以种植饲养为主要内容的自然观察活动和以实验操作等为主要内容的探索发现活动。

年龄段 具体内容 项目	3—4 岁	4—5 岁	5—6 岁
活动内容	玩沙、水、石头；观察天气；观察种子发芽；饲养鸟类等	感知水、空气、风、声音；观察温度；观察蔬菜发芽；饲养水生动物等	感知电、磁、力、光、影；观察风向；盆栽花卉；饲养昆虫等
投放材料	沙槽、水槽、水枪、海绵、糖、盐、颜料、抹布、勺子、常见天气符号卡、记录表、豆子、花生、玉米、土、鸟、鸟窝、鸟食等	玩水材料、认识空气的材料、认识风的材料、鼓、小米、玻璃瓶、纸盒、温度计、记录表、土豆、菜心、大蒜、洋葱、水培材料、土培材料、金鱼、蝌蚪、喂养食物、渔网等	电的材料、磁的材料、木板、小汽车、弹性玩具、多米诺骨牌、温度计、风向标、记录表、容器、小铲子、水壶、种子、蚕、桑叶等

(三) 各年龄段美工区活动内容建议

幼儿在参与美工活动的过程中，不但激发了创造力，丰富了美术知识、技能，而且还促进了情感、社会性、认知和身体能力的发展。在《指南》指导下，美工区活动可以确定三个内容分支，分别是绘画、手工、欣赏。在每个不同的阶段，由于幼儿的手腕肌肉力量、骨骼活动能力都不同，美术发展水平也各有差异。那么，我们在选择美工区的具体内容的时候，就要考虑到幼儿的年龄特点，不同的活动内容要匹配不同的材料，要根据幼儿的年龄阶段，分别投放不同层次的材料。

1. 绘画

幼儿园的绘画内容从绘画种类来讲，包括线描画、水墨画、水粉画、水彩画、版画、油画、蜡笔画、写生画等。此外，一些更适合幼儿的绘画形式也逐渐被运用到幼儿园的活动中，如自然材料作画、油水分离画、泼画、滴画、拓印画、吸附画等。从绘画内容来讲，包括人物画、物体画、情景画、图案装饰画等。

项目 \ 具体内容 \ 年龄段	3—4 岁	4—5 岁	5—6 岁
活动内容	涂鸦、点、线、涂色、添画、描画、拓印画、想象画、物体画（轮廓简单的物体）	装饰画、想象画、模仿画、命题画、拓印画、物体画（轮廓稍复杂的物体）	写生画（轮廓更复杂的物体）、水彩画、装饰画、拓印画、想象画、模仿画、命题画、透视画（体现遮挡关系）
投放材料	绘画纸、卡纸、打印纸、报纸等；蜡笔、水彩笔、棉签等	绘画纸、卡纸、打印纸、报纸等；蜡笔、水彩笔、棉签、毛笔、粉笔、刮画棒等	绘画纸、卡纸、打印纸、报纸等；蜡笔、水彩笔、棉签、毛笔、粉笔、刮画棒、马克笔等

2. 手工

幼儿园的手工活动包括平面手工和立体手工两类。平面手工活动包括剪纸、拼贴、撕贴、刺绣、扎染等多种创作形式；立体手工活动包括泥工、雕塑、编织、折纸、浮雕、设计搭建等立体塑造活动。

项目 \ 具体内容 \ 年龄段	3—4 岁	4—5 岁	5—6 岁
活动内容	撕、剪、粘贴；立体手工包括泥工（团、压、滚、搓、捏）、揉纸、折、拧、废旧物品制作	撕、剪、粘贴；立体手工包括泥工（团、压、滚、搓、捏）、揉纸、折、拧、废旧物品制作	扎、撕、剪、粘贴、装饰；立体手工包括泥工（团、压、滚、搓、捏）、揉纸、折、拧、废旧物品制作
投放材料	刀、剪刀、笔、胶水等工具；面状材料（如废报纸、皱纹纸、蜡光纸、挂历纸）、块状材料（如橡皮泥、黏土、面团、纸盒、纸杯、瓶子）	刀、剪刀、笔、泥工板、牙签、切片尺、糨糊、胶水等工具；面状材料（如废报纸、皱纹纸、蜡光纸、挂历纸）、块状材料（如橡皮泥、黏土、面团、纸盒、纸杯、瓶子）、点状材料（如珠子、纽扣、种子）	各种形态的材料（如沙子、小珠子、纽扣、谷物、果核、种子等，绳棉线、毛线、麦秸、橡皮筋、高粱秆等，纸、布、树叶、羽毛、刨花等，如泥、面团、萝卜、瓶子、纸盒等）；图示

3. 欣赏

欣赏活动包括对名画、工艺品、风景、建筑物以及同伴作品的欣赏。一般包括对艺术作品的认知、欣赏、模仿、评价等活动。对于幼儿来讲，一些深受幼儿喜爱的小物件的收藏，也不失为很好的自发性欣赏内容，如贝壳、树叶、商标、明信片、动漫人物画、糖纸等。

项目 \ 具体内容 \ 年龄段	3—4 岁	4—5 岁	5—6 岁
活动内容	认识三原色；欣赏大自然中美的事物；观看绘画作品、泥塑	认识基本颜色；欣赏事物的色彩、形态；欣赏艺术品	分辨颜色，欣赏事物的色彩与形态；欣赏艺术品，并发表意见
投放材料	色彩鲜明且简单易懂的幼儿绘画作品、(手)工艺作品、抽象画作品	结构、形式复杂的幼儿绘画作品、(手)工艺作品、水彩画、折纸作品	结构复杂且内涵深刻的幼儿绘画作品、工艺作品、油画作品、水彩画作品、泥塑、纸雕、民间玩具作品

需要说明的是，以上美工区的各类活动并不是单一存在的，手工活动中常常含有绘画的内容，欣赏活动更需要绘画、手工等形式的参与，绘画、手工活动中也不能缺少欣赏元素。教师只有根据材料的特性、幼儿的年龄特点、幼儿身心发展的需求合理设计活动内容，才能实现教育目标。

(四) 各年龄段生活区活动内容建议

培养幼儿良好的自理能力，对促进幼儿的发展具有重大的意义。除了每天擦椅子、擦桌子、扫地、拖地之外，班级的生活区也是一个非常重要的区域。在生活区，幼儿主要开展自我服务，而环境护理的活动材料应与班级保育物品相结合。生活区的活动从动作发展来看主要是锻炼幼儿的小肌肉动作技能，包括手指、手和手臂的协调性。不管是哪种活动，生活区投放的材料都比较零散，所以教师最好用一个托盘或者筐子专门盛放每种练习的材料，以方便幼儿学习自己取放材料，养成良好的区域活动常规。

1. 自我服务

自我服务能力是指幼儿在日常生活中照料自己的能力，是一个人应该具备的最基本的生活技能，包括独立生活的能力、独立学习的能力和独立处理问题的能力。生活区自我服务方面的操作活动内容主要包括生活技能练习和精细动作发展两大类。生活技能练习主要包括扣扣子、叠手绢、穿衣服、择菜、剥种子、使用工具、整理学习用品等与自己生存、生活相关的练习活动；精细动作发展主要包括抓、倒、夹、拧、编织等与手部精细动作发展密切相关的活动。现在的幼儿能独立支配的活动和事情很少，自我服务能力比较差。生活区幼儿自我服务操作活动的内容设计应从一些简单的生活技能出发，如练习进餐和保持正确的进餐

姿势；练习洗手、洗脸、洗脚；练习穿鞋子、裤子、袜子和衣服；练习给水果剥皮；练习整理床铺；练习收拾、整理玩过的玩具等。

结合实际生活中要掌握的技能，我们可以在生活区投放丰富的操作材料，但是每个年龄阶段的幼儿发展水平不一，必须考虑本班幼儿的年龄特点和发展水平，这样才能使幼儿在进行区域活动的过程中获得相应年龄阶段幼儿应该获得的经验。我们可以从抓、舀、夹、倒、串、编织、刺绣、拉扣、剥等几个方面来设计活动区内容，以下列举几项。

（1）抓（由易到难分为五指抓、三指抓、二指抓）

年龄段 / 项目 具体内容	3—4 岁	4—5 岁	5—6 岁
活动内容	抓鸡蛋、分果子	抓阄、分果子	小鸡啄米游戏
投放材料	鸡蛋模型、乒乓球、核桃等	跳棋子、弹珠、莲子、花生等	豆子、大米等

（2）舀

舀的练习主要针对小班幼儿。由于很多幼儿在入园之前，在家里都很少自己用勺子进餐，导致使用勺子这一项必备的生活技能非常生疏。这样就减慢了幼儿适应集体生活的速度，也不利于幼儿养成自己的事情自己做的习惯。教师可以提供勺子和玻璃珠、决明子、花生米、豆子等材料，或者设计“给娃娃喂食”的操作材料，让幼儿练习用勺子进行舀东西的专门练习，锻炼动手能力。

年龄段 / 项目 具体内容	3—4 岁	4—5 岁	5—6 岁
活动内容	喂动物、喂娃娃等	/	/
投放材料	勺子、花生米、豆子等	/	/

（3）夹

年龄段 / 项目 具体内容	3—4 岁	4—5 岁	5—6 岁
活动内容	夹乒乓球、晒衣服、夹胡子、夹夹子、为“毛毛虫”加上腿的游戏	筷子夹物	夹弹珠、夹豆子

（续表）

项目＼具体内容＼年龄段	3—4 岁	4—5 岁	5—6 岁
投放材料	手掌可握的面包夹子、塑料夹子(注意夹子不要太紧)、自制的毛毛虫身体	镊子、筷子、玻璃球、花生	筷子、镊子、豆子、大米

(4) 倒

项目＼具体内容＼年龄段	3—4 岁	4—5 岁	5—6 岁
活动内容	煮饭、做菜等游戏	冲牛奶、冲果汁	泡茶、冲牛奶
投放材料	不同大小的容器(如杯子、水壶等厨房玩具,沙滩玩具);豆子、大米、沙子	不同大小的容器;水、饮料、果汁等	不同大小的容器;水、饮料、果汁等

(5) 串

串珠子是小朋友非常喜欢的活动,除了购买一些串珠的玩具之外,教师也可以在生活区提供一些低结构的材料。

项目＼具体内容＼年龄段	3—4 岁	4—5 岁	5—6 岁
活动内容	串项链或手串、扣纽扣	小吃街游戏,串项链或手串、扣纽扣	系鞋带、穿鞋带
投放材料	串珠、绳子、大颗粒的项链珠子、手串珠子、纽扣	串珠、细绳、海绵、竹签、项链珠子、手串珠子、纽扣	鞋带等

(6) 编织

编织活动可以分为很多种,包括简单的上下交替穿梭的练习、编辫子等。

项目＼具体内容＼年龄段	3—4岁	4—5岁	5—6岁
活动内容	/	编辫子等	编花篮、向日葵等
投放材料	/	毛线、长条彩纸、包装袋、玉米皮等	篮子、向日葵花盘、毛线、长条彩纸、包装袋、玉米皮等

(7) 刺绣

项目＼具体内容＼年龄段	3—4岁	4—5岁	5—6岁
活动内容	/	缝口袋等	缝衣服、十字绣等
投放材料	/	海绵纸、大针、毛线等	海绵纸、大针、十字绣工具等

2. 环境护理

幼儿园的环境护理也就是我们常说的集体服务，也可以说劳动活动。教师可根据幼儿的年龄特点选择适合的活动内容。3—4岁的幼儿以自我服务为主，而4—5岁幼儿则可以逐渐从自我服务发展到开展环境护理，5—6岁幼儿则在小中班的基础上学习自主管理。

项目＼具体内容＼年龄段	3—4岁	4—5岁	5—6岁
活动内容	收拾区域材料	收拾用具、简单清扫、摆碗筷	整理学具、整理书包、简单清扫、自助用餐(包括餐前准备、用餐、餐后清洁整理等)、垃圾分类
投放材料	各个活动区	各种清洁用具	各种清洁用具、书包

(五) 各年龄段表演区活动内容建议

在幼儿园的区域活动中，表演区是必不可少的，也是最受幼儿欢迎的活动形式之一。幼儿在表演区中有很多的表现机会，能在轻松、愉快、自愿的状态下进行游戏。这正符合了《纲要》中提出的要“为幼儿的活动创造宽松的环境，激发(幼儿的)情趣，(让他们)体验审美愉悦和创造快乐，获得自我表现和创造的成就感”的宗旨。表演区的活动内容可分为音乐类表演、文字类表演、戏剧类表演三种。

1. 音乐类表演

当幼儿在表演区进行音乐类表演活动时，他们的音乐技能和欣赏能力会随之发展。音乐类的表演又可以分为歌唱、乐器演奏和舞蹈等内容。

项目 具体内容 年龄段	3—4 岁	4—5 岁	5—6 岁
活动内容	表演幼儿已学过的歌曲、律动等	表演幼儿熟悉的歌曲、律动等	表演幼儿熟悉的歌曲、律动，幼儿自选的曲目等
投放材料	放音设备、表演用的音乐、打击乐器、表演服装、背景材料、道具等	放音设备、表演用的音乐、打击乐器、表演服装、背景材料、道具等	放音设备、表演用的音乐、打击乐器、表演服装、背景材料、道具等

2. 文学类表演

为文学类表演活动选用的童话、故事、散文、诗歌应符合下列要求：

(1) 思想内容健康活泼。结合本班的教育任务，选择思想健康、有教育意义、内容活泼并符合幼儿生活经验的作品。

(2) 童话、故事、散文具有表演性。要易于为幼儿掌握和表演，人物有适当的表演动作。有集中的场景，易于布置。道具要简单，可以利用现成的桌椅、积木、胶粒拼图、实物、区域材料及幼儿自主创作的图片等。如大班语言活动《野猫的城市》中人物的表演动作明显，道具简单，如故事中动物可以使用幼儿在美工区绘画的各种动物图片，斑马线及城市规划图可以使用科学区的操作材料。

(3) 情节起伏。故事情节有起伏，情节发展的节奏要快，变化明显，并按一条主线发展，重点突出，枝蔓不多，这样才能引人入胜，并易于表演。如在大班语言活动《马戏团里的大狮子》中，因为狮子交不到朋友，所以想了很多办法去交朋友。故事有起伏的情节，变化明显。

(4) 角色的对话内容易于用动作来表演。在大班语言活动《小蜗牛》中，蜗牛妈妈对小蜗牛的交代，小蜗牛对蜗牛妈妈的回复，含蓄幽默，容易用动作表演出来。符合上述要求，易于作为表演游戏内容的童话、故事有很多，比如《拔萝卜》《萝卜回来了》《三只羊》《在火车上》《送大婶回家》《小兔乖乖》等都是表演游戏常用的童话、故事。

项目 \ 具体内容 \ 年龄段	3—4 岁	4—5 岁	5—6 岁
活动内容	表演幼儿已学过的故事	表演幼儿熟悉的故事	表演幼儿熟悉的故事、自创的故事
投放材料	故事书、挂图、头饰、胸饰、木偶、服装、背景、道具等	故事书、挂图、头饰、胸饰、木偶、服装、背景、道具等	故事书、挂图、头饰、胸饰、木偶、服装、背景、道具等

3. 戏剧类表演

幼儿园的戏剧表演活动作为一种寓教于乐的活动样式，很受幼儿的欢迎。在幼儿们眼中，戏剧表演就是一种娱乐游戏。将幼儿戏剧添加到区域活动中，不仅能使他们在表演艺术的天空中展开想象的翅膀，自由地飞翔，尽情地宣泄情感，还可以帮助幼儿获得情感、社会性、综合能力等多方面的和谐、自主发展，更能让幼儿在区域中感受优秀文学作品的魅力以及体验生活。在区域中，我们不仅仅选择童话剧、木偶剧这些常见的戏剧方式，更可以大胆尝试京剧、花鼓戏等经典国粹或地方戏曲的艺术形式。如大班可表演《说唱脸谱》《捏面人》此类带有京剧韵味的歌曲，幼儿可以在活动中穿上相应服装，自我打扮一番后，进行戏剧表演。

项目 \ 具体内容 \ 年龄段	3—4 岁	4—5 岁	5—6 岁
活动内容	表演幼儿熟悉的动画片、手偶等	表演幼儿熟悉的动画片、木偶戏、童话剧、皮影戏等	表演幼儿熟悉的动画片、木偶戏、童话剧、皮影戏、京剧、花鼓戏等
投放材料	手偶、服装、背景、道具、放音设备等	手偶、服装、背景、道具、皮影、动物胸饰、放音设备、化装用品等	手偶、服装、背景、道具、皮影、动物胸饰、放音设备、特色戏曲相关材料、化装用品等

(六) 各年龄段建构区活动内容建议

积木建构在幼儿园有很丰富的历史。“幼儿园之父”福禄贝尔(W. A. Fröbel)是第一位将积木作为系统课程之一的先驱。玛丽亚·蒙台梭利也将积木作为她的教具的一部分。由此可见，建构活动在幼儿园活动中必不可少，它为幼儿提供了丰富的学习与发展的机会，建构区的活动内容需要根据幼儿的建构水平和兴趣进行选择。根据搭建的场地不同可将建构区内容分为三类，分别是桌面搭建、地面搭建和立面搭建。

1. 桌面建构

在桌上进行的建构，一般都使用小型的积塑玩具来进行搭建。

年龄段 项目　具体内容	3—4 岁	4—5 岁	5—6 岁
活动内容	铺平、横排、顺接、垒高、加宽、延长接插、围合、盖顶等	在 3—4 岁的基础上加上桥式、塔式、围拢、覆盖、平式、转向和斜式联结等	在小、中班的基础上增加平衡、对称构图、重建等的操作；命名建筑物
投放材料	插接类、镶嵌类、旋接类、叠接类等插塑材料	插接类、镶嵌类、旋接类、叠接类等插塑材料	插接类、镶嵌类、旋接类、叠接类等插塑材料

2. 地面建构

幼儿利用各类积木进行地面的线状、平躺式、单体搭建。

年龄段 项目　具体内容	3—4 岁	4—5 岁	5—6 岁
活动内容	铺平、横排、顺接、垒高、加宽、延长接插、围合、盖顶等	在 3—4 岁的基础上加上桥式、塔式、围拢、覆盖、平式、转向和斜式联结等	在小、中班的基础上增加平衡、对称构图、重建等的操作；命名建筑物
投放材料	积木 586 块	积木 748 块、建构书籍、纸笔、绘图工作台等	积木 980 块、纸笔、绘图工作台等

3. 立面建构

幼儿在地面建构的基础上建构复杂的、接近真实的结构(如桥梁、摩天楼以及整个地区实景等)。搭建的物体是立体的、站立的、复合的。以下是各年龄阶段的活动内容和材料介绍。

年龄段 项目　具体内容	3—4 岁	4—5 岁	5—6 岁
活动内容	花园、停车场等	桥、塔、房子等	动物园、幼儿园、小学、小区等

（续表）

年龄段 具体内容 项目	3—4 岁	4—5 岁	5—6 岁
投放材料	开放式材料（如纸盒、易拉罐等）；购买的材料（如搭建用的积木、交通工具、小人等）	开放式材料（如瓶盖、塑料管、各种盒子等）；自制材料（如搭建装饰物等）；购买的材料（如搭建用的积木等）	开放式材料（如自然物、工作台面等）；自制材料（如搭建装饰物等）；购买的材料（如搭建用的积木等）；书写材料（如纸、水彩笔等）

（七）各年龄段角色区活动内容建议

让幼儿承担一定的角色，带着角色去游戏，既可以满足幼儿身体活动的需要、认知的需要，同时又具有一般区域活动无法比拟的优势，即可以满足幼儿社会性交往和自我实现的需要。因为角色游戏是幼儿通过模仿和想象创造性地反映现实生活的一种游戏。在这种游戏中，幼儿模仿和想象各种现实生活场景，以所扮演角色的身份彼此交往。在幼儿园角色区，活动的内容来源非常广泛，只要是对幼儿发展有利、贴近幼儿生活的内容，都可以作为活动的内容。具体围绕幼儿发展的关键经验和品质、幼儿的兴趣以及上述提到的幼儿个体发展的需要来开展内容的选择。所选择的内容既要适合幼儿的现有水平，又有一定的挑战性；既要符合幼儿的现实需要，又有利于其长远发展；既要贴近幼儿的生活，又有助于拓展幼儿的经验和视野；既要以某一领域的教育内容为主，又注重融合其他领域的教育内容。幼儿园角色区的活动内容主要分为以下三类：家庭角色活动、幼儿园（学校）角色活动、社会角色活动。

年龄段 具体内容 项目	3—4 岁	4—5 岁	5—6 岁
活动内容	（家庭角色类）娃娃家烧饭、烧菜、喂娃娃喝奶、洗澡、洗衣服、从饮水机里倒水，在家庭中获得的经验；模仿一些成人生活和劳动的片段动作	（幼儿园、社会角色类）扮演餐厅、电影院、美容院、幼儿园等的角色	（幼儿园、社会角色类）扮演超市、医院、银行等的角色

（续表）

项目 \ 具体内容 \ 年龄段	3—4 岁	4—5 岁	5—6 岁
投放材料	娃娃、奶瓶、围裙，形象逼真的锅、碗、瓢、盆、电话、煤气灶、饮水机、热水器、洗手池等	角色服装、场景小家具、场景工具等	角色服装、场景小家具、场景工具等

（八）户外区域活动内容建议

在户外，幼儿可以大声呼喊，尽情地游戏并释放能量，还可以与同伴一起玩集体游戏。在户外，幼儿能亲近自然，感受天气的变化，尽情地在小山丘、洞穴、小溪流和泥坑里锻炼释放自己。幼儿的身体素质和力量也会得到锻炼，同时还能发展他们的创造力和认知能力。调查指出，经常参与户外游戏的幼儿，他们的视觉、语言表达能力和社会能力比不常参加户外活动的幼儿强。户外的活动区域应能满足复杂丰富的各种活动的需要：如设置运动类的攀爬、荡秋千和滑滑梯的区域，能用来骑车的区域，供幼儿跑跳和游戏的大型开放式区域，凌乱的自由区，以及玩水区、自然观察区、休息区、建构区、音舞美艺术创造区和角色区等。区域应灵活可变，可供教师和幼儿不断地根据需要重新设计。下面我们针对运动区、野趣区、玩水区、玩沙区、种植区、饲养区、学习区、休息区等不同的户外区域活动内容提出一般建议。

1. 运动区

活动内容	攀爬、钻、玩吊环、荡秋千、玩滑梯、骑车、玩球、玩飞碟、放风筝、玩风车等
投放材料	攀岩墙、拱门、爬梯、吊环、吊杆、秋千、滑梯、三轮车、滑板车、脚踏车、各种球、跳绳、风筝、飞碟、风车等

2. 野趣区

除了大型的设备设施，幼儿在户外活动中，对一些生活中常见的操作材料也是很感兴趣的，结合幼儿善于模仿的年龄特点，可以开设野趣类的区域，幼儿们在这个区域内可以利用大自然中的材料、教师提供的材料或者是幼儿自己收集的生活中的材料，进行户外锻炼。

活动内容	挖土、玩泥巴、园艺活动、野餐等
投放材料	小铲、水桶、雨鞋、盆、罐、锅、清洗池、户外桌椅等

3. 玩水区

幼儿对水的喜爱似乎是一种天性，只要有时间、有机会他们总爱在水里玩耍、嬉闹，但又往往受到大人的制约，无法尽兴地去玩水。因此，他们在洗手时经常把衣服袖子弄湿，或者是洗一次手要花很长的时间。为了彻底满足幼儿的好奇心，尊重他们对水的兴趣，使他们对水有更多的了解，我们可以在户外活动中开设玩水区域，让幼儿能尽情地享受与水的亲密接触，毫无束缚地去接触水、去玩水。在这个区域中我们也要为幼儿投放各种适合的材料，并可以设计一些有趣的游戏。

活动内容	打水仗、接水管等
投放材料	水枪、各种型号 PVC 管、水桶、洒水壶、水瓢等

4. 玩沙区

玩沙活动是幼儿园户外活动的重要内容之一，也是幼儿非常热衷的一项活动。沙子的流动性、可塑性蕴藏着无数的游戏契机，它能用来修“城堡”，建“长城”，变化多端，乐趣无限。同时玩沙对幼儿的发展有很大的价值，玩沙能充分发展幼儿动作的协调能力，培养幼儿的想象力和创造力，满足幼儿渴望成功的心理需要，有效促进幼儿身心健康与和谐发展。

活动内容	寻宝、沙地建构等
投放材料	玩沙工具、清洗池等

5. 种植区

料理种植区域能增强幼儿的责任心，提升幼儿的鉴别和欣赏力，并使幼儿了解食物的产出过程，增进幼儿对自然系统和季节的认知。根据户外场地空间的不同，种植区可以直接开设在地面上、凸出的土坡上、幼儿的游泳池旁、管道里或花盆里。

活动内容	种植、护理、观察等
投放材料	小铲、小锄头、洒水壶、雨鞋、记录表、笔、种子等

6. 饲养区

许多幼儿园为幼儿提供接触生物的机会。教师可以在户外区域提供各种探究工具，丰富幼儿的学习内容。饲养动物也能丰富户外区域的学习经验。为了吸引鸟类、动物和昆虫，教师需要提供各种生物栖息地，例如鸟类喂食器、鸟窝、鸟类戏水盆，以及能吸引蝴蝶和瓢虫的花园与植物等。

活动内容	喂养、观察、清理打扫等
投放材料	动物类：金鱼、乌龟、蝌蚪、泥鳅；八哥、鹦鹉等体型较小、形象可爱的鸟类；蚕、瓢虫、蝈蝈、蛐蛐、蚂蚱等昆虫 工具类：小网子、水桶、鱼缸、鸟窝、水、喂养的食物、抹布、笔、记录表、望远镜、放大镜、蝴蝶网和容器等

7. 学习区

户外学习区是户外区域中的重要组成部分。户外学习区一般包括建构区、角色区、美工区、表演区、科学区。总的来说户外学习区应充分利用户外的优势，并满足不同年龄段幼儿的需求。

活动内容	建构、表演、写生、音乐欣赏和演奏、科学实验、角色体验等
投放材料	户外大型积木、大型乐器、水幕墙、写生板、天气监测百叶箱、角色扮演所用道具等

8. 休息区

休息区是一个半隐私的区域，供幼儿遐想、反省、自我探究。当幼儿玩得太过疯狂的时候，这也是一个让他们冷静的地方。同时，幼儿还能在这里观察并决定是否加入游戏。它既可以是半封闭式的帐篷、小屋，也可以是树阴下的野餐桌椅、大而光滑的岩石等。户外区域活动大多都是幼儿自主、自选，因此未进行年龄段划分，教师可根据幼儿实际情况进行调整。

活动内容	休息、遐想、反思、自我探究等
投放材料	半隐私区域、帐篷、吊床、原木凳子、躺椅等

三、小班区域活动月计划设计案例

班级区域场景：森林狂欢　　**月教学主题：**可爱的小动物

设计者：湖南省长沙市芙蓉区教育局德政园幼儿园　杨波

小班幼儿对周围世界充满浓厚的兴趣，求知欲较强，虽然认知范围正逐步扩大，但是所形成的概念仍然很具体，处于具体形象思维阶段，容易接受与现实生活密切相关的材料。因此，教师根据场景主题，开设语言区（森林书吧）、科学区（猩猩探秘）、美工区（孔雀坊）、生活区（动物之家）、建构区（狮子堡）、角色区（树屋）。教师选用树枝为本学期班级环境创设的主材料，并将树枝投放到每个区域当中，做到环境与材料互动、幼儿与材料互动，让孩子在自由、自主、自选的过程中学习。如在“猩猩探秘”，幼儿可以玩“按数数树棍”“用数棍拼图形”的游戏；在“孔雀坊”，幼儿可以用树枝装饰自己的画面；在“狮子堡”，幼儿可以用树枝搭鸟窝等。《指南》明确指出“要充分尊重和保护幼儿的好奇心和学习兴趣”。幼儿自小就和动物之间有着天然的联系，他们喜欢动物，对千变万化的动物世界充满了好奇心与探索兴趣。幼儿依靠自己的兴趣、能力，去感知、思考、探索、尝试获得知识。因此，本月教师制定了“可爱的小动物”这一教学主题。

（一）语言区活动月计划

1. 基本材料

阅读：书柜 1 个、置物柜 1 个、绘本 20 册

图 3-1　语言区阅读基本材料

讲述：沙盘故事盒、纸杯故事玩偶

图 3－2　语言区讲述基本材料

听赏：故事机

图 3－3　语言区听赏基本材料

2. 辅助材料

讲述活动：手偶表演

活动目标

(1) 体验与同伴一起用手偶表演故事的快乐。

(2) 尝试边用手偶表演，边讲述故事。

(3) 能用语言描述手偶的动作。

操作要点

(1) 请幼儿自选喜欢的手偶，试一试怎样让它的头、两只手都动起来。

(2) 鼓励幼儿大胆尝试用手偶表演、讲述故事。

指导建议

(1) 本活动的重点是乐意利用动物手偶边表演边尝试讲故事。

(2) 请家长在家与幼儿分角色扮演,表演故事。

图 3-4　语言区辅助材料(手偶表演)

3. 主题活动材料

讲述活动:找嘴巴

活动目标

(1) 乐意参与找找、拼拼、说说的操作过程。

(2) 大胆、正确地模仿小动物的叫声。

(3) 尝试用简单的语言对小动物的嘴巴外形进行讲述。

操作要点

(1) 将小动物和它们的嘴巴图片进行配对。

(2) 学一学小动物的叫声,并说一说它们的嘴巴是什么样子的。

指导建议

重点关注幼儿对动物嘴巴外形的描述。

图 3-5　语言区主题活动材料(找嘴巴)

阅读活动：读绘本故事《笨笨猪》

活动目标

(1) 喜欢阅读绘本，乐意与同伴共同阅读。

(2) 在阅读与欣赏中巩固对故事内容的理解。

(3) 尝试运用故事中的语言进行讲述。

操作要点

(1) 自主阅读绘本故事《笨笨猪》。

(2) 自由结伴看图讲故事。

(3) 倾听教学 CD，跟随录音学习故事里的角色对话。

指导建议

(1) 关注幼儿的阅读习惯。

(2) 可提问：你有什么没看懂的地方？你觉得他讲得好吗，为什么？

图 3-6　语言区主题活动材料(读绘本故事《笨笨猪》)

(二) 科学区活动月计划

1. 基本材料

数学认知：串珠 1 篮、拼图 5 张、七巧板 3 套、绳子 1 篮、游戏棒 1 篮、数字卡 1 篮、点卡 1 篮、图形卡 10 套、磁铁印章 40 个、骰子 1 篮

图 3－7　科学区数学认识基本材料

科学探究：各类植物、种子标本 1 套

图 3－8　科学区科学探究基本材料

2. 辅助材料

数学认知活动：树枝拼图

活动目标

（1）体验图形组合变化的乐趣。

（2）会分辨圆形、三角形和正方形三种不同的图形。

（3）能运用树枝进行组合拼摆。

操作要点

（1）观察树枝，猜一猜可以将树枝拼成什么图形。

(2) 发散性地使用科学区中的操作材料，了解并验证自己的猜想。

(3) 幼儿进区操作。

指导建议

(1) 本活动的重点是幼儿乐意利用树枝进行组合拼摆。

(2) 请家长在家与幼儿一起收集各种树枝进行图形拼摆。

图 3-9　科学区辅助材料(树枝拼图)

3. 主题活动材料

数学认知活动：长长的朋友

活动目标

(1) 喜欢在动手操作的过程中学习相关知识。

(2) 在涂涂画画中巩固对动物长长的身体特征的认识。

(3) 尝试进行 4 个以内的物体的长短、正逆排序。

操作要点

(1) 自取操作卡，看看说说图中有些什么动物，它们是什么样子的。

(2) 在动物身上长长的地方涂一涂、画一画，说说这些动物的什么地方是长长的。

指导建议

(1) 重点关注幼儿是否弄清楚操作要求。

(2) 提示幼儿分步完成操作。

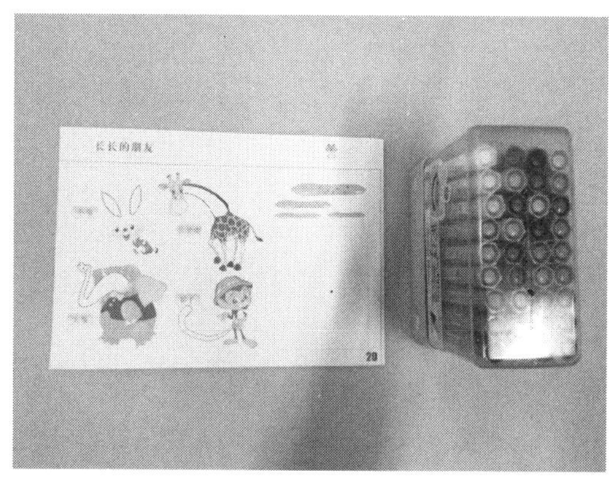

图 3-10　科学区主题活动材料(长长的朋友)

数学认知活动：大萝卜，小萝卜

活动目标

(1) 乐意参与连线的活动。

(2) 能独立完成涂色活动，涂色均匀。

(3) 仔细观察，尝试根据萝卜的大小将之与大小不同的土坑进行配对。

操作要点

(1) 自取操作卡，给图中的萝卜涂色，说说用了什么颜色，哪个萝卜最大，哪个最小。

(2) 找一找萝卜分别是从哪个坑拔出来的，将它们用线连起来。

指导建议

教师可视情况提问：这几个萝卜有什么不同？想一想，萝卜是从哪个土坑拔出来的，为什么？

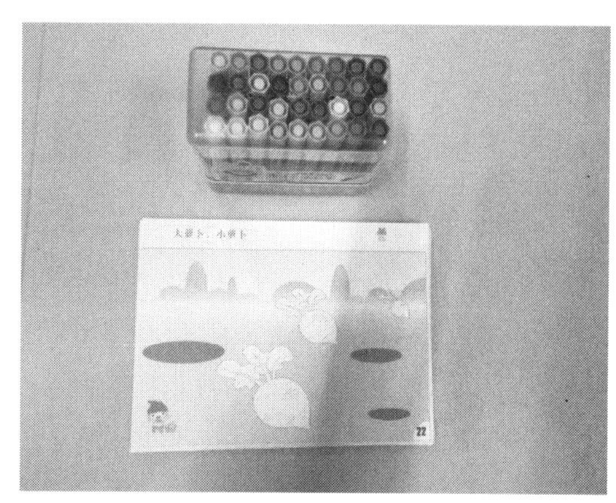

图 3-11　科学区主题活动材料(大萝卜，小萝卜)

数学认知活动：小动物藏在哪里

活动目标

(1) 体验在藏图活动中寻找动物的乐趣与成功的喜悦。

(2) 运用操作卡进行游戏，能基本独立地思考。

(3) 能根据小动物的局部身体特征猜测是什么动物，并进行点数。

操作要点

(1) 自取操作卡，找一找森林里藏了哪些动物。

(2) 数一数每种动物有多少，在相应的数字上画个圆圈。

指导建议

教师可视情况提问：你在哪里发现了哪些动物？是怎么找到的？一共有几只？应该在哪个数字上画圆圈？

图 3－12 科学区主题活动材料(小动物藏在哪里)

科学探究活动：观察小蝌蚪

活动目标

(1) 在观察小蝌蚪时感受发现、探究的乐趣，并表达对小动物的喜爱之情。

(2) 在观察中了解小蝌蚪的成长变化。

(3) 能与同伴交流自己的发现。

操作要点

通过多种形式感知小蝌蚪的成长变化。

指导建议

投放小蝌蚪成长记录表，供幼儿观察记录。

图 3－13　科学区主题活动材料(观察小蝌蚪)

(三) 美工区活动月计划

1. 基本材料

绘画：水彩笔 20 盒、油画棒 11 盒、水粉颜料 12 盒、水粉纸 30 包

手工：黏土 20 盒、一次性杯子若干、毛根 60 根、废报纸 30 张、胶棒若干、剪刀 40 把、手工彩色纸 200 张、动物面具 30 张、幼儿操作材料盒 6 盒

欣赏：陈列展示的幼儿作品，如树枝拼成的小动物画作与摆饰

图 3－14　美工区基本材料

2. 辅助材料

绘画活动：给树枝宝宝涂色

活动目标

(1) 乐意参与涂色活动，体验涂色的乐趣。

(2) 能用水粉颜料在树枝上涂色，并要顺着一个方向涂，要涂均匀。

(3) 尝试大块色彩的搭配。

操作要点

(1) 观察树枝，猜一猜、想一想怎样为树枝宝宝涂色。

(2) 观察美工区中的操作材料，了解并验证自己的猜想。

(3) 幼儿进区操作。

指导建议

(1) 在美工区继续提供树枝让幼儿练习涂色。

(2) 可让幼儿尝试用涂色的树枝做墙饰，打扮教室。

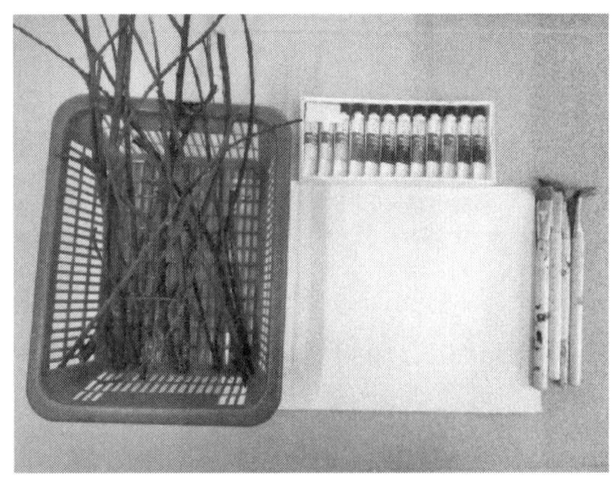

图 3-15　美工区辅助材料(给树枝宝宝涂色)

绘画活动：滚色

活动目标

(1) 对玩色活动感兴趣，感受弹珠滚出的图案的线条美。

(2) 能够合理地运用所需的材料进行创作。

(3) 尝试对自己的作品进行讲解和点评。

活动准备

弹珠若干、内衬白底纸盒2个、红黄蓝水粉颜料、滚色作品若干幅

操作要点

(1) 观察滚色作品，猜一猜是怎样完成的。

(2) 观察美工区中的操作材料，了解并验证自己的猜想。

(3) 幼儿进区操作。

指导建议

可通过儿歌形式指导幼儿学习滚画。

附儿歌：球娃娃，圆溜溜。左也滚，右也滚，前也滚，后也滚，滚来滚去真开心！

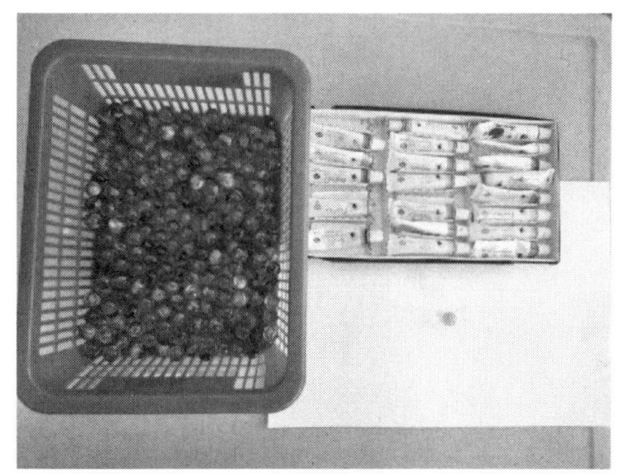

图3－16　美工区辅助材料(滚色)

3. 主题活动材料

手工活动：小小鱼儿游呀游

活动目标

(1) 乐意参与折小鱼的活动。

(2) 会看折纸步骤图学折小鱼，初步理解图示所表达的意思。

(3) 与同伴共同进行添画，完成大幅作品。

操作要点

(1) 看折纸步骤图，想一想怎么折，并找老师求证。

(2) 利用彩色纸折叠小鱼，共同将小鱼粘贴在大幅白纸上，并进行添画。

指导建议

将折纸步骤图贴在美工区供幼儿观察。

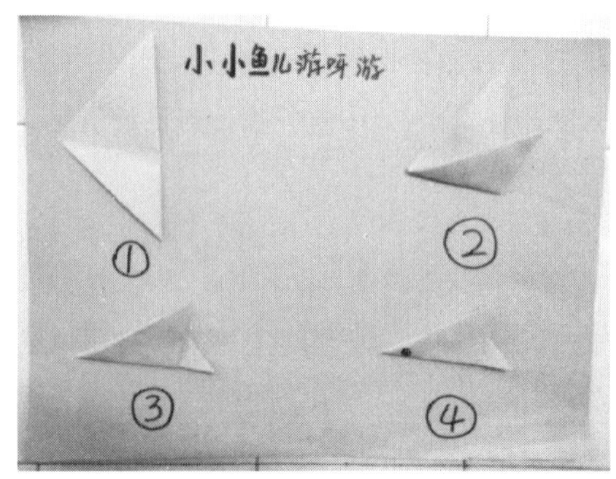

图 3－17　美工区主题活动材料(小小鱼儿游呀游)

手工活动：小鸡头饰

活动目标

(1) 乐意参与制作小鸡头饰的手工活动。

(2) 会正确使用剪刀，能按照图示进行剪贴。

(3) 戴上头饰与同伴一起玩游戏。

操作要点

(1) 自取硬卡观察，想一想怎么做，并找老师求证。

(2) 将卡中的图形剪下，粘贴成小鸡头饰；在头饰两边穿上橡皮圈，戴在头上玩游戏。制作时遇到困难，及时寻求老师帮助。

指导建议

(1) 可以将头饰投放到表演区。

(2) 可让幼儿戴上小鸡头饰玩“鸡妈妈的翅膀”的表演游戏。

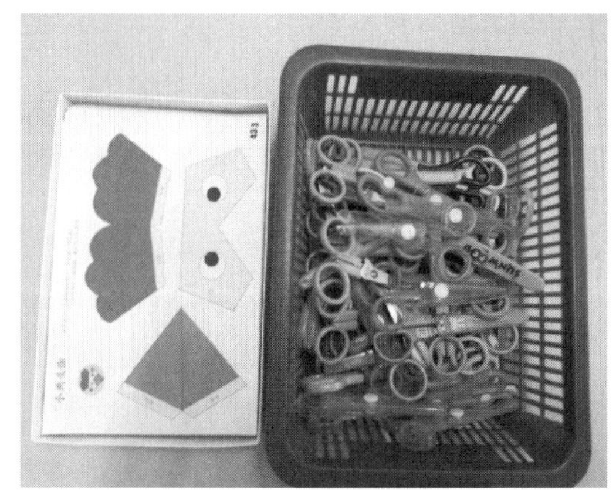
图 3－18　美工区主题活动材料(小鸡头饰)

(四) 生活区活动月计划

1. 基本材料

自我服务：绳子 1 篮、带纽扣的衣服 5 件、裤子 1 条、自制动物玩偶 2 套、娃娃 1 篮、打好结的不同质地的围巾 5 条、塑料夹子 1 篮、小篮子 5 个、毛毛虫图片 1 套、串珠若干、绳子 1 篮；折衣服、穿衣、抹香香等步骤照片各 1 套

图 3－19　生活区基本材料

2. 辅助材料

自我服务活动：夹豆豆

活动目标

(1) 在使用树枝筷子的过程中感受材料带来的新奇感。

(2) 能手眼协调地夹豆豆，并按大小将豆豆进行分类。

(3) 在操作中学习正确使用筷子。

操作要点

利用树枝(或小棒、笔等物品)替代筷子，每位小朋友用两根树枝和一个小碗，在规定的时间内完成夹豆豆的任务。夹完以后，小朋友再和同伴一起数一数，看谁夹的豆豆最多。

指导建议

重点观察幼儿“夹”的动作是否正确，提醒幼儿要用右手操作。

图 3－20　生活区辅助材料(夹豆豆)

3. 主题活动材料

自我服务活动：毛毛虫

活动目标

(1) 敢于独立操作木夹。

(2) 能较为专注地完成操作。

(3) 会手眼协调地用夹夹子的方式表现毛毛虫的脚。

操作要点

将夹子夹在毛毛虫身体的两侧，成为毛毛虫的脚。

指导建议

教师巡回观察时，重点关注幼儿夹夹子的方法，并提醒幼儿注意夹子要摆放均匀。

图 3－21　生活区主题活动材料(毛毛虫)

自我服务活动：营救小动物

活动目标

(1) 能坚持将绳子上打的结解开，不怕失败。

(2) 尝试探寻简便的方法打开绳结。

(3) 在解结的过程中学习怎样打结。

活动准备

绳子若干，每根绳子上打 3—5 个结，绳子一端系一个小动物玩偶

操作要点

(1) 自主观察操作材料,猜测操作要求。

(2) 自主操作,完成营救任务。

指导建议

教师巡回观察时,可提醒幼儿从绳子没系动物玩偶那头的第一个结开始解,拿起绳子从洞中抽出来,再依次解开后面的结。

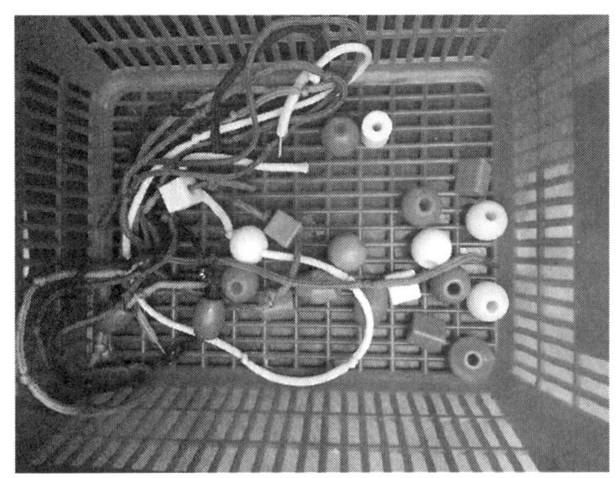

图 3-22 生活区主题活动材料(营救小动物)

(五) 表演区活动月计划

1. 基本材料

服装、配饰、乐器、电脑及相关视频、音频

图 3-23 表演区基本材料

2. 辅助材料

音乐类表演活动：树藤服装

活动目标

(1) 在服装作品创作与模特表演中感受活动的乐趣。

(2) 能大胆地用肢体动作展示树藤服装。

(3) 尝试利用树藤材料设计表演造型。

操作要点

(1) 两个小朋友合作进行创作，一位扮设计师，一位扮模特穿上环保衣。不争抢，一起合作完成。

(2) 在使用剪刀时注意安全。

指导建议

幼儿操作时，教师可以播放一些轻音乐。

图 3-24　表演区辅助材料(树藤服装)

3. 主题活动材料

文学类表演活动：鼠宝宝找朋友

活动目标

(1) 乐意参与故事《鼠宝宝找朋友》中各角色的表演。

(2) 能与同伴一起协商编排各种角色的动作、语言等。

(3) 能有感情地讲述故事，尝试用声音、动作、神情等表现不同动物的特征。

操作要点

(1) 边倾听教学 CD 边阅读幼儿读物《鼠宝宝找朋友》，尝试进行复述。

(2) 选择自己喜欢的动物装饰物进行表演。

(3) 再次随教学 CD 自主表演。

指导建议

教师巡回观察时，重点关注幼儿是否愿意扮演故事中的角色，与同伴一同游戏。

图 3-25　表演区主题活动材料(鼠宝宝找朋友)

音乐类表演活动：小马

活动目标

(1) 感受边歌唱边演奏的乐趣。

(2) 能自主选择乐器为歌曲伴奏。

(3) 尝试依据演唱的节奏进行配乐。

操作要点

(1) 欣赏并跟唱歌曲，想一想可以为歌曲选择什么乐器，用什么节奏进行演奏。

(2) 自选乐器随音乐演奏。

指导建议

教师巡回观察时，帮助幼儿播放伴奏带，并关注幼儿对于节奏的把握，必要时给予建议。

图 3-26　表演区主题活动材料(小马)

(六) 建构区活动月计划

1. 基本材料

桌面建构：扭扭棒 1 篮、游戏棒 1 篮、雪花片 1 篮

地面建构：各类积木 4 桶、大型拼搭积木 3 筐

立面建构：小纸盒 1 篮、大小不一的瓶罐 3 筐

图 3－27　建构区基本材料

2. 辅助材料

桌面建构活动：搭鸟窝

活动目标

(1) 乐意帮助小鸟建造家园。

(2) 在游戏中能够充分地表现美和创造美。

(3) 能用树枝创造性地搭建鸟窝。

操作要点

利用树枝与同伴一起搭建鸟窝。

指导建议

(1) 教师鼓励幼儿用不同的搭建方法，相互协作建造鸟窝。

(2) 根据游戏主题，尝试用树枝搭建各种造型。

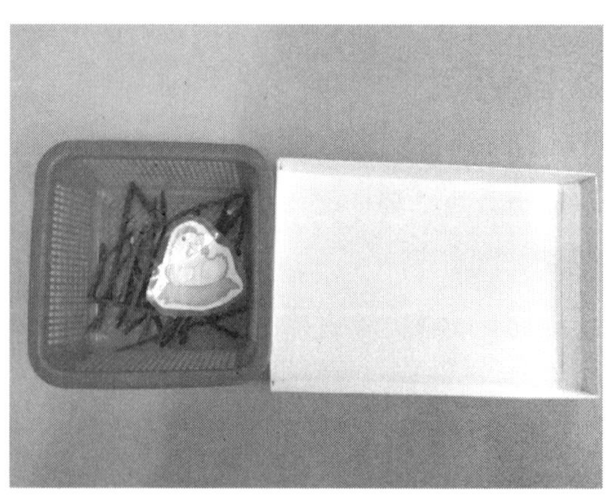

图 3－28　建构区辅助材料(搭鸟窝)

3. 主题活动材料

桌面建构活动：可爱的小鸭

活动目标

(1) 乐意用积塑拼插小鸭。

(2) 能用各种拼插的方法表现小鸭的基本特征。

(3) 尝试在圆形的基础上通过拼插塑造小鸭的形象。

操作要点

(1) 观察小鸭玩偶。

(2) 思考如何用雪花片拼插小鸭。

(3) 自选材料建构。

指导建议

教师巡回观察时，重点关注幼儿的建构方法。

图 3－29　建构区主题活动材料(可爱的小鸭)

立面建构活动：叠叠乐

活动目标

(1) 在用饮料罐叠高的过程中体验建构的乐趣。

(2) 尝试用饮料罐进行建构活动。

(3) 练习搭、叠、排列、围拢、造型的操作技能。

操作要点

(1) 用饮料罐进行叠高、排列，围拢成一个封闭的建筑物。

(2) 用不同的饮料罐摆出不同的造型,并与各类玩具相结合组成一个富有创意的城堡。

指导建议

教师巡回观察时,可提问:你是用什么方法玩建构游戏的?你用了什么饮料罐?搭建了什么?

图 3-30　建构区主题活动材料(叠叠乐)

(七) 角色区活动月计划

1. 基本材料

娃娃家场景、娃娃若干、小床 1 张、小柜子 1 个、各种衣物若干

图 3-31　角色区基本材料

2. 辅助材料

小动物玩偶若干

四、中班区域活动月计划设计案例

班级区域场景：魅力中国　　**月教学主题：**绿色的春天

设计者：湖南省长沙市芙蓉区教育局德政园幼儿园　李素琴

(一) 语言区活动月计划

1. 基本材料

阅读：适合 4—5 岁幼儿阅读的书籍 8 本，欣赏绘本 4 本，其他图书、绘本及自制绘本若干

听赏：供幼儿听故事的播放机 1 台

讲述：手偶讲述台 1 个、创编故事讲述台 1 个

前书写：供幼儿记录语言文字的记录板 1 块，桌椅、笔等

图 3 - 32　语言区基本材料

2. 辅助材料

阅读活动：我会静静地阅读

活动目标

(1) 在阅读中感受春天带给人们的美好。

(2) 自主阅读图书，注意用眼卫生。

(3) 能和身边的小伙伴一起轻声分享图书中的内容。

操作要点

(1) 自选书架上的绘本,选择自己喜欢的方式安静地阅读。

(2) 阅读时从前往后一页一页地翻阅,注意眼和书保持一尺的距离。

(3) 将绘本里看到的内容轻声和身边的小伙伴分享。

(4) 活动结束将图书放回原处。

指导建议

(1) 引导幼儿感知有关春天的颜色。

(2) 在阅读绘本时注意观察有哪些小动物在跟春天玩颜色的游戏,哪些水果是春天的水果。

(3) 进一步让幼儿体会人与自然之间和谐相处的美好场景。

图 3-33　语言区辅助材料(我会静静地阅读)

3. 主题活动材料

讲述活动:春天的电话

活动目标

(1) 乐意用故事中打电话的形式来讲述故事。

(2) 能自主阅读图书。

(3) 利用手偶或头饰、面具来扮演故事中的角色,尝试小声复述角色语言。

操作要点

(1) 自取读物,找到相应的页面,专心阅读。

(2) 从前往后阅读画面,边看边小声讲述故事。

(3) 边听故事边小声进行故事角色对话。

(4) 游戏结束能按常规放好操作材料。

指导建议

(1) 引导幼儿欣赏故事,理解故事内容,巩固春天景象变化与动植物间的关系。

(2) 引导幼儿在故事中感知电话号码的排列顺序,并能探讨其规律。

(3) 引导幼儿根据原故事情节进行创编活动,愿意大胆地和小伙伴分享。

图 3－34　语言区主题活动材料(春天的电话)

(二) 科学区活动月计划

1. 基本材料

数学认知:各种操作的尺子各 1 把、不同季节的服装图片 20 张、多米诺骨牌 1 盒、扑克牌 2 副、智力拼图 5 套、七巧板 1 套

科学探究:放大镜 1 面、蝌蚪 1 盆、蚕 1 盒、鱼 5 条、黄鳝 1 条、泥鳅 5 条、种植蒜 1 盆、多肉植物 1 盆、田螺 5 个、贝壳和海螺等海里的自然物 2 篮、各种动物标本 15 盒

图 3－35　科学区基本材料

2. 辅助材料

数学认知活动：一日生活、学习、游戏的那些事儿

活动目标

(1) 乐意遵守一日作息时间安排。

(2) 在操作时间卡片时回忆各个活动环节，树立良好的时间观念。

(3) 尝试根据幼儿园一日流程来进行对应时间的活动。

操作要点

(1) 从柜子里拿出一日生活时间操作台。

(2) 能说出幼儿园一日生活、入园、早餐、学习、广播操、游戏、户外活动、午餐、睡觉、离园的基本流程和时间。

(3) 将时间操作卡和生活环节图片操作卡分类，按一日流程放好。

(4) 对应插好匹配的操作卡。

指导建议

(1) 引导幼儿感知时间的整点和半点的表示方法。

(2) 仔细观察一日流程的图片内容，学习使用操作卡。

(3) 相互检查操作的结果是否合理。

图 3-36　科学区辅助材料(一日生活、学习、游戏的那些事儿)

3. 主题活动材料

科学探究活动：饲养蚕宝宝

活动目标

(1) 在饲养蚕宝宝的过程中萌发对小动物的关爱之情。

(2) 细心观察，发现蚕宝宝的生长变化。

(3) 尝试记录和表达蚕宝宝的变化。

操作要点

(1) 蚕宝宝刚从卵里孵出来时，要特别小心爱护，用比较嫩的桑叶喂食，换桑叶的时候用柔软的毛笔来移动它，注意力度要轻。

(2) 有时桑叶太干燥,不细心就会在换桑叶的过程中把蚕宝宝留在要丢弃的桑叶上,和换下的废弃物一起扔进垃圾桶。蚕的大便可以收集起来做肥料。

(3) 桑叶要新鲜,可以每次采集一塑料袋,分次每天用几张,其余的洒点水装在冰箱里保鲜。采来的叶子会有一些灰尘,可以洗净后晾干。如果不晾干,蚕宝宝吃了会拉肚子,严重的可能致死。

指导建议

(1) 引导幼儿观察蚕宝宝喜欢在冷的环境下活动还是喜欢在温暖的环境下活动。

(2) 引导幼儿观察蚕宝宝喜欢吃嫩的桑叶还是老的桑叶,吃干枯的桑叶还是鲜嫩的桑叶。

(3) 引导幼儿记录蚕宝宝的生长变化:蚕卵—蚕蚁—第一次蜕皮—第二次蜕皮—第三次蜕皮—第四次蜕皮—做茧(茧的用处)—破茧成蛾。

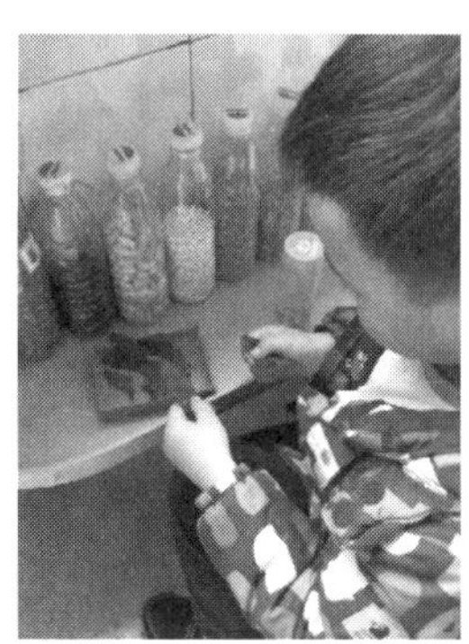

图 3-37 科学区主题活动材料(饲养蚕宝宝)

(三) 美工区活动月计划

1. 基本材料

绘画:36 色的水彩笔 2 盒、36 色的油画棒 2 盒、水粉纸 2 袋、刮画纸 20 张、沙画纸 20 张

手工:黏土 2 盒、剪刀 5 把、胶棒 5 支、一次性杯子 20 个、扭扭棒 50 根、双面胶 5 卷、透明胶 2 卷

欣赏:西安户县农民画图片若干、手工剪纸若干、手工绣鞋垫若干

图 3-38　美工区基本材料

2. 辅助材料

手工活动：制作“冰箱”

活动目标

(1) 乐意看图示制作“冰箱”。

(2) 能根据手工操作图标按顺序制作“冰箱”。

(3) 尝试将“食物”分类，贴进“冰箱”里。

操作要点

(1) 看清图纸的制作过程，弄明白第一步怎么做，第二步怎么做，第三步怎么做……

(2) 使用小剪刀要注意安全，下手开剪的时候要精确到线。

(3) 折叠和粘贴时注意牢固性。

(4) 将食品分类粘贴在“冰箱”内。

指导建议

(1) 先引导幼儿了解“冰箱”的内部制作结构。

(2) 制作过程中要用到挖孔的技能，引导幼儿先轻微折再用剪刀剪个缺口，然后从缺口入手剪出一个孔。

(3) 注意随时观察幼儿的动手能力和想象能力的发展。

(4) 让幼儿将完成的作品放在展示台上相互欣赏、交流、评价。

图 3-39　美工区辅助材料(制作“冰箱”)

3. 主题活动材料

绘画/手工活动：春天里的花

活动目标

(1) 喜欢欣赏、表现春天里的花，感受花的美，萌发热爱大自然的情感。

(2) 欣赏春天的花的实物及作品，大胆地使用多种方法表达自己的感受。

(3) 尝试用不同的形式，如绘画、手工制作等自主创作春天里的花。

操作要点

(1) 用各种材料来创作出春天里你见到的最美丽的花。

(2) 进区后自由分组，选择不同的材料。

(3) 先设计好作品布局再动手。

(4) 注意卫生，爱惜材料。

(5) 在创作过程中和小伙伴商讨、合作。

指导建议

(1) 引导幼儿讨论用什么材料创作什么形状、什么颜色的花。

(2) 提醒幼儿将作品设计成有春天的色彩特点。

(3) 指导幼儿合理安排作品布局。

(4) 引导幼儿展示作品，欣赏作品，交流作品。

图 3－40　美工区主题活动材料(春天里的花)

(四) 生活区活动月计划

1. 基本材料

自我服务：绳子 5 根、衣物 10 件、带鞋带的鞋子 2 双，袜子若干、夹子若干、

搓衣板若干、洗衣机模型 1 台、烘干机模型 1 台

环境护理：打扫卫生的小毛巾 5 条、香皂 2 块、小盆 2 个、小桶 2 个、水 1 大桶、拖把 1 把、洒水壶 2 个

图 3－41　生活区基本材料

2. 辅助材料

自我服务活动：洗洗自己的小毛巾

活动目标

(1) 体会自己劳动后的成功喜悦，培养保持物体清洁的意识。

(2) 能按照洗毛巾的基本流程完成清洗任务。

(3) 尝试用多种方法清洗小毛巾上的污垢。

操作要点

(1) 卷起衣袖，选择自己洗毛巾的用具。

(2) 把毛巾放入盛有三分之二水的盆或桶里浸湿一下。

(3) 在浸湿的小毛巾上抹香皂后将香皂放回原处。

(4) 两手抓住毛巾搓洗，将搓洗后的小毛巾放入盆里或桶里用清水洗 2—3 遍，用力拧干小毛巾。

(5) 和同伴按顺序进行游戏，游戏结束要按要求放好操作材料，整理好场地。

指导建议

(1) 观察幼儿倾向用哪种操作材料，谁的经验知识丰富，了解幼儿的需求。

(2) 在交流清洗毛巾的经验时，鼓励幼儿向小伙伴说出自己的想法。

图3－42　生活区辅助材料(洗洗自己的小毛巾)

3. 主题活动材料

自我服务活动：整理衣物

活动目标

(1) 在整理衣物的操作中体会劳动的喜悦。

(2) 能够按照叠衣服的步骤图整理衣物。

(3) 在看图叠衣服的过程中梳理整理衣物的经验。

操作要点

(1) 学会看叠衣服的步骤图。

(2) 操作时相互探讨,相互帮助,共同完成叠衣服的任务。

(3) 已叠好的衣服分类放在衣柜里。

(4) 活动结束后,桌面保持干净整洁。

指导建议

(1) 指导不会叠衣服的幼儿先选择简单的衣物练习。

(2) 观察幼儿动手能力和观察能力的发展情况。

(3) 引导幼儿反复按叠衣服的步骤练习。

(4) 参观已整理好的衣柜,重点是让幼儿们说说,他们是怎样分类放置已叠好的衣物的。

图 3－43　生活区主题活动材料(整理衣物)

(五) 角色区活动月计划

1. 基本材料

美发店道具模型;医院门诊部各类道具模型

图 3－44　角色区基本材料

2. 辅助材料

春季传染病预防宣传图片

(六) 表演区活动月计划

1. 基本材料

服装、配饰、乐器、扩音器、U 盘

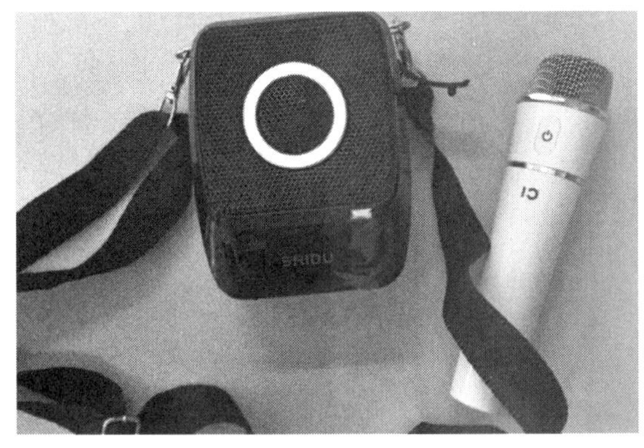

图 3-45　表演区基本材料

2. 辅助材料

音乐类/文学类表演活动：小小文艺会演

活动目标

(1) 乐意使用多种道具表演，并自觉爱护游戏材料。

(2) 学习在表演中倾听，配合同伴的角色行为。

(3) 能与同伴友好合作，做一名文明有礼貌的观众，安静地观看演出并给予评价。

操作要点

(1) 根据自己的喜好或故事内容选择相应的道具进行合作表演或个人才艺表演(故事、唱歌、舞蹈、猜谜语等都可以)。

(2) 演出完毕观众鼓掌喝彩，表示欣赏演员的表演。主持人也可以说一说表演的精彩之处。演员和观众可以互动游戏，例如请观众上台唱歌等。

(3) 表演手偶故事时，注意不要把头露出舞台，手中的手偶道具要正面朝向观众。

(4) 游戏结束，能按物品摆放标签将表演道具各归其位。

指导建议

(1) 鼓励幼儿在表演时要自信，声音尽量要自然，注意声调的高低起伏。

(2) 教师适时以演员的身份参与表演区的活动，用自己的实际表现去感染、熏陶幼儿。

(3) 提示幼儿可以表演一些自己熟悉、拿手的节目。

(4) 尽量暗示幼儿大胆表演自己即兴创作的节目。

图 3-46 表演区辅助材料(小小文艺会演)

3. 主题活动材料

音乐类表演活动：换季服装秀

活动目标

(1) 认识春天的到来,对换季的服装有喜爱之情。

(2) 大胆在集体面前展示自己,增强自信心。

(3) 根据音乐的节奏,大胆模仿模特走秀。

操作要点

(1) 自由进区挑选自己喜欢的服装穿上。

(2) 穿服装时能相互帮助,相互欣赏,相互谦让。

(3) 在音乐的伴奏下有节奏地走秀,展示服装的风格,摆出各种模特造型。

(4) 游戏结束要按常规放好操作材料。

指导建议

(1) 观察哪些幼儿表演有气场,哪些幼儿会搭配服装,哪些幼儿适合协调现场,适当评价、引导。

(2) 引导幼儿找准音乐的节奏点走秀。

(3) 提醒幼儿上台不要争抢,要有序上台。

图 3－47　表演区主题活动材料(换季服装秀)

(七) 建构区活动月计划

1. 基本材料

桌面建构：扭扭棒 1 篮、游戏棒 1 篮、雪花片 1 篮、塑料拼接杆 1 篮、纸质几何图形 1 篮

地面建构：木头积木 1 篮、乐高玩具 1 篮、大型泡沫积塑 1 篮

立面建构：易拉罐 1 篮、大小不一的纸盒 1 篮、麻将牌 1 篮、纸杯 1 篮、矿泉水瓶 1 篮

图 3－48　建构区基本材料

2. 辅助材料

立面建构活动：美丽的桥

活动目标

(1) 乐意与小伙伴一起分享搭建成果。

(2) 尝试用多种材料搭出各种造型的桥。

(3) 能用连接、垒高、搭建的方法与同伴合作建构,体验合作的乐趣。

操作要点

(1) 构思好自己心目中想要搭建的桥的模样。

(2) 自由取放各种材料进行建构。

(3) 在建构过程中,善于商讨、合作。

(4) 保护好搭建的劳动成果。

(5) 活动结束后,收整好玩具。

指导建议

(1) 引导幼儿自由欣赏不同造型的桥的图片,了解不同的桥的造型和结构特点。

(2) 提醒幼儿大胆选用拼搭材料,用拼、接、搭、垒、叠的技能进行搭建。

(3) 观察幼儿的交流情况,了解幼儿的想法及空间建构能力。

(4) 引导幼儿展示作品时大胆说出建构的意图和过程。

图 3-49　建构区辅助材料(美丽的桥)

3. 主题活动材料

桌面建构活动: 春天的树公园

活动目标

(1) 乐意和小伙伴一起合作搭建树公园。

(2) 能用拼插、连接、垒高、搭建的方法与同伴合作建构。

(3) 尝试用多种材料拼搭出不同的树的造型。

操作要点

(1) 根据自己或小组的需要自选搭建材料，可以看图纸商讨搭建方式。

(2) 轻拿轻放建构材料，注意安全和礼貌。

(3) 游戏结束整理好操作材料。

指导建议

(1) 引导幼儿自由欣赏树的图片，了解树的造型和结构及公园的不同特点。

(2) 引导幼儿探讨树公园由哪些部分组成，想搭建怎样的树。幼儿与同伴商讨搭建的方法和分工，自选材料游戏。

(3) 引导幼儿将作品组合形成春天的树林，相互欣赏公园、介绍作品。

(4) 了解幼儿的搭建想象过程。可提问：看到自己建的树林，感觉怎么样？是用什么材料搭建的，怎么搭的？特别之处在哪里？最喜欢哪棵树，为什么？

(5) 让幼儿向大家介绍自己的作品。

图 3-50　建构区主题活动材料(春天的树公园)

五、大班区域活动月计划设计案例

班级区域场景：零食满屋　　**月教学主题：**生活中的交通

设计者：湖南省长沙市芙蓉区教育局德政园幼儿园　吴丽帅

教师根据大班幼儿的发展现状和发展目标，创设多个领域让幼儿按照自己的意愿和能力，在特定的环境中，以操作摆弄为主的方式进行个别化的自主学习。因此，为了让区域活动更具有吸引力，又能促进幼儿的全面发展，教师通过逐步投放材料的方式，在活动中让幼儿通过自主摆弄、操作去感知、思考、寻找问题的答案。而教师的任务是关注幼儿在活动中的表现和反应，敏锐地发现幼儿的需要，及时以适当的方式给予回应，形成合作探究式的师生互动。

(一) 语言区活动月计划

1. 基本材料

阅读：适合 5—6 岁幼儿阅读的书籍 10 本、欣赏绘本 8 本、其他图书及绘本多本

听赏：供幼儿听故事的 DVD 播放机 1 台

讲述：录音机 1 台、手偶剧场 1 个、故事盒 1 个、自制一次性纸杯传声筒 1 个

前书写：供幼儿记录文字的磁性小黑板 4 块、字卡机 1 台、简单的汉字卡若干、笔若干

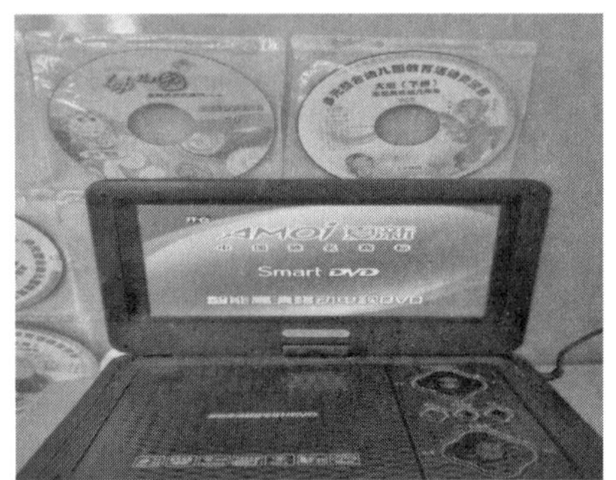

图 3－51　语言区基本材料

2. 辅助材料

讲述活动：打电话猜谜语

活动目标

(1) 养成好的规则意识，体验和同伴合作游戏的乐趣。

(2) 在游戏中加深对一些事物的特征和作用的认识。

(3) 能根据图片信息，尝试描述物体的主要特征。

操作要点

(1) 两位小朋友一起用自制传声筒玩游戏。

(2) 一位幼儿对着杯口说谜面，另一位幼儿用杯口捂着耳朵听对方传来的谜面，听完了，通过传声筒告诉出谜面的幼儿自己想到的答案，再由出谜面的幼儿说出答案进行核对。

指导建议

(1) 引导说谜面的小朋友仔细地看图片说出事物的特征。不能说出实物的名字，只能说出这张图片里事物的外形特征、作用、声音等。

(2) 引导幼儿看清事物的外形特征，了解事物的作用、声音等，语句尽量精炼。猜谜者猜不出时，引导他求助同伴，让幼儿有交流探讨的机会。

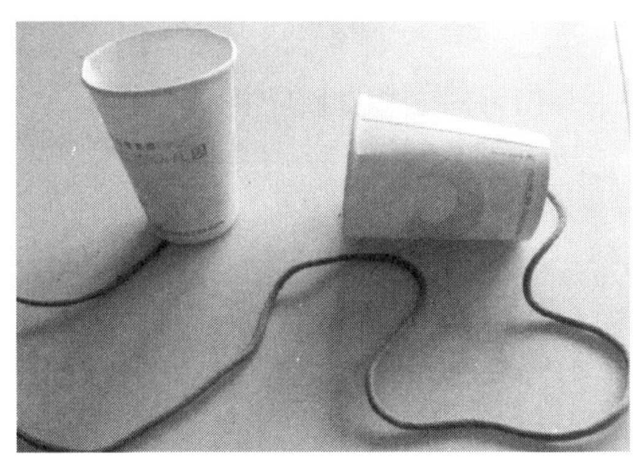

图 3－52　语言区辅助材料(打电话猜谜语)

前书写活动：巧手修书

活动目标

(1) 爱惜图书，乐意与图书做好朋友。

(2) 尝试用不同的方法修补图书。

(3) 能正确使用常见的图书修补工具。

操作要点

(1) 找出书架上破损的图书。

(2) 简单认识修补图书的工具。

(3) 幼儿针对书的破损情况积极讨论、交流，探索修补的方法，动手操作修补。

指导建议

(1) 引导幼儿遇到特别破旧的书籍时能积极讨论、交流，探索修补的方法，并在需要老师的帮助时主动寻求老师的帮助。

(2) 引导幼儿讨论如何把丢失封面的图书补好，鼓励幼儿自己绘制新的封面粘贴上去。

图 3－53　语言区辅助材料(巧手修书)

3. 主题活动材料

讲述活动：兔子先生去散步

活动目标

(1) 乐意看图表达自己的想法，愿意讲述故事。

(2) 大胆猜测标志在书中的意思，初步理解故事内容。

(3) 认识生活中常见的标志，并了解其意义和用途等。

操作要点

(1) 选取大小合适、有草地背景图的故事盒，提供与故事内容相符的标志卡以及兔子图片，在故事盒上边操作学具边学讲故事《兔子先生去散步》。

(2) 以故事情节为线索，联系生活经验，展开想象，根据事物的主要特征说说故事中各种标志的意思。

(3) 认识生活中各种常见的标志。说一说，这些标志是什么意思，在哪里见过这个标志，还可以在哪里用。

指导建议

(1) 在讲述中，鼓励幼儿先进行故事中第一部分情节的讲述，再将后面的故

事情节串联起来，完整、连贯地讲述。

（2）鼓励幼儿说说故事中的标志在生活中哪里可以看到，进一步开拓幼儿的知识面。

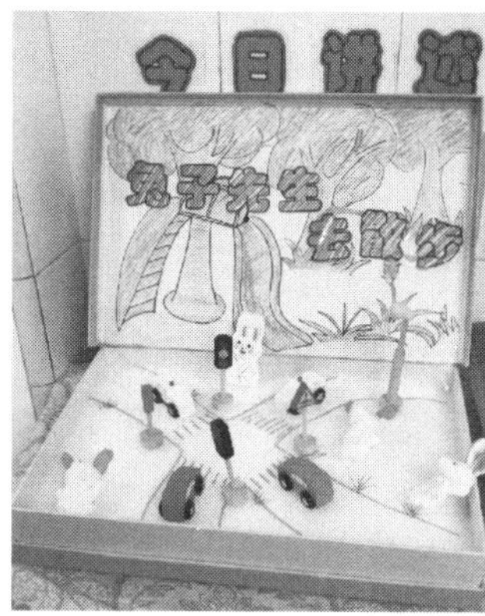

图 3－54　语言区主题活动材料（兔子先生去散步）

阅读活动：小猴的出租车

活动目标

（1）乐意翻阅故事书，体验帮助别人和被别人帮助的快乐。

（2）能大胆地讲述自己的想法和建议，并用比较清楚、连贯的语言续编故事。

（3）观察出租车的特点，进一步了解出租车的功能及便利性。

操作要点

（1）观察书本图片，了解出租车的基本特征。认识出租车的顶灯、防护栏、计价器、空车牌。

（2）轻声交流讨论，表达自己的观点。

（3）根据想象续编故事。

指导建议

（1）引导幼儿猜测书中图片是哪种交通工具，并说说出租车的这些标志性部件有什么作用。

（2）指导幼儿续编小猴的出租车后来发生了什么样的故事，重点关注性格内向不太爱表达的幼儿。

图 3-55 语言区主题活动材料(小猴出租车)

(二) 科学区活动月计划

1. 基本材料

数学认知：游戏棒、数学卡、图形卡

科学探究：适合 5—6 岁幼儿观察认识的交通图片或模型、交通棋、交通迷宫玩具、磁性印章、交通迷宫图；乌龟、绿萝、长寿花、吊篮、多肉植物等，记录用纸和笔

图 3-56 科学区基本材料

2. 辅助材料

数学认知活动：凑钱购物

活动目标

(1) 积极主动地参与“凑钱购物”游戏，遵守游戏规则，体验购物成功的快乐。

(2) 在游戏中进行 7 以内数的分解组合以及加减运算，并能说出运算过程。

(3) 尝试与同伴合作,用多种方法将不同面值的“人民币”凑出5、6、7元,感知其间的等量关系。

操作要点

(1) 进入区角,熟悉场地。

(2) 根据商品的不同标价,同伴间尝试以不同面值凑出5、6、7元,凑的数目正确的幼儿可以买走商品。

(3) 相互说说凑钱购物的经验。

指导建议

(1) 指导幼儿互相商量如何凑钱购买相应的商品,教师不要随意干扰他们。

(2) 鼓励能力强的幼儿当小超市的老板,检验同伴的凑钱数是否正确。

图3-57　科学区辅助材料(凑钱购物)

科学探究活动:水培荸荠

活动目标

(1) 喜爱探究水培植物的生长。

(2) 了解荸荠生长过程及对人体的益处。

(3) 初步掌握水培荸荠的种植方法,做好荸荠的观察日记。

操作要点

(1) 欣赏水培荸荠图片。

(2) 幼儿讨论如何水培荸荠的方法,教师点评。

(3) 选取饱满的荸荠直接放入水培花瓶中,水位不能超过荸荠,留一点露出水面。

(4) 一星期换一次水，平时要保证有较强的光照。

(5) 认真观察荸荠的生长变化，并把自己的发现记录在记录表上。

(6) 完成记录的幼儿大胆向同伴说说自己的发现。

指导建议

教师引导幼儿通过多种方式记录，但不要禁锢幼儿的想法，对于能力弱一点的幼儿可以让他用设计好的记录表去记录，记录材料可以有层次性。

图 3－58　科学区辅助材料(水培荸荠)

3. 主题活动材料

数学认知活动：千变万化的车牌

活动目标

(1) 乐意在设计车牌号码时联系生活实际。

(2) 把自己设计出的车牌号码记录下来，并大胆与同伴相互交流。

(3) 尝试用三个数字排列出不同的车牌号码，初步了解车牌上汉字、英文字母、数字、颜色等的含义。

操作要点

(1) 用三个数字(能力强的用四个数字)进行排列组合，设计出不同的车牌号码。

(2) 把自己设计出的车牌号码记录下来，同伴相互交流讨论，看谁设计的车牌号码又多又没有重复的。

(3) 把自己设计的车牌号码记录在记录表上，并大胆交流讨论。

(4) 展示自己的记录表,看看谁设计的车牌号码最多,如 123、321、231 等。

指导建议

(1) 引导幼儿把自己设计的车牌号码记录在记录表上,鼓励幼儿大胆交流讨论。

(2) 把握材料投入的层次性,鼓励能力强的幼儿用三个以上的数字排列出车牌。

(3) 可让能力强的幼儿帮助能力弱的幼儿提升对活动的兴趣。

图 3-59　科学区主题活动材料(千变万化的车牌)

数学认知活动: 吊车吊物

活动目标

(1) 感受数学知识在日常生活中的运用,喜爱数学活动。

(2) 能在吊车吊物的过程中较熟练地进行 10 以内加法运算。

(3) 学习用算式记录自己吊物品的过程。

操作要点

(1) 幼儿自取大吊车,操作挂有磁铁的大吊车长手臂去物品箱吊物,只能吊两样物品图片,吊上来的物品图片重量应相加为 10,再进行算式记录。

(2) 幼儿还可合作,一人负责吊物,一人负责记录,相互检查是否正确。

指导建议

(1) 引导幼儿交流讨论:在吊的过程中,如何去吊才能吊上重量相加等于 10 的两样物体。

(2) 引导幼儿相互检查算式记录,并大胆表达自己的想法。

图 3－60 科学区主题活动材料(吊车吊物)

科学探索活动：看谁滑得远

活动目标

(1) 在反复试验不同汽车滑坡能力的过程中产生对科学探究的兴趣。

(2) 在探究过程中，学习相互合作、细心观察、认真记录、大胆表达。

(3) 通过亲自实验，感受重量不同的车从同一坡度上滑下来的距离差异。

操作要点

(1) 幼儿两两合作，一人控制空车一人控制满车，同时从高高的小滑道上滑下来，看看哪辆车滑得远，并做好记录。

(2) 幼儿再次思考并尝试：如果空车和满车从矮矮的滑道上滑下来会怎样呢?

指导建议

(1) 引导幼儿改变滑道的高度，观察汽车滑下的距离，并记录空车滑得远，还是满车滑得远。

(2) 引导幼儿说说记录的结果，有什么发现。

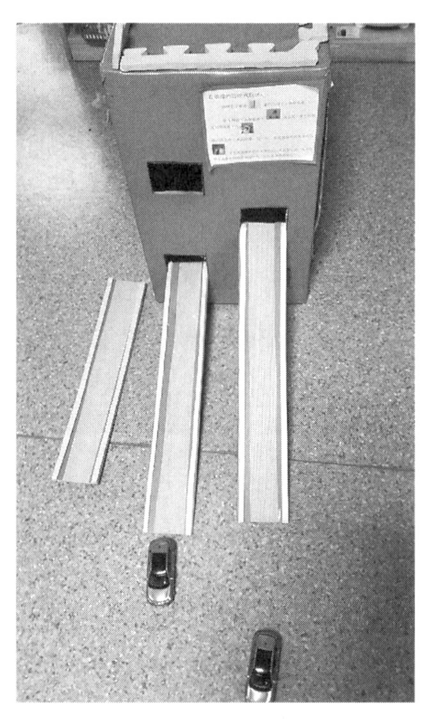

图 3－61 科学区主题活动材料(看谁滑得远)

(三) 美工区活动月计划

1. 基本材料

绘画：颜料、蜡笔

手工：薯片罐、饮料罐、饼干罐、绳子、纸圈、橡皮泥、多种彩纸、胶条、剪刀、一次性饭盒、糖果纸、扎糖果的铅丝

欣赏：交通图、交通工具图

图 3－62　美工区基本材料

2. 辅助材料

手工活动：晴雨转盘

活动目标

(1) 在制作晴雨转盘的过程中体验成功的喜悦。

(2) 能根据步骤图制作晴雨转盘。

(3) 探究用剪刀在纸张的中心挖空的方法。

操作要点

(1) 观察晴雨转盘成品，猜测制作方法。

(2) 观察并自取材料，进行制作。将三个圆盘剪下，将图上的框框挖空(可先将框框对折剪出一个口子，再用剪刀沿框框轮廓挖空)，然后，按步骤图 1、2、3 的顺序把圆盘叠在一起，中间用软铅丝固定。

(3) 幼儿自主与同伴交流今天的天气，操作晴雨转盘。

(4) 结束活动后收拾好材料。

指导建议

(1) 引导幼儿观察当天的天气情况。如果当天的天气情况不在画面上，可在空白的画框内用图画的形式表现。

(2) 鼓励幼儿将晴雨转盘摆放到自然角，供观测天气、记录植物的生长过程使用。

图 3－63　美工区辅助材料(晴雨转盘)

3. 主题活动材料

手工活动：托马斯火车

活动目标

(1) 对使用废旧材料制作火车感兴趣，乐意与同伴合作制作火车。

(2) 运用粘贴、连接等技能制作不同的手工火车。

(3) 学习整体把握火车的造型和功用。

操作要点

(1) 翻看托马斯火车图片，激发创作兴趣。

(2) 选取合适的易拉罐做车头、车身，用泡沫胶把车轮粘上，然后把每节车厢用毛根连接起来。

(3) 用陶土装饰火车。

(4) 一起将完成的作品展示在作品展示区，并从造型和色彩等方面互相评

价作品。

指导建议

(1) 指导幼儿大胆装饰火车，不要把教师自己的想法强加给幼儿，让幼儿发挥自己的创意大胆创作。

(2) 创作结束后鼓励幼儿大胆表述自己的创意并与同伴分享。

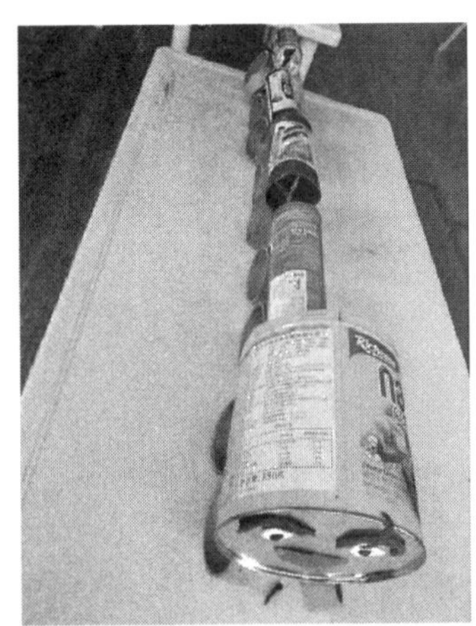

图 3－64　美工区主题活动材料(托马斯火车)

(四) 生活区活动月计划

1. 基本材料

自我服务：搓毛巾、拧毛巾的步骤图；肥皂、抹布、水、玩具车、车模、塑料糖果包装纸

环境理护：打扫卫生的小毛巾5条、香皂2块、小盆2个、小桶2个、大桶1个、拖把1把、洒水壶2个

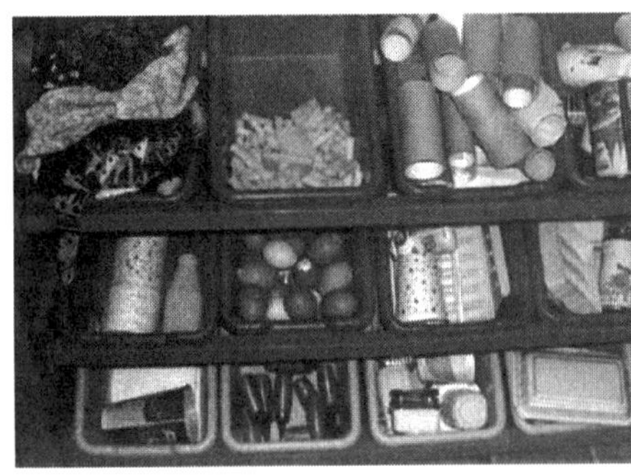

图 3－65　生活区基本材料

2. 辅助材料

自我服务活动：择菜

活动目标

(1) 在择菜的过程中体验劳动的乐趣。

(2) 学习用正确的方法择菜叶。

(3) 认识费菜，初步懂得吃蔬菜对身体有好处。

操作要点

(1) 认识野菜——费菜。

(2) 幼儿尝试择菜。

(3) 师幼共同把择好的菜送到食堂。

(4) 师幼共同整理场地。

指导建议

(1) 引导幼儿择菜时辨认费菜的外部特征。可提问：费菜长什么样？它有什么用？什么样的费菜才能吃？

(2) 引导幼儿讨论交流蔬菜对身体的益处。

图 3－66　生活区辅助材料(择菜)

3. 主题活动材料

环境理护活动：洗车

活动目标

(1) 在清洗玩具车的过程中体会劳动带来的乐趣。

(2) 能尝试使用不同的方法仔细地清洗玩具车的污垢。

(3) 在洗车的过程中学习简单的生活技能，如擦、搓毛巾、拧毛巾等。

操作要点

(1) 观看洗车的视频。

(2) 选取脏的玩具车，将毛巾打湿搓干净，拧干，再擦车子。车子特别脏的地方涂上肥皂，用刷子刷，直到把车子刷干净。

(3) 把擦洗干净的车停放到晾晒区晾晒。

(4) 收拾整理洗车中心的洗车工具。

指导建议

(1) 引导幼儿学习如何搓洗毛巾,两手如何拿毛巾,如何使劲将毛巾拧干。

(2) 引导幼儿了解电动汽车不可以全部放进水里清洗,以免弄坏汽车。

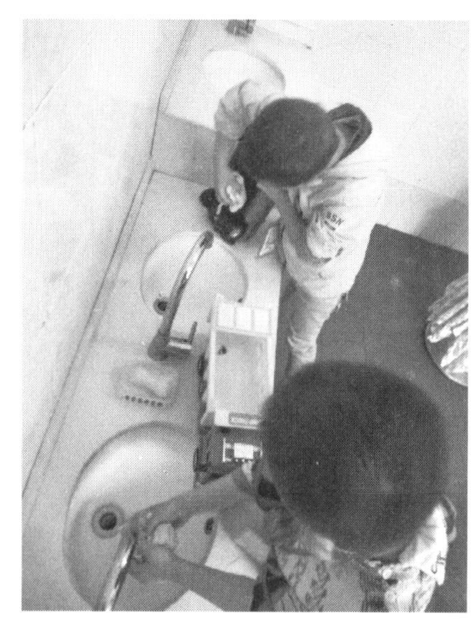

图 3-67 生活区主题活动材料(洗车)

(五) 表演区活动月计划

1. 基本材料

适合 5—6 岁幼儿表演的音乐 CD、打击乐、可发声的生活乐器、自制表演服装、发饰、玩具首饰、儿童化妆品、面具、玩具快递车

图 3-68 表演区基本材料

2. 主题活动材料

音乐类表演活动：洒水车

活动目标

(1) 感受歌曲《洒水车》欢快活泼的曲风。

(2) 能区分歌曲前奏，尝试边唱歌边自编舞蹈。

(3) 知道洒水车的用处，能在歌曲的结束部分摆好造型。

操作要点

(1) 互相猜谜语、看图片，回顾歌曲内容，了解洒水车的用处。

(2) 观看布置在墙面上的教学挂图《洒水车》，并能看懂其中的动作说明及示意图。

(3) 边唱歌曲边表演。一名幼儿扮演洒水车，其他幼儿扮演小动物们。小动物们要穿过有洒水车的马路，到公园去玩耍。当前奏结束时，洒水车开始洒水，小动物们躲避洒水车穿过马路。(当洒水车向高处洒水时，小动物们要蹲下来变成小矮人通过；当洒水车向低处洒水时，小动物们要跳起来通过；当洒水车向四周洒水时，小动物们要马上摆一个造型定住，没有摆好造型定住的小动物要接受惩罚)换另一幼儿扮演洒水车反复游戏。

(4) 幼儿先组内互评，教师再视情况梳理、提炼。

(5) 幼儿自愿结伴上台表演，相互欣赏评价。

(6) 模仿洒水车休息，放松身心，结束活动。

指导建议

(1) 在音乐声中，引导幼儿互相合作，并用身体动作表现洒水车的不同工作状态。

(2) 引导幼儿游戏结束后组与组之间互评，教师视情况梳理、提炼。

图 3-69　表演区主题活动材料(洒水车)

（六）建构区活动月计划

1. 基本材料

桌面建构：小型积塑、游戏棒、绳子、纸、胶棒、吸管、双面胶

地面建构：中型和大型积木

立面建构：食品铁罐、卷筒纸芯、瓶盖、小食品纸盒

图 3－70　建构区基本材料

2. 辅助材料

地面建构：饼干盒、奶粉罐、月饼盒、酸奶瓶、茶叶盒

图 3－71　建构区辅助材料

3. 主题活动材料

立面建构活动：热闹的马路

活动目标

(1) 懂得在活动中互相帮助、互相合作，学会谦让。

(2) 能用废旧材料及辅助材料装饰房子、汽车。

(3) 学习运用围合、垒高、平铺、插接等技能建构马路、房子、花、立交桥、停车场等。

操作要点

(1) 幼儿回想自己在马路上看到过什么,它周围的环境是什么样的。

(2) 讨论建构方法:马路上的汽车、马路旁的房子用什么材料建构,怎样建构?

(3) 幼儿进区后能自由分组,先讨论如何分工与合作,再根据讨论结果进行建构。

(4) 尝试使用多种材料进行建构,并使用围合、垒高、平铺、插接等多种方法进行建构。

指导建议

(1) 观察幼儿是否能找自己的伙伴合作搭建。在活动中鼓励幼儿互相帮助、互相合作。

(2) 提醒幼儿把握材料搭建的层次,鼓励幼儿选择大型的体育器材来搭建高架桥、人行天桥,提升活动的难度,让幼儿对活动产生兴趣。

图 3-72　建构区主题活动材料(热闹的马路)

桌面建构活动:汽车嘟嘟嘟

活动目标

(1) 大胆选择喜欢的材料拼搭汽车,有良好的活动习惯。

(2) 能根据流程图,运用多种积塑拼接各种类型的汽车。

(3) 了解汽车的基本结构。

操作要点

(1) 教师提供各种各样的玩具车辆，幼儿共同讨论汽车的基本构造。

(2) 幼儿观察1—2种玩具汽车和其建构流程图，根据流程图建构汽车。

(3) 幼儿能自主选择材料拼搭自己喜欢的汽车造型。

指导建议

(1) 鼓励幼儿大胆拼搭，可请有创意的幼儿介绍自己的作品。

(2) 鼓励幼儿大胆想象，不局限于现实中汽车的外形框架，但要让幼儿知道、了解轮胎的设计关键：要让汽车滚动就必须将轮胎设计成圆形。

图3-73　建构区主题活动材料（汽车嘟嘟嘟）

(七) 角色区活动月计划

1. 基本材料

自制包裹、自制包裹单、双面胶等

2. 主题活动材料

社会角色活动：快递员

活动目标

(1) 通过角色扮演体验快递员工作的辛苦，产生热爱工作的情感并懂得尊重快递员。

(2) 能根据快递员工作程序步骤图合理布置快递公司，并大胆选择角色扮演。

(3) 了解快递工作的基本程序。

操作要点

(1) 师幼根据快递员工作程序步骤图合理设计快递公司的布局：投寄处、包装处及发送处。

(2) 幼儿根据自己的兴趣自由选择角色进行扮演：自取任务卡，根据任务卡上的任务完成相应的快递工作，揽收、分拣、封发、转运、信息录入……

(3) 幼儿围绕游戏主题进行评价。

(4) 幼儿收拾整理游戏材料。

指导建议

(1) 引导幼儿养成活动前相互讨论协商的活动习惯，并不断强化。

(2) 引导幼儿与同伴互帮互助、结对工作。教师可视情况参与派送等工作环节，帮助幼儿克服困难，并让幼儿尝试独立完成小组任务。

(3) 提高幼儿的任务意识。

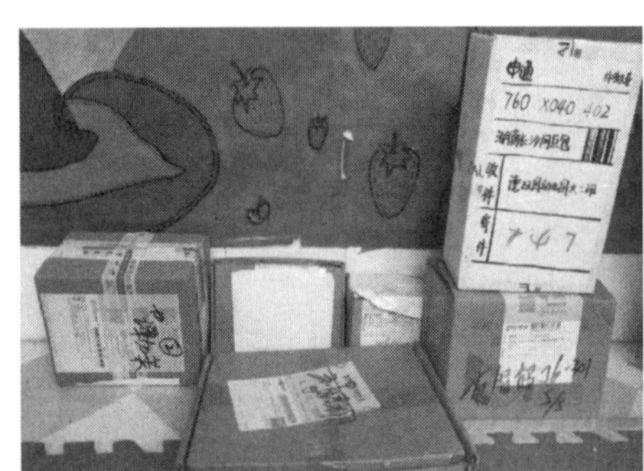

图 3-74　角色区主题活动材料(快递员)

第四章

幼儿园区域活动的环境创设

区域活动环境的创设包含有合理的空间布局和区域材料的选择投放两个大的方面。将区域空间进行合理的布局是组织开展区域活动的第一步，从整体的思考设计到每一处具体细节的完美呈现，是组织实施区域活动最重要的任务。而材料的合理选择和投放是开展区域活动的前提和保障。一个高质量的区域，应有清晰的目标，独具吸引力和美感，并提供符合幼儿发展水平的、有趣的、具有互动性的丰富材料。这样的区域，能鼓励幼儿乐在其中，独立活动。

一、幼儿园区域活动的空间规划

班级环境创设合理能充分促进学习目标的实现以及幼儿的良好发展，而区域的规划是环境创设中的重要部分。精心创设的活动区，会尊重幼儿的学习模式和兴趣，允许他们自由选择，也能有效地培养他们的自尊心和决策力，为幼儿提供选择活动的机会，能使他们更自主、更投入地参与活动，同时减少幼儿的破坏性行为。那么如何进行区域空间的整体布局，又如何实现最佳的细节体现呢？以下部分将具体讨论区域活动的整体空间规划。

（一）区域活动空间规划的原则

1. 以幼儿为本的区域空间规划原则

（1）站在幼儿的立场进行规划和设计

在制定区域目标时，教师需要考虑课程、《纲要》与《指南》的精神，以及早期教育的指导原则。此外，区域空间的设计必须符合幼儿当前的年龄特点，要满足幼儿内在需要、兴趣和爱好，与幼儿最近发展区吻合。

（2）区域空间为幼儿所喜爱和留恋

无论是区域的外部结构，还是内部设置，都要具有足够“吸引力”来唤起幼儿的好奇心和好感，并吸引幼儿参与其中。

(3) 区域空间能促进幼儿的全面发展

在较为自由的活动空间中，幼儿根据自己的能力进行学习，享受学习的乐趣，满足内心的需求，创新的火花也会随之迸发。在自由选择玩伴的过程中，幼儿的交往能力也会逐步得到发展。

2. 科学合理的空间分割原则

(1) “动区”与“静区”要避免相互影响

相对安静的语言区、科学区、美工区等宜相邻而设，与相对热闹的角色区、建构区、表演区隔开一定的距离。

(2) 开放与封闭程度要有所差异

因教育功能的不同，不同区域对开放与封闭程度的要求也有所差异，教师可以选用玩具橱柜、纸箱、收纳箱、桌椅、屏风等做出适当的隔离。一般情况下“动区”的空间，可以设计成开放或半开放的形式(见图 4－1)，有利于幼儿往外延伸活动，保证幼儿有充分活动的空间，也有利于幼儿的区内交往；“静区”的空间则需要相对封闭，确保同时开展的各个活动互不影响，互不干扰(见图 4－2)。

图 4－1　开放式或半开放式区域

(3) 区域之间要联动

科学、合理的空间布局不仅要体现在外部结构上，更要体现在区域间功能的内部联系上，这是开展区域活动的生命力之所在。在区域空间布局中要将功能上关系较密切的区域进行相邻或相关的布局规划，使各区域的活动进行有机的联系或融合，从而有效地增强区域间的教育联动，大大提高区域活动的效益。如将自然角与科学区、语言区、美工区相邻设置，便于自然角里的观察活动与阅读

活动、科学认知活动、艺术表现有机融合；将美工区与语言区相邻，便于语言区的文学内容和美工区的创意表现互为素材，从而将阅读、创作、审美、讲述等活动有机结合，融为一体。

图 4－2　相对封闭式区域

（4）固定特征不能忽视

在设计区域布局时，要重点考虑活动室的固定特征。固定的或永久性的物理特征包括窗户、电源插座以及地面性质。在为每个区域选择地点时要充分考虑这些固定特征。例如，美工区应该安排在容易清理的地方，并靠近水池。自然采光对于近距离工作很重要，所以美工区和语言区应该靠近窗户。

3. 因地制宜，合理布局原则

区域数量的选择与活动室空间的大小、班级幼儿人数的多少是密切相关的，不能一概而论。课题研究所列举的数据均是以活动空间 120 平方米为基数[1]进行实践测算而得出的结论。

（1）创设良好的入口

入口的设计要有目的性，它必须具有以下特点：吸引幼儿进入区域并参与活动；能向幼儿传递重要的活动信息（如进区规则、区域类别）；为教师观察区域内的活动提供空间。

（2）清晰的区域分界

为了提高活动质量，各个区域之间须界线清晰，便于幼儿观察了解活动的内容。区域间隔为幼儿提供了身体和心理的安全感，幼儿在分界清晰的区域中活动，会更加以任务为导向，更能投入到积极的互动、合作和探究中。而幼儿投入地活动并积极地与同伴互动，相应的教师的控制就减少了，这使教师能有更多的时间观察幼儿并与他们互动。

教师可以用低矮的书架、家具等作为间隔物，给区域分界。间隔物应尽量轻

［1］　活动空间含幼儿活动室、寝室、阳台、通道等；120 平方米的基数系依据中华人民共和国行业标准《托儿所、幼儿园建筑设计规范》（JGJ 39－2016，2016－11－01 实施）幼儿园生活单元房间中活动室与寝室合并使用时的最小使用面积确定。

便，这样就可以灵活摆放，便于移动，还可一物多用。教师还可以在活动室上端垂吊装饰来分隔区域，但是这种方式单独使用效果有限，因为吊饰不能隔离视觉刺激。一般是将两种方式结合起来运用，效果更好(见图 4－3)。

图 4－3　家具与吊饰作为间隔物的区域分界

(3) 设计方便幼儿在室内活动的连贯的、可循环的通道

教师需要合理地设计活动室，避免让幼儿走过长的或环形的通道。在设计活动室时，很重要的一点是考虑幼儿如何在活动室里进行活动。我们要给幼儿提供一个连贯的、可循环的通道，这样的空间设计有利于鼓励幼儿去探索和发现，同时也为幼儿营造出一个有安全感的活动环境。

(4) 提供各种区域

区域的数量和种类因幼儿年龄、活动空间以及幼儿与教师的兴趣而不同。除了常见的区域，如语言区、美工区、表演区、角色区、科学区、建构区等，还可以提供特别的区域，包括特色区(如木工区、烹饪区等)和主题区(伴随主题教学活动而生成的，将主题活动目标、内容物化在区域材料当中，让幼儿在区域的自主活动中实现主题发展目标的区域)。

(5) 提供集体活动空间

幼儿园活动室内需要一个能让幼儿与教师聚集在一起的空间，但由于活动室空间通常都很有限，所以这个空间应该有多种用途，如建构区的场地(见图 4－4)就可以利用集体空间作为搭建场地。

(6) 创设静思或独处的空间

独处静思为儿童提供了思考、想象、放松的机会。在拥挤的环境里，教师可

图 4-4　建构区创设

能为了节省空间而省略独处空间。但是，当儿童身处这样的空间时，他们会有更多的独处需求。独处空间需要安排在远离热门活动的安静区，它们还应是封闭式的。设计独处空间的方式有很多，教师应该选择最能让幼儿安静和放松的方式。同时为了节约空间，教师也可以将独处空间与美工区、语言区等安静的区域相结合，如在帐篷里摆上黏土和工具为幼儿创设一个封闭式美工区，或者用大纸箱创设一个安静的读写区(见图 4-5)等。

图 4-5　独处空间

(7) 室内各区域的空间规划

根据笔者所在幼儿园的多次实践，我们发现，区域空间面积的规划必须要考虑密度这个重要的因素。各区域的密度对参与活动的幼儿与教师有很大的影响。高密度会增加压力、攻击性行为、破坏性和社会抽离现象，并降低积极的社会互动、幼儿的成就感和注意力。而低密度同样会导致很多问题，例如旁观行为以及较少的社会互动。我们以一个 120 平方米、容纳 40 名幼儿的活动室为例，对其区域空间面积进行如下规划：

区域名称	空间面积	环 境 要 求	可容纳幼儿人数
语言区	7—11 平方米	安静、采光好、半封闭	5—6 人
科学区	8—12 平方米	安静、相对封闭	5—6 人
美工区	8—12 平方米	相对安静、采光好、有可展示作品的平台、离水源近	5—7 人
生活区	7—11 平方米	可与角色区相邻	4—6 人
表演区	10—20 平方米	有电源，可以与建构区、美工区相邻	5—7 人
建构区	10—20 平方米	尽量不在过道处、场地平整可铺地垫、便于陈列作品	5—7 人
角色区	7—10 平方米	相应的场景创设	4—6 人

(8) 空间设计样板

幼儿园活动室要为幼儿提供长期活动的空间以及各种区域，并满足他们的身心需求。因此，活动室至少要包括美工区、语言区、科学区、建构区、角色区或表演区、生活区、独处空间(见图 4－6)。

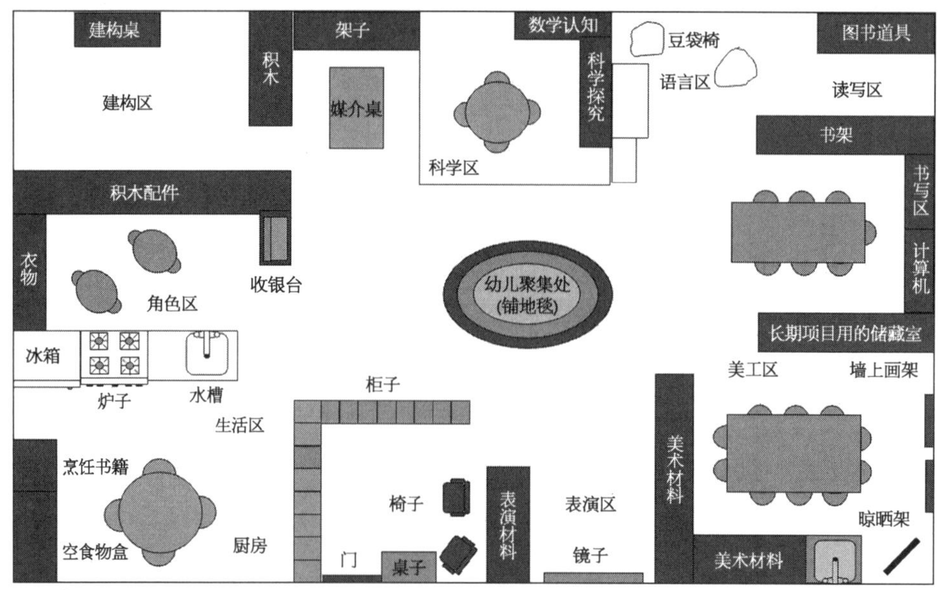

图 4－6　空间设计样板

（二）区域活动空间规划的要点

区域空间的规划是一个系统工程，办园条件不同需要考虑的具体问题会有所不同。但是，无论条件如何，布局规划时都要把握好以下几个要点：

1. 整体上和谐有序

一个班级的区域环境是班级教育环境的基本构成。可以肯定的是，一个空间布局、色彩搭配诸方面和谐有序的环境，不仅能带给幼儿视觉上的舒适，更能带给他们心理上的愉悦和轻松，从而引发他们更多主动的、积极的行为。主要从以下几个指标进行考量：

（1）色彩的选择要符合幼儿的年龄特点。

（2）色彩的搭配和运用要符合色彩的美学原则。

（3）材料的质地、造型和空间结构方式在统一中又富有变化。

（4）地面、墙面、立体空间之间要有呼应。

（5）分区、隔断、装饰与房屋建筑的风格、特点一致。

2. 动态变化

一个班级的区域环境一经确定，各区域的空间位置一般会趋于相对稳定。但是，由于幼儿的兴趣和需要总是在不断变化的，当他们对某一区域的活动失去兴趣时，就会产生新的想法，继而希望开设新的区域。因此，区域空间的设置要根据幼儿的兴趣和需要，尊重幼儿的活动意愿，及时变换或增设新的活动区域。另外，随着主题活动进程的变化，与之相关的区域也需要进行调整以适应新的主题的开展；季节的变化、幼儿能力的发展等因素也会对区域的设置提出新的要求，教师要有发展变化的眼光，紧密结合当前需要作出相应的调整。

3. 安全卫生

无论是相对固定的区域，还是经常变化调整的区域，保证幼儿在其间的活动安全都是最基本的要求。语言区、科学区、美工区的光线要充足明亮；表演区、建构区的音量要大小适中；橱柜的高度、透明度，要以幼儿的活动情况保持在教师的视线之内为宜；垒高的材料要稳固，悬垂的材料宜轻盈；封闭的空间要保持空气的畅通；沙水区宜靠近水源，便于幼儿洗手和收拾、整理、清洁材料等。在装修材料日趋丰富的今天，选择对幼儿无害的环保材料投放到各个区域中，应是教师特别重视的环节。

4. 美观、吸引人且像家一样

营造家一样的环境，有助于幼儿建立归属感，并降低幼儿在家和幼儿园之间过渡的困难。注重个体且创设有个性的环境，能赋予空间身份特征，从而增强幼儿的归属感、自信心、幸福感。此外，还要有愉悦感官的事物，包括令人愉悦的芳香、动听的声音、有趣的色彩、植物和动物、变化的光线和阴影以及不同触感的各类材料。

5. 密度和噪声

密度和噪声是幼儿园环境设计中应考虑的两个重要因素，它们将影响幼儿受压力的程度和学习的机会。高密度会增加压力、攻击性行为、破坏性行为和社会抽离现象，并降低积极的社会互动、幼儿的成就感和注意力。教师除了考虑拥挤度与活动室尺寸之间的关系，还需要考虑它与活动室的日常使用频率之间的关系。如通过进区卡、操作材料的数量等来限制进区人数。相反，也可通过封闭活动室里的某些空间来提高密度，以此来提高活动室内幼儿的互动性。噪声对幼儿的影响越来越受到人们的关注，在区域活动中常见的减少噪声的方法有以下这些：帮助幼儿降低说话的音量(如教师与幼儿小声对话以此给幼儿做示范)；将嘈杂区域与安静区域分开创设；将设施设备保持在良好的可使用状态，并只在需要时使用；使用间隔物、软装饰来减少噪声在空中的传播。减少噪声和降低密度，可以为幼儿与教师提供一个压力相对较小而学习效果相对较高的环境。

(三) 区域活动空间规划的过程

借助环境有效地“教”，要求教师同时关注班级幼儿(他们的发展水平、文化背景、兴趣、学习模式、个性和行为的细微差别)、学前教育指导理论、课程标准以及符合幼儿年龄特点的教育结果。教师用这些信息开始创设相关的且有吸引力的环境时需要遵循以下步骤。

1. 思考环境创设的前提

教师在创设环境之前，需要有相关的知识和技能，需要了解幼儿发展和发展适宜性教育实践，这些知识是课程和环境创设的基础。需要了解个体幼儿的发展水平和兴趣，这是教师创设出对每位幼儿都有意义的环境的依据。了解幼儿的文化背景，以确保活动和环境与每位幼儿相关。掌握课程标准和各种教育指导方针，这是教师创设环境所依据的标准。最后就是教师拥有自己的教育理念，教师自己拥有的理念通常是隐性的，教师在多年的受教及施教的过程中，积累了关于幼儿、教师和学习等各方面的教育经验，形成了自己的价值观和先入为主的观念。

2. 着手环境创设的过程

思考完前提条件之后，就可以开始创设环境了。首先，需要设计平面图，为

班级建立独立的学习区域；再考虑设计结果（美观、愉悦、像家一样），设计要素（柔软度、质地、色彩和采光），主色调（天花板、墙面和地面），噪声和每个空间容纳的幼儿的密度；最后创设每个活动区，投放丰富的、符合幼儿身心发展的、与文化相关的、有趣的以及促进认知发展的材料。

3. 与幼儿互动创设环境

上文说过，班级环境创设并不只是教师的事情，要将环境创设的权利还给幼儿。但并不是说全部都交给幼儿，而是当幼儿与环境互动时，教师需要通过一些方式支持幼儿的学习。这些方式包括：

（1）观察

这是帮助教师发现幼儿兴趣、发展、个性和需求的重要途径。通过观察获得信息，将帮助教师与幼儿选择相关的材料和活动，以及评估班级空间的使用效果。

（2）提供鹰架

教师可以通过多种方式支持幼儿学习，比如示范、开放式提问、提供新词汇、展示额外信息、提供额外材料和成为游戏伙伴等。但是，当教师为幼儿学习提供鹰架时，必须注意不要打断他们的游戏，或改变他们的游戏方式。

（3）计划和回顾经验

“高瞻”和“心智工具”这两种教育模式，都强调让幼儿在活动前计划，并在活动后反思。良好的计划能减少冲突，使幼儿投入到更加成熟和专注的活动中。回顾活动计划，可以帮助幼儿在接下来的时间里扩展和延伸活动。

（4）促进幼儿互动

作为教师，可能需要帮助幼儿解决他们自己解决不了的冲突，为他们解释且用言语指导他们的行为，并帮助他们进入活动。一般来说，幼儿接触一项新的活动时首先是成为一名旁观者，接着再开始进行平行活动。教师可以通过示范、提供他们希望的道具、推荐角色或和他们一起进行活动等方式，帮助幼儿介入活动。

（5）认可幼儿

对幼儿正在做的事情表现出真诚的兴趣，记录并展示他们的作品，以及在此过程中使用鼓励性语言。教师对幼儿的鼓励，要能突出幼儿所做的努力，提供非常具体的信息，促进幼儿的自我评价，还要能促进深入的互动。

（6）提醒幼儿遵守规则

研究发现，如果教师在学期初花费很多时间建立常规，之后就会有更多幼儿能积极地投入到活动中。教师通常需要提醒幼儿遵守互动规则。

(7) 干预幼儿的不安全活动

幼儿在身体或情感上互相伤害时，教师应及时制止。教师还要确保避免幼儿做出引发严重伤害的行为。

(8) 记录学习过程

教师的另一个重要角色，是记录幼儿的个体和集体学习情况。教师可以通过记录趣事、拍照片、做幼儿对话笔录、录音、录像和艺术作品取样等方式，记录他们的活动。记录能促进教师与幼儿一起计划和评估，为教师提供了与家长交流幼儿信息的素材，能展示幼儿的成长过程。

4. 根据需要丰富和改变区域

由于新投放的材料和区域的改变，能激发幼儿的兴趣，满足他们的需求，并提供更多深入学习的机会，所以教师可能需要不断地观察，并合理地丰富和改变区域。教师还可以通过细微改造已有的环境和材料带给幼儿"惊喜"。这些通常能激发幼儿的好奇心，使他们想知道为什么，并创造出新的可能性。"惊喜"还可以引发讨论、诱发新思想或激发兴趣。例如，在晴天，教师可以把水晶放在窗口，或在植物下放镜子使幼儿能够看到植物下面的根部。意外的惊喜给幼儿带来好奇、激动和喜悦，它是所有幼儿应得的礼物。

二、幼儿园区域活动的材料投放

幼儿园区域活动具有自由性、自主性、指导的间接性和个性化等基本特性。其中指导的间接性是指教师借助一定的媒介实现对区域活动的指导。区域活动中，教师主要通过自身参与和材料投放两种方式来开展间接指导。其中，通过材料投放实现对幼儿区域活动的间接指导是最主要的。材料是幼儿隐性的教师，是幼儿获取知识的中介和桥梁，更是幼儿开展区域活动的重要物质基础。

(一) 区域活动中材料观的建立

区域活动中的材料观是关于幼儿园区域活动材料的基本看法与观点，主要包括材料是什么，有哪些种类，不同种类材料之间的关系如何，由谁决定和参与及如何投放材料，等等。教师的材料观不同，必然会在很大程度上影响幼儿园区域活动的实践。

1. 活动区材料分析

(1) 材料的内涵

区域活动的材料并非是由孤立的单个材料组成的松散集合体，而是一个处

于具体的材料使用者关系中的、物质与观念复合的、由不同材料及其之间关系构成的有机的材料系统。

① 材料从客观存在到意向性存在

具体地说，材料的质量、意义和价值是一个关系范畴，是相对于具体的材料使用者而言的。影响材料质量与价值的因素至少包括材料、材料使用者以及两者之间的关系。因此，同一材料对于同一幼儿的意义也会因材料与幼儿之间的关系（如使用方法等）的不同而不同。

② 材料从单一物质到物质与观念复合

幼儿园区域活动强调物质材料（丰富的操作材料）的重要性的同时，还要注重挖掘与利用观念材料的独特价值，并强调这两种材料之间的有机联系。如在区域活动中通过“新材料”的投放给幼儿带来的新刺激、新目标，这就是观念材料。

③ 材料从孤立分散到有机联系

实践中能发现，活动材料整理环节的重要任务——要求幼儿将材料收放回原处——无形中让幼儿逐渐养成了在每个区域中操作只属于这个活动区的材料的习惯。教师应当帮助幼儿建立一种关于材料的系统观，即将不同区域中的材料视为一个有机联系在一起的材料系统，通过教师的间接引导（如各区域均有围绕主题进行投放的材料，在幼儿需要跨区使用材料时帮助其回忆等），让幼儿能逐渐改变孤立分散的材料观，能在不断组合使用不同区域中的材料解决问题的过程中，逐渐萌发与树立一种系统材料观。

（2）材料的类别

学习不一定是游戏，但游戏却一定是学习（包括已有经验的练习和新经验的获得），这种自发地无意性学习，主要是通过操作游戏材料在实现其娱乐功能的同时实现了它的教育功能。在此，我们将区域材料界定为被用于幼儿区域活动的一切物品，包括专门为幼儿区域活动而制作的玩具，以及任何日常物品或自然材料。

活动区的材料很多，也比较复杂，一般来讲可以进行如下划分：

① 根据材料的功能进行的分类

基本材料——支撑某个区域幼儿活动时需要的主要材料，如建构区的积木、语言区的图书等。

辅助材料——对区域活动起到辅助作用，能够使活动更加丰富、完善的材料，如建构区的动物玩具、汽车模型等。

工具——幼儿的很多探究活动和操作活动都离不开相应的工具，比如种植区的小铲子、小水壶，美工区的剪刀、胶带等。

主题活动材料——将主题教学活动延伸到相关区域所提供的幼儿操作材料。

② 根据材料的性质进行的分类

成品材料——教师为幼儿准备好的现成的，不需要幼儿再加工就可以直接使用的材料，如科学区的磁铁、镜子、七巧板，建构区的积木等。

半成品材料——教师有意识地进行简单加工后的材料，这样的材料可以降低操作的难度，让幼儿更容易获得成功。如小班美工区内教师提供的画好苹果轮廓的涂色纸等。

自然材料——不经任何加工的原始材料，如各种绳子、石头等，这些材料可以让幼儿任意组合，有很多不同的用途，有利于幼儿发挥想象自由创作。

③ 根据材料的结构进行的分类

高结构材料——有固定的结构、相对固定的玩法和规则的一类材料，如科学区的棋、拼图等。

低结构材料——较少规定玩法和规则，幼儿可以比较灵活地操作的材料，如建构区的积木、积塑等，幼儿可以自由地拼搭。

(3) 材料的价值

为避免在材料投放方面过于随意和盲目，教师应该特别注重分析、挖掘材料的价值。

① 要有分析材料价值的意识

教师拿到材料后，不要急于投放，而应充分考虑材料自身拥有的典型价值和延伸价值，以及适合投放的区域、投放的方式，从而减少材料投放的盲目性。

② 要有分析材料价值的能力

对材料本身价值的把握——区域活动材料非常丰富，各有特点，教师应主动进行研究、分析并依据幼儿的实际操作开发材料的价值，让材料物尽其用。

材料玩法与幼儿的发展水平吻合——不同年龄段的幼儿需要的材料会有所不同，同时，相同的材料在不同的年龄段用法也不同。教师应熟练把握各年龄段幼儿的特点，为其投放适宜的材料，或结合幼儿特点挖掘材料的多种玩法。如建构区各年龄段均有设置，但材料投放的数量和种类是不同的。小班提供的基本材料一般有硬纸板空心积木、泡沫积木、空心板式积木、塑料积木和小块木制积木；中班可以提供不同形状的大型实心积木、塑料彩色积塑和小块积木；大班的

幼儿则建议提供小型、中型、大型本色实心积木。又比如各年龄段都可以将扑克牌投放在科学区，只不过玩法不同。

③ 要认识材料价值分析的过程

材料价值的分析是一个动态的过程，伴随区域活动整个过程。这个过程包括分析材料特点—分析可能引发的活动—调整材料组合或投放的位置，引发新的活动—观察幼儿活动……这样一个动态的、循环往复的过程。

2. 多元对话的材料投放者

实践中，教师在区域活动材料的选择与布置方面经常处于主导地位，家长、幼儿虽然也会参与其中，但往往是在不平等基础上的被动参与。家长通常是在不知情的情况下，根据教师的要求被动地提供材料，仅仅扮演一个资源提供者的角色。比如，家长经常被要求提供一些废旧材料，至于这些材料将用来做什么，是否还有更好的其他替代物等，家长均不得而知，并且很多家长根本没有主动询问了解的意识。幼儿对区域活动中材料的选择与布置同样缺少话语权，在教师的指挥下扮演忠实的执行者。教师应广泛动员与引导家长、社区相关人员在了解活动目的、内容与计划基础上，作为平等的参与者主动提供一些相关材料。但教师也应充分发挥自己的专业优势，判断与甄选相关人员的建议，切忌被动迎合与接受。

(二) 投放适宜的材料

如何更好地发挥区域材料的价值，投放适宜的材料，引发幼儿的有效活动？首先要知道什么样的材料才是适宜的？

1. 什么是适宜的材料

所谓适宜的材料，是指材料要与幼儿的年龄特点、思维特点、兴趣爱好、发展水平相适宜，能引发幼儿高效的活动、积极的发展。比如在小班活动室投放的材料应该大小适宜、颜色鲜亮、形象生动逼真，有一定的趣味性，手感要柔软舒适，同种材料可以多份，成品和半成品材料占多数。而为中大班的幼儿提供的材料要逐步增加挑战性，有一定的规则，自然材料可以多一些，材料种类可以增多但同种材料的数量应减少。

2. 如何选择适宜的材料

选择适宜的材料应该考虑以下几个原则：

(1) 安全性

幼儿正处于快速成长发育阶段，自我防护意识与能力较弱，容易受到环境中危险因素的伤害。因此，区域材料投放的首要原则即是安全性。区域材料应符合国家的相关安全卫生标准，对幼儿身心没有危险，不存在安全隐患。尤其是在目前倡导废物利用的背景下，一定要对废旧材料进行严格消毒。而安全性的另一重要内涵是帮助幼儿培养与提升应对材料中潜在危险的意识与能力，如引导幼儿正确地使用剪刀等。

(2) 就地取材

区域材料是丰富多样的，为了避免大范围收集材料浪费时间及损耗材料，建议就地取材，从当时、当地幼儿常见的材料中选取，包括自然材料、商品材料等，其主旨是充分挖掘与利用现有材料的潜在价值。

(3) 废物利用

废旧材料的再利用不仅是出于经济的考虑，更是出于培养幼儿环保意识的考虑。在强调废物利用的同时，教师还要重视废旧材料的安全卫生，要以安全性原则为基础与前提，对废旧材料进行严格而又及时的消毒处理。

(4) 富于探索性

区域活动的材料应富于探索性，给幼儿留下大量参与和创造的空间，在引发幼儿动手操作的同时还能引发幼儿积极的思维活动，引发并支持幼儿与材料之间的相互作用，引发并支持幼儿的探究活动。因此，区域活动材料投放应以自然材料、半成品材料及其之间的结合为主的低结构性材料为主，以成品材料为主的高结构性材料为辅，这样便于幼儿以多种方式进行探索与操作。

(5) 一物多用

区域活动材料并非越多越好，数量并非必然决定质量，有时可能反而会有损质量，比如过于杂乱的材料反而容易让幼儿分心。为此，材料的投放应数量少而质量高。这就要求充分挖掘与利用每一种材料的潜在价值，实现一物多用。低结构性材料富于探索性，其功能或用途的多元性也更容易实现材料的一物多用。

(6) 年龄的适宜性

幼儿身心发展的差异性，决定了小、中、大班幼儿的区域活动材料的特质也必然要有一定的差异。如小班区域材料的核心特质是趣味性和真实性，中班区域材料的核心特质是合作性和操作性，而大班区域材料的核心特质则是更高层次的探究性和拓展性。因此，在实践中，教师应根据幼儿与区域活动的需要，灵活把握这些核心特质，在遵循其他几个原则的基础上，综合选择适宜的材料。

3. 如何获得适宜的材料

投放适宜的材料是引发幼儿有效活动的重要条件。每个班有那么多区域，需要的材料那么多，这些材料从哪里来呢？主要有以下四种渠道：

(1) 购买。

(2) 教师、幼儿共同收集。

(3) 请家长帮助收集。

(4) 教师与幼儿共同制作。

4. 材料的分类和整理

正因为区域材料的种类、数量繁多，因此不管是什么区域，投放的材料有一个共同的要求，就是分类清楚、有序摆放。

(1) 根据材料的用途、性质等进行分类，并用较固定的容器盛放。

(2) 利用标记符号，帮助幼儿进行活动后的材料整理。

(三) 有层次地投放材料

每个年龄段的幼儿能力水平不同，同年龄段的不同幼儿能力水平也不相同，因此，教师投放的材料首先要匹配本年龄段幼儿的一般水平，又要兼顾同年龄段幼儿发展的不同层次，不能都简单，也不能都复杂，要为不同水平的幼儿提供活动的机会和成功的条件。也就是说，教师要投放适合各年龄段幼儿最近发展区的活动材料。

1. 为不同年龄段的幼儿投放材料的层次

各年龄段幼儿的发展水平不同、思维特点不同，对区域材料和操作的要求也不同，所以，教师在投放材料时应该体现出不同的层次。如拼图材料，一般情况下小班拼图可以有 5—12 块，中班可以增加到 12—24 块，大班可以增加到 24—36 块甚至更多，拼图的底色也可以由简单到复杂。

2. 为相同年龄段不同发展水平的幼儿投放材料的层次

面对相同年龄段不同发展水平的幼儿，教师投放的材料也要有不同的层次，以使所有的幼儿都能在自己的水平上得到发展。如教师可以把同一个区域里不同难易程度的材料，放到不同的筐子里供幼儿自主选择。投放的区域材料如果有了不同的挑战性，就可以给幼儿更多的选择余地，让每个幼儿都能在适宜的环境中体验成功、获得发展。

3. 相同的材料幼儿操作熟练后，难度层次的提高

增加材料的层次性，还可以不断地对原有材料进行抽取或添加，适时增强材料

对幼儿的挑战。即在原有材料的基础上适时、适当地进行添加、删减、组合、回归等，通过改变材料系统中的要素以及要素之间的关系，使材料系统焕发出新的意义和价值。这既是对原有材料的提升和创新，同时，又意味着有新的任务吸引幼儿。

三、幼儿园不同区域的环境布置

幼儿园活动室一般要为幼儿提供长期作业的空间以及各种区域，满足他们的活动需求。在有限的活动室空间里需要设置 6—8 个区域，这需要教师依据所设区域的活动特点选择场地创设环境。

(一) 语言区的布置

丰富、有效的语言区，是幼儿阅读、讲述、倾听、书写和操作的最佳场所。这些不同的活动，可以在一个大区域内进行，也可以将大区域划分成几个小区域，单独进行各项活动，比如可以分为听赏区、讲述区、阅读区和前书写区。在分成几个小区域的情况下，教师有必要将各个小区域相连设置，因为每个区域中的活动是相互联系的。

1. 布置有效的阅读区

为创设有效的阅读区，教师需要考虑该区域在活动室内的位置和大小，如何增强吸引力，以及投放哪些图书和道具。

(1) 设置在安静且采光较好的地方

由于阅读是安静的活动，阅读区应该安排在活动室里比较安静的地方。同时还要有充足的采光，并投放可调节亮度的灯具，使幼儿能根据需要调节光线。

(2) 清晰的分界

阅读区可以设置在阁楼里和错层上，或用书架和间隔物在活动室里分隔出来。一个分界清晰的独立阅读区，能减少干扰，使幼儿进行深度阅读。

(3) 应能容纳 5—6 名幼儿同时阅读

设计阅读区时，教师需要考虑该区能容纳的幼儿人数，阅读区至少要能供 5—6 名幼儿同时进行阅读，其中要有一处特别安静，供个别幼儿阅读。例如，可以在活动室里创设一个“帐篷阅览室”，即用三根木棍和旧床单搭建的小型帐篷，里面放上舒适柔软的枕头，大小正合适单个幼儿阅读(见图 4 - 5)。

(4) 舒适美观

阅读区要有令人放松、能让幼儿舒适就座的地方(如有枕头、豆袋椅、吊床、靠垫或沙发)，有柔和的光线、柔软的地毯和有趣的陈列。这些能增强阅读区的

吸引力，使幼儿更喜欢阅读。

(5) 引人入胜

有很多方式可以使阅读区变得吸引人。例如，张贴与图书有关的图片(如宣传图书的海报和图书封面)，投放与重点推荐图书内容相关的物品(如为一本有关海洋的书投放贝壳)，投放供幼儿阅读时拥抱或倚靠的大型毛绒玩具，张贴幼儿阅读时的照片，以及设计有趣的区域入口等。教师还可以邀请幼儿一起给阅读区取名，让他们参与入口设计。

(6) 有利于幼儿积极参与

阅读区要给幼儿提供积极参与阅读和讲故事的机会。与故事书配套的道具能使幼儿积极地投入到文学作品中，如绒布板、木偶等。这些材料都可以让幼儿参与收集、设计。

(7) 配备数量充足的高质量图书

拥有丰富的高质量图书是创设阅读区的关键。在阅读区里，至少提供人均5—8本图书。重点推荐的图书需要展示图书的封面。这些图书的内容应与当下课程主题、项目等内容相关。其他附加的图书，可以按种类和主题内容等分类放置在架子上。图书质量要好(内容有趣、能吸引人，符合幼儿身心发展特点，具有文学价值，有高质量的插图和照片，印装良好)，以便能长期使用。

(8) 经常更换图书与道具

图书需要经常更换，以满足幼儿的需要，并使他们能欣赏新的文学作品，建议每两周更换25本图书。

(9) 能回应幼儿的需求和兴趣

为满足幼儿不同的需求和兴趣，教师需要提供各种难度的图书。这些图书包括班级所有幼儿感兴趣的话题和种类，并用他们的母语写成。例如在4—5岁幼儿的班级里，有些幼儿可能刚开始阅读，他们需要容易阅读的书；有些正在学习阅读且有一定阅读经验，需要有少许难度的图书；还有一些幼儿只有相当少的阅读经验，正在学习正确使用图书的方法。图书的种类应该包罗万象，以满足班里所有幼儿的不同兴趣。所有幼儿图书都应该有图片；且不同尺寸的图书，会吸引不同幼儿，所以教师需要投放大小不一的图书。阅读区的墙面也能提供阅读机会。教师可以将诗歌、手指游戏、自制绘本故事贴在墙上。

(10) 反映多元文化

幼儿园选择的文学作品，既要能反映本国文化，又要能帮助他们了解其他国家的文化和人民的生活方式。一个拥有高质量图书的有效阅读区，能激发幼儿的阅读兴趣。很多教师为了鼓励幼儿阅读，提供了借阅图书的机会。幼儿可以将自己喜欢的图书借回家，与父母、兄弟姐妹或小伙伴一起分享。

2. 布置有效的前书写区

前书写是幼儿用笔或者其他书写替代物，通过感知、涂画、涂写、模拟运用文字或符号等形式，用图形和文字向周围的人传递信息、表达感情及构建前书写经验的游戏和学习活动。它可以是幼儿自发产生、自主进行的游戏活动，也可以是在成人的引导下进行的以游戏为主的学习活动。幼儿园都应该有前书写区，它需要提供以下材料和物品：供幼儿坐下来书写的桌椅；各种书写工具（包括铅笔、钢笔、记号笔和油画棒等），有时还需要投放特别的书写材料（如羽毛笔、发光笔等）以鼓励幼儿书写；空白书、自制图书材料；可在其他区域使用的书写和绘画的剪贴板等。

3. 布置有效的听赏区

创设听赏区，是促进幼儿倾听能力发展的重要途径之一。创设听赏区需要注意以下几个方面：

(1) 提供配有各种耳麦的录音机或 CD 机。如果幼儿不能识别播放机的按钮，可以给播放键和停止键做标记，帮助他们独立使用播放机。

(2) 提供各种故事、手指游戏、音乐和倾听游戏，将其录制成语音材料。

(3) 保证听赏区的舒适度，如提供豆袋椅和靠垫。

(4) 分类标记磁带和碟片，以便幼儿取放。

(5) 通过以下方式鼓励幼儿积极倾听：边听故事边翻阅相应的图书（一种图书提供多个复本便于多名幼儿同时使用）；用木偶、绒布形象或其他道具表演故事；用故事序列卡片呈现故事中已经阅读的部分；区别碟片里的不同声音，并根据物体的发声顺序给相应的图片排序；倾听故事并和同伴讨论故事（教师可在自制的故事录音中穿插提问）；玩倾听游戏；写或画所听过的故事。

(6) 将配套的碟片和道具一起放在塑料袋或篮子里。

(7) 为每位幼儿提供录音笔或碟片，便于他们录制自己的故事或根据图片创编的故事。

4. 布置有效的讲述区

为了合理利用空间，讲述区一般可以将所学材料融合在上面三个区域内进行。如果环境允许，可在阅读区旁设置相对安静的桌面讲述区，投放木偶、指偶、故事盒等材料，供幼儿进行讲述活动；也可设置“小小播报台”定期播报前书写区

中幼儿的佳作。

(二) 科学区的布置

科学教育可以渗透到活动室的各个角落，但同时也要有一个集中进行科学教育的科学区。幼儿天生好奇，创设良好的并基于激发幼儿好奇心的科学区环境，能激发幼儿的探究欲望，使他们喜爱探究并享受这个过程。科学区根据活动内容可分为两个子区域，科学探索区与数学认知区。

1. 布置有效的科学探究区

科学探索区可以当前课程主题为重点，也可不与当前课程相关，教师可以不同的方式建立科学探究区。内容可包括物理学、生命科学以及地球与空间科学，但无论选择创设哪种科学区，这个区域都需要满足以下几点要求：

(1) 设置在活动室的安静区域，并且是封闭式的，使幼儿能少受干扰且能更好地专注于活动。

(2) 如果可能，设置在水槽附近，因为很多科学探究活动的实验和游戏都需要用到水。

(3) 大到能容纳幼儿和教师同时进行活动。

(4) 设置在窗户附近(如果可能)，因为很多探究活动都需要自然光线。

(5) 提供有标签并用于存放材料的科学桌和架子。

(6) 提供足够的工作空间，以及各种探索活动所需要的材料。

(7) 为操作而不是为悦目而设计。

(8) 在幼儿现有知识、背景和既往活动的经验基础上设置科学探究区，适合小组幼儿参与活动。

2. 布置有效的数学认知区

数学认知区能为幼儿提供独立使用操作材料的机会，这些机会能发展他们的日常数学能力，还能储藏各种可能在其他区域需要的资源及工具，例如测量装置等。一个有效的数学认知区，通常需要满足以下几点要求：

(1) 在教室的安静区域，有明确指定的空间。

(2) 提供与各个数学指标(包括数字与操作、测量、几何等)相关的各种数学发展材料。

(3) 在整洁的柜子里给每种物品分配各自的摆放处。

(4) 提供用于摆放各种材料，且材料的归纳摆放一目了然的容器。

(5) 有一个用于展示幼儿完成或未完成作品的地方，如公告牌、可以摆放立体作品的架子等。

(6) 投放材料包括支持数字和运算的材料、发展几何与空间意识的材料(拼图、迷宫)、测量材料、有利于发展模式认知与代数能力的材料(排序)以及促进数据分析能力的材料(统计)。

(三) 美工区的布置

美工活动不会只出现在活动室的某一处,幼儿可以从图画书、活动室墙面上的图画和活动室本身的美学设计来学习美术。但是,也需要有特定的区域让幼儿可以学习和绘画。美工区可以是一个独立的房间,像是瑞吉欧教育中的“艺术画室”;美工区也可以是活动室里的一个区域。无论美工区是独立的房间或是活动室的一角,当它满足以下条件时会更加有效:

(1) 充足的自然光和灯光。

(2) 一个可以让幼儿集中注意力和专心创作的安静区域。

(3) 足够的空间,可以让幼儿创作大型作品或者合作完成作品。

(4) 易于清理的地面,一张容易清理的桌子并且靠近供水处。

(5) 有可以晾干、保存并展示绘画作品的设施。

(6) 大量的各种各样的材料和工具(随着幼儿想象力的开发、拓展及经验的增长而增加)。

(7) 低矮且干净的架子,让幼儿能随时获得他们想要的材料。

(8) 材料摆放美观,以吸引幼儿。例如,可以按照色谱的顺序来摆放材料。

(9) 充足的参考资料和启发资料,尤其当幼儿创作写实作品时,提供生活中的真实物品、图片和参考书极其重要。

创设美工区时,教师还需要考虑艺术目标,这一点至关重要。《指南》中提出的“感受与欣赏”“表现与创造”两个指标,明确指出幼儿不但需要有创造艺术作品的机会,而且需要有很多欣赏、观察和讨论艺术的机会,更要了解到艺术就存在于日常生活中。幼儿的美工区在“表现与创造”方面基本上都应提供包括绘画、手工制作以及制作塑像和拼贴画的材料。这些媒介有不同的功能、属性以及根据幼儿的需求而做出改变的可能。目前大多数美工区注重艺术创作,教师可以在美工区加入许多其他材料,帮助幼儿了解并学会欣赏名画,这些一般可以与艺术创作的主题、媒介或材料相联系。

(四) 生活区的布置

生活区就是提供各种与生活有关的材料供幼儿进行操作练习的区域。凡是

能够锻炼幼儿的动手能力、手眼协调能力、生活自理能力的活动都可以放在这个区域。精心设计的生活区可以说是幼儿学习的资源地。但是，由于生活区主要以手眼协调能力及生活自理能力的操作练习为主，因此很多活动适合在3—4岁的阶段开展，可以说生活区是小班非常重要的一个区域。而到了中、大班，科学区、美工区、角色区等各种区域的活动日益丰富，生活区的操作材料和活动都应适当减少，难度可以有所提升。但这并不意味着中、大班就不需要生活操作活动了。中、大班既可以专设生活区，也可以把生活操作活动分散到角色区、美工区、科学区中，甚至可以在大班设置木工、烹饪等区域，满足幼儿对烹饪、拆装活动的兴趣，凸显大班生活区活动的特色。生活区的活动内容主要包括自我服务和环境护理两大类。

创设有效的生活区需要注意以下几点：

(1) 选择一个安静且不易受干扰，有良好采光的区域工作。

(2) 用低矮、开放并贴了标签的柜子摆放材料。

(3) 用托盘或篮子盛放各个独立活动所需要的材料。

(4) 提供桌子、椅子和地面空间，给幼儿创设一个具备良好水平的工作环境。

(5) 利用墙上挂白板、绒布板、磁铁板和画架等为幼儿提供一个垂直面的操作场地，有助于幼儿活动手腕，使手部肌肉得到均衡使用，以及发展肩和手臂肌肉。

(6) 使用精美的材料，尽可能避免使用塑料制品，多用幼儿喜欢的美丽的自然材料，如木头、玻璃、石头等。

(7) 使用幼儿感兴趣的、具有吸引力的材料。

(8) 教师要了解幼儿小肌肉动作技能的发展顺序、促进发展的活动以及每位幼儿的发展水平，提供符合幼儿身心发展且能满足他们需求的材料。

(9) 生活区的空间能容纳4—6名幼儿同时参与操作，每位幼儿能有多种材料可供其选择。

(10) 剪刀、刀、镊子、叉子、螺丝刀等物品是生活区常见的、必备的操作材料，同时也是教师最担心使用安全的材料。教师要在材料的选择上想办法，如选择平头剪刀、塑料刀、重量、大小适合幼儿的螺丝刀等；在材料保管上想办法，提供安全的储存场地(见图3-14)；在材料的使用方法和常规上下功夫。

(五) 表演区的布置

虽然幼儿进行表演活动时，可能只用少量的道具，但是教师可以通过精心创设活动室环境，丰富他们的游戏经验，可以通过精心布置表演区环境，为幼儿提供各种体验。表演区可以开展幼儿感兴趣或与主题教学内容相关的音乐类、文学类和戏剧类表演活动。一个有效的表演区应满足以下条件：

(1) 应有一个特殊的入口(如拱门)，以此与班里安静区域分开，同时还需要考虑天花板的高度。有研究表明，天花板低矮的空间环境，更容易激发幼儿参与到合作表演中。

(2) 可供至少4—6名幼儿同时进区参加活动。

(3) 为幼儿提供一个可以自主播放音乐的设备以及用来聆听、辅助表演的各种音像资料。

(4) 有幼儿熟悉的，并能供他们表达经验的事物。

(5) 有能满足班里所有幼儿需求的材料(如因性别差异而产生的对材料的不同需求)。

(6) 提供各种布料等可供幼儿自行创造的材料，让幼儿制作自己的游戏道具。

(7) 设有大镜子，可供幼儿看到自己的装扮以及表演。

(8) 为各种表演提供道具支持，道具能帮助幼儿更好地体现活动的主题。

(9) 同一种道具提供两个以上的备份，使幼儿进行平行游戏，这一点对年龄较小的幼儿来说特别重要。

(10) 提供整理服装和收纳道具的设施(如挂衣架、首饰盒等)。

(11) 根据表演主题的不同更换布置或添加道具。

(六) 建构区的布置

建构区是幼儿园室内区域活动中的重要组成部分，与其他区域相比有着不可替代的作用和价值。建构区因其具有相对独立而宽敞的空间，富于变化而又丰富的建构材料，幼儿可自主命题且变化不断等低结构性的有利条件，吸引了各个年龄段幼儿的参与，为幼儿提供了创造、想象的空间和条件。建构区有助于幼儿了解材料的属性，获得有关结构稳定与平衡的经验等。在建构区还能练习幼儿阅读所需要的技能，包括视觉分辨和口语表达。建构活动也是一种短暂的艺术，幼儿在这个过程中学习平衡、对称、形状和设计，在评价自己和他人的建构作品时也能从中发展艺术审美。建构的很多素材均来源于幼儿的生活，从幼儿的搭建作品中不难发现与幼儿园、社区建筑相类似的形象。为了创设一个有效的建构区，教师需要注意以下几点：

(1) 提供足够大的空间，使一定数量的幼儿能同时开展活动，还能使幼儿有足够的空间建构细节。同时能减少冲突，避免因意外推翻建筑物。

(2) 建构区应该是半包围的区域，并远离室内的走道。教师可以以架子为边界设计 0.6 米宽的“无建筑区”，方便幼儿拿取积木并做到不打扰其他人。

(3) 建构区需要一个平稳的建构表面，一块平整的地毯不但能提供平稳的表面，还能防止建筑物翻倒时产生过大的噪声。

(4) 要保证有足够数量的积木，以便为幼儿提供丰富的建构经验。《0—8 岁儿童学习环境创设》(美国朱莉・布拉德著，南京师范大学出版社出版)中建议为不同年龄组的幼儿投放相应数量的积木：3 岁幼儿需要 586 块；4 岁幼儿需要 748 块；5 岁或更大幼儿需要 980 块。

(5) 积木应整齐地摆放在开放式的架子上，并呈现出数学关系(见图 3－27)。

(6) 建构区的材料，须根据幼儿的建构水平和兴趣进行选择，除了积木，通常还可以投放积木配件、能提供想法和信息的激励性材料以及书写材料。

(7) 通过墙饰将幼儿在寻找—发现—探索操作—新发现整个过程中获得的体验、知识、技能条理化、系列化地展示。

(七) 角色区的布置

在角色区的环境创设中，区域环境是否安全、合理、适宜，是否指向当时的角色游戏活动内容，是否有利于幼儿想象力和创造性的发挥等，都直接影响到角色游戏的效果，影响到幼儿身心的发展。因此，在角色区，教师应注重和幼儿一起创设有效的环境。在角色区环境创设的过程中，要注意以下几点：

(1) 空间位置的布局要合理

场地沿着活动室的墙面边角布置，并利用柜子等家具建构成半合围空间，空间大小须能同时容纳 4—6 名幼儿。

(2) 场景特点鲜明、动态变化

在角色区，幼儿对操作材料的运用很容易受到环境、材料的固定功能的限制。如在区域中投放家居用品，它们给幼儿的暗示就是娃娃家；如果在入口处画上红色“十”字标志，幼儿自然会在这个环境里开展医院的角色体验游戏。如果环境、玩具和游戏材料长期不变，很容易导致幼儿游戏兴趣下降，游戏在原有水平上停滞不前等现象。因此，教师应根据活动开展的进程，逐层递进地不断提供新的活动材料，以使幼儿保持探索的兴趣，或重新激发幼儿的挑战欲望。

(3) 材料的投放和调整要符合幼儿的审美特点和需要

角色区应根据幼儿年龄特征及身心发展的需要，提供适当的活动材料。小班幼儿的活动材料更多的应该是一些现成的玩具，如娃娃、厨房用品等，而且玩具要同类多份，因为小班幼儿的角色游戏多是一些模仿性动作，而且幼儿之间喜欢相互模仿，平行游戏较多；而中、大班幼儿的活动材料更多的应该是一些富有创造性的或多功能的原材料和半成品。

(4) 为各种角色游戏提供道具支持

道具通常有助于体现活动主题，例如，医生的听诊器用于鼓励幼儿去听他人的心跳。真实的玩具或道具可以更广泛地运用到角色游戏中。真实的物品一般会更结实耐用，同时能使角色游戏更好地开展，如真实的听诊器能让幼儿听到其他人的心跳，有利于提升活动效果。

(八) 户外区域的布置

我国住房和城乡建设部、国家发展和改革委员会共同发布的《幼儿园建设标准》(建标 175－2016，2017 年 1 月 1 日施行)在"第三章　选址与规划布局"中指出，"室外地面游戏场地人均面积不应低于 4 平方米"，我国住房和城乡建设部发布的中华人民共和国行业标准《托儿所、幼儿园建筑设计规范》(JGJ 39－2016，2016－11－01 实施)中则指出："幼儿园应设室外活动场地……应设置游戏器具、沙坑、30 m 跑道、洗手池等，宜设戏水池……"在户外，幼儿能亲近自然，感受天气的变化，尽情地在小山丘、洞穴、小溪流和泥坑里锻炼摔打自己。幼儿的身体素质和力量也会得到锻炼，同时还能发展他们的创造力和认知能力。理想的户外环境应该有基本的功能并能保证幼儿的安全，还可以给幼儿提供学习机会和社会互动的机会。

1. 设置安全的游戏场

游戏场在具有挑战性的同时必须减少危险性。严格的监督是为了保证幼儿遵守安全规则，保障他们不参与到危险的活动中。教师也可以营造让幼儿在情感和身体上有安全感的环境，帮助他们克服困难；有必要让幼儿体验符合他们年龄和发展水平的身体挑战。必须在幼儿有可能摔落的大型玩具下铺上合适的表面材料；同时，游戏场应该每天检查，排除安全隐患，并做定期的安全检查，检测所有的设施以及地表是否有问题。

2. 设置高效的游戏场

提供充足的、分成不同区域的空间——许多户外场地的专家建议，空间应该被划分成不同的区域，以满足不同的需求。划分不同的区域，可以减少冲突，提高幼儿的注意力。虽然需要把不同的场地划分成不同的区域，但是也要增强各个活动区域之间的联系。不同的区域可以用低矮且有特殊香味的无毒性植物、

砖墙或其他自然材料制成的栅栏分隔。

(1) 提供环路

清晰的操场道路能让幼儿之间的活动不互相干扰，还能帮助幼儿远离危险区。游戏场应避免使用长的直线通道，这容易引起幼儿奔跑，取而代之的应该是没有终端的环形小路。可用不同材质的材料（如石子、沙子、木桩和砖头等）铺设个性化的道路，创设不同基调的区域，鼓励幼儿自主创设和装饰。

(2) 提供阴凉处并避免伤害

操场上应设置有保护性质的区域，在将其使用率最大化的同时，保护幼儿免受紫外线的伤害。自然的阴凉处可以由树木或长藤植物形成。此外，雨伞、遮阳伞和天棚等也可以用来创设阴凉处。在炎热的夏天，水也是幼儿降暑的必需品。

(3) 提供充足的存储区域

充足的储存区域为教师在户外组织活动提供了方便，需要的东西能够随时取放。例如，带橱柜锁的木质架子可以存放音乐设备、户外积木；工作间的内置橱柜可以摆放各种工具。

(4) 创设美观迷人的环境

户外场地既要实用，又要美观吸引人，需要注意以下几点：用自然材料和色彩布置个性化场地；为丰富的感官体验而设计（如听觉——风铃，嗅觉——植物香味等）；提供各种地面覆盖物；确保活动场地整洁干净，材料和设施完好。

3. 设置区域丰富的游戏场

户外的活动区域应该便于开展丰富多彩的活动，区域也须灵活可变，可供教师和幼儿不断地根据需要重新设计。同时，户外环境创设应该整合幼儿园和社区的园艺设计理念以及当地的材料、植物和文化。所有相关人员（幼儿、家长和教师）都应参与活动区域的设计和持续性地改善。在笔者所在的幼儿园，户外区域由于场地的变化进行过三次大型的调整，至今仍在相关人员的建议下进行持续性的改善和调整。

(1) 轮式游戏器材区

幼儿玩轮式游戏器材可以提高他们的身体技能、协调性、肌肉力量和空间感知力。在设计这部分区域时，应确保行车道有足够的硬度。小山丘、坡面和穿越式隧道，可以为区域增加趣味性和挑战，还要考虑幼儿的游戏欲望。

(2) 野趣区

许多幼儿生活在一个很干净的环境里，没有机会挖土、玩泥巴或在泥潭里游戏。如今成人可以在泥浴、园艺等活动中感受野趣，幼儿园也应该为幼儿提供这样的机会，同时为幼儿配备火炉、烤箱以及各种盆、碗、锅等厨房用品来增添玩泥巴的乐趣，更不能缺少清洗区。

(3) 玩沙区

玩沙是幼儿非常喜爱的活动之一，教师在设计玩沙区时首先要注意其安全性，如沙池设施无尖锐的棱角，杜绝在玩沙过程中的安全隐患。其二是要有童趣，沙池的建筑形状、玩沙工具等方面的选择要符合幼儿的趣味。可以和幼儿共同完成沙池的装饰，但色彩不宜过多。

(4) 玩水区

教师可以为幼儿提供露天淋浴头，在沙池提供水源，安装水槽、水车并提供流动水源等，增加幼儿在水中游戏的乐趣。

(5) 种植区

料理植物能增强幼儿的责任心，提升幼儿的鉴别和欣赏能力，并使幼儿了解食物的产出，增进幼儿对自然和季节的认知。考虑到户外空间不同，种植区可以直接开设在地面上、凸出的土坡上、水池旁、管道里或花盆里。福禄贝尔建议幼儿拥有个人和集体的种植区，以此促进幼儿的责任感和集体感的发展。

(6) 饲养区

许多幼儿园会为幼儿创建饲养区，驯养兔子、鸭、鸡等动物。教师还可以为幼儿提供接触生物的机会，可在户外活动区提供吸引鸟类、动物和昆虫的探究工具，以丰富幼儿的学习机会，如可在户外提供鸟类喂食器、鸟屋等，为幼儿提供观察双筒望远镜、放大镜、蝴蝶网和容器，帮助幼儿近距离地观察。

(7) 休息区

休息区是一个半隐私的区域，它是一块特别的地方，供幼儿遐想、反省、自我探究。当玩得太过疯狂的时候，它也是一个让幼儿冷静的地方，还是一个进行观察并决定是否加入游戏的地方。休息区最好是半封闭式，便于教师监督，用植物隔离的区域、帐篷、电话亭、树屋都可以成为休息区。

(8) 学习区

户外学习区是户外活动场地的重要组成部分。户外学习区一般包括美术区、科学区、建构区、表演区等。户外是长时间展示幼儿作品的好地方，理想情况下户外美术区可以作为一个永久的区域，但是如果条件不允许，教师可以提供手提袋等方式将所需材料移到室外，可以在树下摆放画架、用自然物制作拼贴画、

在易清洗的墙面设立涂鸦墙等。户外环境很适合搭建堡垒，除了所有室内建构可锻炼的技能外，户外建构还为大肌肉动作发展和更多的集体合作提供了机会。户外也是一个很好的探究和学习各种科学知识的空间，教师可以提供各种材料让幼儿感受风、观察动植物、创建水系、观察天气、探索影子、进行户外测量和数据统计……一些不宜在室内使用的大型乐器也可以投放在户外，同时还可以用各种废旧锅、盆创设声音小路、乐器墙等，将音乐渗透到户外的各个角落。

4. 设置关注健康的游戏场

犹如之前讨论的，户外活动给幼儿提供了很多好处，使他们有机会锻炼身体，但是户外活动也存在需要我们注意的潜在隐患。这些隐患包括木材防腐剂、雾霾和太阳的紫外线等。

(1) 木材防腐剂

铜铬砷(CCA)是经常用在游戏场器材上的木材杀虫剂。2003 年欧盟已经明令禁止使用，2004 年美国也禁止在游戏场仪器上使用铜铬砷。在我国，虽然现在已经逐渐用铬化砷酸铜(ACQ)替代铜铬砷，也有了新型的碳化防腐木质器材，可许多游戏场仪器上还是在使用铜铬砷。研究发现，如果砷过量，会引发皮肤癌、肺癌和膀胱癌。目前情况下，不能保证所有游戏场的木质器材不带有砷，但是洗手能去除大部分砷，因此教师应该格外注意在游戏场中减少幼儿手口接触的机会，并请接触过木质器材的所有幼儿及时洗手。

(2) 雾霾

雾霾危害健康，为了科学地组织幼儿们的户外活动，我们应及时关注所在地的空气质量指数，在指数为 101—150 时应减少幼儿长时间、高强度的户外锻炼，指数为 151—200 时减少户外运动，指数为 200 及以上时停止户外运动。

(3) 紫外线

为了保护幼儿，在户外游戏场里设置阴凉处很重要。可以是天然的树阴，也可以是人工创建的阴凉处。如果有可能，阴凉处应该设置在幼儿经常游戏的地方，例如台子上和沙池里。另外，在夏季紫外线强的 10—14 点尽量减少户外活动，必要时尽可能为幼儿穿着保护皮肤的服装，包括帽子、长袖衫和长裤。这些服装应该是淡色的，并且用很轻的材料制成(如防晒服)。

四、其他区域活动资源的综合利用与开发

现代幼儿教育家陈鹤琴说过："怎样的环境就受到怎样的刺激，得到怎样的

印象。幼儿只有在环境的相互作用中，才能得到更好的发展。”幼儿的区域活动具有广阔的资源背景，从空间上可分为幼儿园资源、家庭资源和社区资源三类；从性质上包括人、物、环境三大资源。幼儿园要以多种途径、多种方式，通过多种渠道利用与开发丰富的活动资源，促进幼儿的发展。

(一) 幼儿园美术活动室的利用与开发

幼儿园区域活动资源可以分为教室内的活动资源和教室外的活动资源两类，主要包括功能室及其配备资料，幼儿园建筑、走廊、户外场地等。前面章节已经针对教室内的活动资源进行了阐述，本节主要针对教室外的活动资源进行梳理。

美术活动室作为幼儿园活动室的重要组成部分，是强调人与环境、材料相互作用的优势活动形式，主要通过幼儿与材料、幼儿与环境、幼儿与幼儿、幼儿与教师之间的相互作用，达到促进幼儿认知、情感、能力、审美的全面发展。它既有别于以教师预设为主、具有高控制性的美术集体活动，又不同于美术区域活动。美术活动室不仅是幼儿进行绘画活动的场所，更要有激发幼儿审美欲望和创作灵感的作用。

1. 因地制宜，为幼儿提供更广阔的创作空间

教师应从幼儿园实际情况出发，根据幼儿园地理位置和空间情况来决定采取何种方式进行幼儿园美术活动室的环境创设。美术活动室一般会选择相对安静，有较好的自然采光效果，有流动水设备的活动室，避免与音乐活动室毗邻，避免幼儿在创作过程中相互干扰。在墙体上要采用活泼灵巧的视觉风格设计，室内墙壁上可以悬挂幼儿作品，增加美术活动室的互动性与观赏性。地面要选择防滑的地板以免在互动中造成不必要的损伤。颜色的选择不仅要符合活动课程的内容还要兼顾观赏性，尽量简洁明快，不要过于繁杂而失去主体性。灯光设置上把握整体光感，使灯光跟自然光完美配合。美术活动室不仅应该配备适合幼儿高度的桌、椅、多媒体设备，以及画板、画架、绘画工具、泥工工具等相应的美术器材，还可以摆放低矮的材料柜，并把所有的材料都分类摆放好，方便幼儿随时取用，进行创作。美术活动室不仅要包括材料区域、工具储藏区域，还要有作品展示的区域，为幼儿提供一个自我展示的舞台。

相对于班级美工区，园所的美术活动室相对面积较大，既可以容纳一个班的幼儿开展集体美术教学活动，又可以满足幼儿园美术社团兴趣小组活动的需要，保证了幼儿足够的创作空间。幼儿通过对各种材料的摆弄、操作来感知、思考、

创作，充分发挥幼儿的主体作用。活动结束后，幼儿还可以自主取水、清洗绘画工具。美术活动室整体风格还要与园所风格协调一致。

图 4－7　因地制宜的美术活动室

2. 因人而异，促进幼儿在不同水平上获得相应发展

幼儿具有不同的个性特征，因此在开展美术室活动中要以突出幼儿个性为主导，采取各种方法，积极创造条件，尊重幼儿的个性发展需求，增强幼儿在美术活动中的自信心，提高幼儿的创造力与对美术活动的兴趣。比如发动全园幼儿收集各种大小、形状的石头，美术教师进行整理归类后，进行不同的活动设计，让每个幼儿都能感受到艺术的魅力。小班幼儿给石头涂底色，中班幼儿涂鸦，大班幼儿构图，并邀请家长代表到美术活动室进行拼贴、装饰、固定、悬挂。于是美术室就成了一个小小艺术家集散地，一个个美丽的故事——《石头的传说》就出现

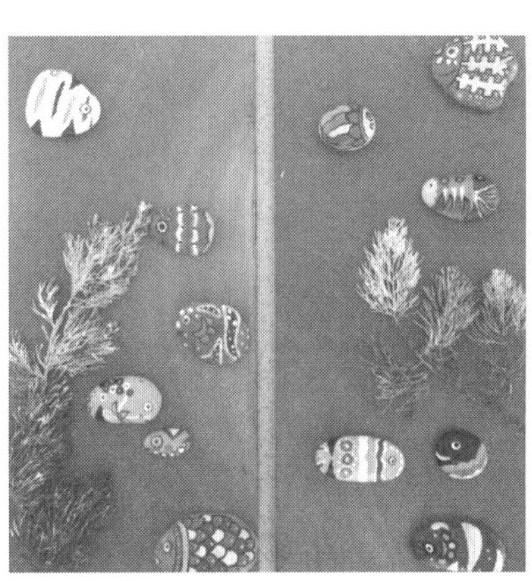

图 4－8　幼儿作品《石头的传说》装饰园所环境

在园所的走廊里，成为一幅幅艺术感强烈的作品。幼儿的作品就是最好的艺术品，将每次美术活动的幼儿作品进行整理、设计，定期进行组合展示，即保证了环境的动态性，又让每个幼儿都在自己的最近发展区体验到成功的喜悦，整个园所的环境也因为美术活动室的资源而“活”起来。

3. 活动与生活相融，丰富幼儿想象力

鼓励幼儿收集废旧瓶子、海绵块、鸡蛋壳、废旧鞋子、废旧灯泡、废旧鸡蛋托盘、各种线绳、干树叶、废旧布头、棉花球等。这些材料不但经济、新颖，还十分贴近幼儿的生活经验，有助于幼儿发现“身边的一切都是艺术创作的材料”，拓宽幼儿的经验。例如，在小区物业人员修剪树枝时，教师可挑选造型较为漂亮的大树枝，修剪后刷上白色的颜料、晾干，放在美术活动室，不但能增添活动室的艺术气息，同时树枝也成为很好的展示幼儿作品的展架。再如，可将废旧的木方框刷上颜料，缠上毛线，用来展示幼儿的作品，以显示美术活动室的独特功能。

图 4－9　旧物改造挂钩

图 4－10　胜利树

教师要将幼儿园美术室活动同社会生活活动有机地融合在一起，使幼儿园美术室活动更好地为幼儿健康成长服务。要让幼儿能够将自己见到的事物通过

观察、想象，转化为自己的思维意识，从而用艺术的形式表达出来。例如，教师组织幼儿观看阅兵式后，和幼儿一起通过欣赏图片进一步感受人民解放军的飒爽英姿，继而开展相关主题的绘画、泥塑、制作胜利树等手工活动，最后在园所举行主题作品展，为开展爱国主义教育奠定基础。组织开展科学有趣的美术活动，对培养幼儿的艺术欣赏能力、审美能力、想象力和创造力都具有积极作用。

幼儿园要采取各种方法，积极创造条件，整合美术活动室资源，让幼儿们在艺术的海洋里尽情遨游。

(二) 幼儿园图书阅览室的利用与开发

在早期阅读日益受到重视的今天，许多幼儿园配备了图书阅览室。那么，如何合理创设图书阅览室并充分利用图书阅览室，促进幼儿阅读能力的提高呢?

1. 创设舒适的阅读环境，让幼儿爱上阅读

(1) 阅览室要设置在光线充足、较为安静的地方。地面可以铺上地毯，放一些柔软的坐垫，也可摆放少量的书桌和椅子等阅读用具，供幼儿使用，内设有符合幼儿平均身高的书架。

(2) 让幼儿和教师一起思考怎样布置出自己喜欢的阅读环境。

(3) 提供丰富的阅读资源，可以增加幼儿阅读的兴趣。书籍是阅读资源中最重要的一种，要按照大小、厚薄、质地的不同整理排序。教师还可以提供一些来自生活中的学习资源，如报纸、卡片、杂志、日历牌、海报、书信等。

(4) 书籍的多少和种类应该根据幼儿年龄和时间推移有所增减和变化。小、中、大班的阅读教材应根据本阶段幼儿的阅读特点来进行挑选，以符合以下特点的书籍为最佳：色彩鲜明、主题明确、重点突出、幽默风趣，内容层层变化、具有动画效果。同时还可以根据幼儿的阅读能力的强弱将书籍分类摆放。有目的、有计划地为幼儿提供内容丰富的幼儿读物，并经常更新与调整读物，让幼儿喜欢阅览室，从而感受阅读的快乐。

(5) 配合阅读主题，师幼互动，共同创设阅览室的墙饰。阅览室的墙饰可围绕幼儿应养成的良好阅读习惯、幼儿喜爱的角色来设计，可以增设幼儿阅读进展模块，让幼儿自行记录自己的阅读内容等，从而培养幼儿的阅读热情和积极性。

(6) 满足幼儿的不同需求，进行区域划分。设计时可把阅览室分隔成几个区域：动态区(表演区、自由阅读区、好书分享区)、静态区(读书区、新书推介区)、修补区、自制图书区。如条件允许可以增添视听区(提供电视机、收录音机等，让幼儿听配乐文学作品、有声图书或自己尝试讲述并录音)及亲子阅读区(在

一定的时间段提供亲子阅读机会，让幼儿感受亲人陪伴阅读的惬意和幸福)。

2. 创设多种阅读形式，促进幼儿养成良好阅读习惯

(1) 集体阅读

每周有目的、有计划地组织一次集体阅读活动，让幼儿有欣赏、阅读、理解、思考、表达及共同探讨的机会。

(2) 小组阅读

在小组阅读中，幼儿阅读完一段内容后，教师组织相互交流。在交流的过程中，幼儿会将自己的感受告诉同伴，相互讨论。在这个过程中，幼儿不仅能加深对阅读材料的理解，还能促进言语表达能力的发展，阅读的兴趣也会日益浓厚了。

(3) 自由阅读

自由阅读时，幼儿可以自由选择自己喜爱的图书、图片或连环画等阅读材料，进行看书、创编故事、分角色表演等活动。针对不同的幼儿，教师给予个别指导和帮助，让每个幼儿都感受到教师的期望，增强信心和勇气，从而自主参与阅读活动，在游戏中享受阅读的快乐。

3. 整合多种手段，激发幼儿的阅读兴趣

在图书阅读室，教师可以借助美术、表演、音乐、动手制作等手段，发挥幼儿的积极性和创造性，促使幼儿养成良好的阅读习惯。比如老师根据阅读内容来选择音乐，让幼儿聆听和感受，随着乐曲的旋律，产生丰富的想象，由此进入作品的意境。同时还结合多媒体形式，组织幼儿有目的、有计划地观看动画片，并在阅览室投放相应的图书。由于幼儿观看过动画片，已经初步了解了故事的主要内容，因此在阅读时，就可以边看边讲，这样大大地激发了幼儿的兴趣。

4. 举行丰富的阅读活动，让幼儿在阅览室当家作主

以图书室为主体举行“新书推介”“小小图书管理员”“自制图书展”“我最喜欢的故事”大比拼、“争当小小评委”、自导自演绘本剧场等系列活动，让幼儿和家长参与到图书阅览室的管理中，人人都是阅览室的主人。比如在借阅图书时间，由几个幼儿佩戴红绶带，当“小小图书管理员”，帮助图书室的老师办理幼儿图书借阅手续，把幼儿还的图书归位，并帮助整理图书室。这项活动可以分班级进行，建议幼儿园为每本图书做上相对应的标记。在学期即将结束时，组织中、大班幼儿进行修补图书的活动。通过修补图书，让幼儿切实地感受到要养成爱护图书的好习惯。并通过幼儿们的推选，评出学年“爱书之星”，爱看书和爱护图书的幼儿都能够参与评选。

早期阅读是一个激发、唤起幼儿情感的过程，也是一种对话、一种情感和思想上的交流。一个具备良好阅读环境的图书阅览室不仅能激发幼儿的阅读兴趣，还能让其在舒适的阅读环境中，充分感受书面语言的优美，促进语言能力的发展，从而养成良好的阅读习惯。

(三) 幼儿园室内建构室的利用与开发

建构室是幼儿利用各种不同的结构玩具或结构材料(如积木、积塑、金属片、泥、沙、雪花片等)构造物体形象，反映现实生活的一个活动室。建构室的建构游戏始于3岁左右，一般从简单的积木游戏开始，如建造房子、桥、汽车等。在进行幼儿园室内设计时，需要考虑建构区的功能及设计注意事项才能给幼儿更好的体验。

1. 为幼儿营造一个“心理安全”和“心理自由”的环境

建构室，一般为100平方米左右的大教室。玩具柜最好是靠墙或摆在幼儿不易推倒的地方，玩具安全无毒。要设计插放进区卡的地方，防止出现人太多毁坏别人的作品的现象。要用其他的物体(泡沫垫等)做地毯，保证玩具的卫生与完整，有利于循环使用。建构室要提供各种材料，不仅种类要丰富，而且材料的实际大小、数量都要能够满足幼儿在建构时的需求，比如小班幼儿善于模仿，小肌肉群不够发达，可以为他们提供体积大、便于取放、类别相同的建构材料；而大班幼儿动手能力强、思维敏捷，可以提供更具多样性和精密度更高的建构材料来满足他们自主发展的需求。

2. 展现幼儿的学习过程，记录幼儿思维发展的过程

根据幼儿不同年龄的发展特点与教育内容需要，科学地、有目的地创设建构室环境，体现其主题性及教育性。建构室主题环境设计以立体的为主，但要考虑安全环保。建构室的墙面可以张贴来自生活中各类环境里的建筑和事物的图片，丰富幼儿的经验，也便于他们学习和创造。建议积极调动幼儿的兴趣，与幼儿一起完成环境布置。

3. 拓展材料的玩法，不断激发幼儿的创造

建构游戏是一种造型艺术活动。游戏材料只能通过幼儿排列、连接、拼摆等构造活动才能产生千变万化的造型。在幼儿认识多种材料、掌握一定方法的基础上，要让他们进行放射性联想，自主寻求其他方法及替代物，从而将建构游戏不断向前推进。例如，引导幼儿尝试用积木搭建多层结构后，启发幼儿寻求类似特点的替代材料进行游戏。幼儿探索出搭高塔必须有支撑的要点，于是探讨并

实践了怎样才能搭得又稳又高。在此基础上，进一步引导幼儿探索材料的多种玩法，一物多用，一个主题用多种材料搭建等。幼儿在搭建的过程中表现出更多的求异性、求新性，大胆想象创造，思维变得更为活跃。

4. 尊重幼儿年龄特点，融入社会性教育

每个幼儿都来自不同的家庭，有不同的兴趣爱好，有各自的优点与不足。教师应在活动中，引导幼儿感受同伴与自己的不同，理解并正确对待同伴的优点与不足。幼儿在建构的过程中往往会发现自己的观点与别人的想法不一致，而游戏的开展要求幼儿学会调整和接受同伴的想法。幼儿通过搭建积木再现自己的生活经验，在自己搭建的“小世界”中整合自己对于社会生活的理解、体验，感受社会中的不同角色与社会生活规则。

总之，建构室活动是幼儿喜爱的活动之一，是教师实施教育的有效途径，是幼儿园落实教育目标的重要载体。

(四) 幼儿园走廊环境的利用与开发

皮亚杰认为：“儿童的思维是在与环境的相互作用中发展起来的。”走廊是幼儿日常学习、玩耍的重要场所，其环境的创设和幼儿的发展有着密切的关系。丰富的幼儿园走廊环境是重要的教育资源，其创设内容应与幼儿兴趣相映成趣，符合幼儿的认知水平，内容选择要与主题相关联。

1. 创设趣味化的走廊地面，让幼儿自由活动

在走廊中幼儿能暂时避开教师的关注，自由地做一些自己想做的事情。在这个短时避免关注的空间中，幼儿会创造出一些教师无法预设到的精彩。教师可以充分利用走廊地面，设计发展幼儿动作协调性和灵活性的“脚印小路”，专门练习单双脚变化跳的“调皮毛毛虫”，传统游戏“跳房子”“地面大迷宫”等简单而蕴含多种玩法的游戏项目。这些地面游戏不仅能丰富幼儿的室内活动内容，还能很好地促进幼儿运动能力的发展。

2. 创设艺术化的走廊空间，在幼儿心里种下一颗美的种子

陈鹤琴认为，幼儿生来就喜欢美的东西。教师从幼儿的审美情趣出发设计走廊空间，让充满动感、情趣化的走廊成为幼儿感受美、理解美的场所。环境创设并不是一成不变的，当现有的环境创设已远远不能满足幼儿的发展需要时，就要根据当前的教育目标和幼儿的现有水平，及时变换创设。根据幼儿兴趣需要变化的布置，可以一次性完成，也可以逐步更新与丰富，以便幼儿能从中获取更多、更新的信息。

图 4－11　互动墙

图 4－12　走廊涂鸦

3. 创设互动式的走廊环境，发挥幼儿的创造潜力

充分利用低矮的操作墙，设置开放式的区域；材料开放铺放，方便幼儿自由取放；操作步骤清晰明了，隐性指导幼儿自主活动。具有互动式因素的环境更容易吸引幼儿去操作、去探索，使幼儿成为一个主动的学习者。教师还可利用走廊的一面墙布置“未来画家”幼儿作品展，收集展示每个幼儿的作品。这些作品可以是幼儿独立完成的，也可以是幼儿和家长共同完成的，表现方式也可多种多样，如绘画、粘贴、剪纸等。幼儿能一边参观一边交流讨论、分享自己的经验。这样的走廊既有活力，又为幼儿提供了与环境互动的学习机会。

幼儿园走廊环境的有效创设不仅能够促进幼儿多方面的发展，更利于帮助幼儿形成良好的性格品质，对其健康成长有着不可代替的作用。因此，教师应充分发挥走廊环境从前期设计到后期效果的积极作用，结合幼儿发展特征和心理特征用心设计、布置与幼儿日常生活、游戏相关的走廊环境，并让幼儿积极参与其中，发挥主体性和参与精神，体验成功的喜悦。

（五）家庭活动资源的利用与开发

家庭是幼儿除了学校以外，最主要的学习、生活场所。家庭是幼儿最早接受教育的地方，家长是幼儿学习的启蒙者。对于教育而言，家庭也是幼儿最早和最常接触的学习场所。《纲要》特别强调幼儿园应该与家庭、社区密切合作，与小学相互衔接，综合利用各种教育资源，共同为幼儿的发展创造良好的条件。那么家庭活动资源利用与开发的途径和方式有哪些呢？

1. 利用家长的特长与职业背景，丰富区域活动指导者资源

《纲要》指出，家庭是幼儿园重要的合作伙伴，应本着尊重、平等、合作的原则，

争取家长理解、支持和主动参与，并积极帮助家长提高教育水平。幼儿园的家长来自各行各业，家长的职业、阅历与专长是幼儿园宝贵的教育资源。家长助教，就是家长进课堂，直接参与教育活动，协助教师较好地完成教学任务，实现教学目标。例如笔者所在的幼儿园，中班的一个场景是“海底总动员”，区角活动中创设了一个“水晶宫医馆”。了解到乐乐妈妈在医院工作，老师就特别邀请她为幼儿们上了一堂关于溺水急救知识的活动。有了专业医生的指导，幼儿们对于急救时要用到的“人工呼吸”和“胸外按压”有了进一步的认知和体验。在之后的区角活动中，“医生”还会模仿抢救“病人”：胸外按压 30 次加 2 个人工呼吸，重复做 5 次。再比如，中班年级组就充分利用家长资源组织全体幼儿进行了一次“我是小小解放军”的军训体验活动。活动不仅丰富了幼儿的社会角色体验经验，增强了他们的社会认知，更有利于让幼儿进一步掌握正确的“坐、立、走”姿势，养成良好的行为习惯。

图 4-13　家长助教进课堂

此外，家长有许多好的教育方法和经验，对其他家长也会起到启发与借鉴的作用。教师可组织家长宣讲家教经验，逐步培育家长教育资源，形成另一种有效的教育途径。

2. 充分挖掘家庭环境教育资源，拓宽区域活动的环境资源

“环境”的概念并不局限于儿童所接触的那些静态的物质世界，凡是可以给幼儿刺激的都是他的环境：一切物质是幼儿的环境，人也是幼儿的环境。而且人的环境比起物的环境还要重要。作为家长，应根据幼儿好动、好模仿的心理，创设游戏的环境，根据幼儿的喜好，创设艺术的环境。

(1) 家长可以采用区角活动形式，为幼儿创设相应的学习、生活和游戏环境

住房宽敞的家庭可为幼儿专门提供一间“游戏室”。如果条件不允许，也可

在卧室或客厅为幼儿腾出一个角落，用布隔开，或利用废旧材料为幼儿布置一个特殊的游戏环境。游戏区内，可用包装家电的大纸箱为幼儿构建一座房子，挖一个门，开几扇窗，房内可陈列幼儿游戏时需要的物品，小房子周围可让幼儿自己动手来美化。也可在幼儿的小天地内铺上一块地毯或布垫，幼儿根据游戏的需要，躺、坐、跪等都能在地上进行，可避免幼儿在玩时弄脏衣服或受凉生病。家长还可为幼儿提供和搜集游戏材料，增加游戏内容，充实幼儿的小天地。同时，教会幼儿自己及时整理他们的小天地，培养他们的责任感和爱劳动的习惯。

(2) 丰富家庭的图书类读物，引导幼儿建立自己的小小图书馆，并提高其利用率

对于学前阶段的幼儿，家长可以为其提供图文并茂的图书，也可以提供电子音像读物，为幼儿建立自己的绘本读物小书架，尽可能地多花时间和幼儿在一起阅读。

(3) 鼓励幼儿和家长收集废旧材料、变废为宝进行创作

良好的物质环境是家庭环境创设的一项重要内容，教师可邀请家长参观幼儿的区域活动，观看幼儿在一个个角落中绘画、表演节目、做实验等。通过观摩活动，一方面使家长能在家中模仿幼儿园的区域环境，为幼儿创设一个活动小天地，另一方面使家长意识到为幼儿创设的物质环境并不一定需要高档玩具，相反，一些能让幼儿动手操作的半成品才是最适宜幼儿发展的。笔者所在的幼儿园，自开展“快乐大本营”的户外混龄活动以来，动员全园教师、幼儿和家长收集身边的废旧材料，并及时将收集的材料进行分类、整理、消毒、投放。这些塑料油壶、易拉罐、拖把棍子、废旧自行车、碎布等，在幼儿的户外活动中发挥了新的价值。

图 4－14　废旧瓶子和锈迹斑驳的自行车成了幼儿创作的绝佳材料

(4) 家长尽可能带幼儿接触大自然,感受大自然的美

陈鹤琴在“活教育”课程中指出：大自然、大社会都是活教材。他认为,活教育要把儿童培养成现代生活的人,它必须逐渐扩大和丰富儿童对自然、对社会的了解,而这又必须以儿童现有的生活经验和儿童的兴趣为依据。陈先生关于源自生活的课程内容观,真正体现了家庭和社区在幼儿教育中的重要地位,提高区域活动的多元化程度,需要教师继续加强与家庭的合作。要根据幼儿的年龄特点带幼儿去感受家乡的风土人情,感知家乡千姿百态的景象。丰富多彩的大自然蕴含了名山大川、天空海洋、地貌植被、鸟兽虫鱼、古代与现代建筑等丰富的环境资源,教师可充分利用这些资源开拓学习内容：如春天带幼儿观赏油菜花、桃花、梨花,感受春的气息;夏天带幼儿戏水玩耍,感受夏的乐趣;秋天组织幼儿捡稻穗、挖山芋、摘果子,感受秋的收获;冬天带幼儿堆雪人、打雪仗,感受冬的诗意……

家庭作为一种教育资源,有挖掘不尽的潜力,幼儿的发展依赖于身边的这些资源,合理利用这些资源,既可以丰富园所区域活动,弥补园所资源的不足,又可以调动广大家长参与保教活动的积极性,形成家园教育合力,并有效地促进幼儿生动、健康、活泼、和谐地发展。

(六) 社区活动资源的利用与开发

《纲要》在总则里提出:“幼儿园应与家庭、社区密切合作,与小学相互衔接综合利用各种教育资源,共同为幼儿的发展创造良好的条件。”社区是幼儿生活、成长的地方,是幼儿教育不可缺少的资源。社区的各种物质和资源都是幼儿生活学习的教材,也可以成为幼儿园区域活动的重要来源。对社区资源的积极开发与充分利用,不仅可以开阔幼儿的眼界,丰富幼儿的经验,弥补幼儿园教育资源的不足,拓展课程的内容,还可以发展幼儿的社会意识,使幼儿更加关心社会,更加关注自己周围的生活。那么,如何更好地使用社区活动资源呢?

1. 走进社区活动,改革幼儿教育教学方法

把幼儿从“校园围墙内学习”引领到“社会情景中学习”,给幼儿充分的自由空间,发挥社区教育的作用,对幼儿的教育效果远比预期得好。如在大班“我要上小学了”这一主题活动中,如果幼儿园附近有小学,教师就可充分利用这一环境资源,带领大班的幼儿参观小学。通过听小学教师介绍小学,向教师提问题等交流互动的方式,幼儿可与小学环境有近距离接触,能切身体验做小学生的感觉,减少对小学的陌生感,并被小学生活吸引,对于自己即将成为小学生的自豪

感也油然而生。因此，把幼儿带入社区，让幼儿在社会情景中去感知、学习，并且获得快乐的体验，是一种新的学习方法。教师应深刻认识到，从“在课堂中学习”到“在社会情景中学习”，绝不是简单的否定或者替代，而是更进一步的资源整合。

2. 利用社区资源，提高幼儿社会实践能力

社区是个大家庭，蕴含着丰富的教育资源，教师要转变观念勇于创新，带着问题走出教室，走进生活，走进大自然，让幼儿从小接触社会，在社会这个大课堂中学会交往、学会生活、学会学习。在大班“蔬菜聚会”这一主题活动中，当幼儿对各种蔬菜感兴趣时，教师就可带他们去参观菜场，通过观察和采访，让幼儿对蔬菜有进一步的认识；当幼儿对蔬菜的种植感兴趣时，教师就可带幼儿到蔬菜基地去参观，还可请农民伯伯来解答幼儿的疑问，使幼儿对种植有初步的了解；当幼儿要为幼儿园的种植园地种植蔬菜时，教师就可把有经验的农民伯伯请到幼儿园，和幼儿一起种植蔬菜……在一系列的社会实践活动中，幼儿将学会通过各种途径寻找问题的答案，发展社会实践和与人交往的能力，也能培养合作和分享的好习惯及初步的责任感。

3. 开展社区服务，促进幼儿养成良好品德

良好的行为习惯和品德不是一朝一夕形成的，它需要一个漫长的过程。教师带着幼儿走进社区、亲近社区、融入社区，幼儿会深深地爱上这个给了他们许多快乐和回忆的“社区家园”。在此过程中，幼儿将萌发为“家园”服务的念头，教师应及时地给予引导、启发，并相应地引领幼儿开展一系列为社区服务的活动，如在三八妇女节这个特殊的节日里，组织中班幼儿和家长志愿者到社区敬老院看望、慰问老人。在温暖老人的同时，幼儿乐于助人、尊老爱幼的良好品质也在潜移默化中自然形成。

4. 挖掘社区资源，让幼儿获得成功的体验

社区本身就是一部大教材，它时刻在起着教育作用。教师要及时地去发现、去挖掘、去利用其中的资源，有目的地选择幼儿感兴趣的题材，适时地将幼儿带到社会情景中去。知识是通过社会情景中的交流形成的，具有社会性。社会情景中的交往与合作对于儿童的学习是十分有意义的。因此，把幼儿带到社会中，给幼儿充分、自由的想象、发挥的空间，这样的教育效果远比预期的来得好。例如，在小班的场景“宝岛台湾”中，班级设置了饮品区。为了让幼儿更好地了解饮料的制作流程，教师组织参观了饮料公司。活动结束后，幼儿们

再调制饮品就都有模有样了，自信之情溢于言表。

[置顶]本群须知

7月4日（周六）上午十点，经联系，小一班全体家长和小朋友参观饮料公司生产线和品尝饮品。免费活动，自驾前往，十点公司会合。欢迎孩子们参加，非常有意思。家委会

收起

皓然皓岚爸爸 发表于 2015-06-24 21:32

图 4－15　小班社区参观活动通知

幼儿是社会生态环境中的一分子，处于生命力旺盛、活泼好动的生长阶段，爱主动去探索一些问题。教师和家长需要为幼儿创建一个能够发挥其巨大潜力，使其感受到自身存在的价值，并积极主动参与到活动中的环境。只有将幼儿园资源、家长资源与社区资源等教育资源结合起来运用，使之形成合力，才能更好地促进幼儿的发展。

五、小班区域活动环境创设案例

案例名称：超级马戏团

设计者：湖南省长沙市芙蓉区教育局德政园幼儿园　程姣

（一）主题来源

小班的幼儿刚离开家人来到一个全新的环境，对家人还相对依恋，因此小班的区域环境创设一定要让幼儿感觉到和谐、自由、轻松，让他们爱上幼儿园，乐于参加幼儿园的各项活动。而高质量的区域，应独具吸引力和美感，色彩的选择要符合幼儿的年龄特点。结合《多元整合幼儿园教育活动资源包》小班主题活动“可爱的小动物”以及笔者所在幼儿园“宝贝去哪儿”大型主题室内混龄区域活动，考虑到幼儿对可爱的动物特别感兴趣，于是选取“超级马戏团”的场景进行区域环境的创设。小班的幼儿喜欢颜色鲜艳、色彩丰富的物品，于是选择了色彩艳丽的绸缎作为区角装饰的主要材料。

（二）区域名称

语言区：阔嘴巴演说家。

科学区：自然角（浓眉毛花草园）、数学认知角（黑眼睛探索者）。

美工区：红鼻子创意家。

图 4－16　班级场景：超级马戏团

图 4－17　用缎子装饰的区域名称牌

生活区：大手掌能干人。

建构区：花裤子建筑师。

(三) 亮点介绍

1. 充满童趣，富有情境性

进区卡设计与主题“超级马戏团”一致，每个活动区使用一个小丑形象，教师制作时使用子母胶带，便于幼儿粘贴操作，幼儿想进哪个区，就把哪个区的小丑粘到舞台上，舞台上的小丑满了，就只能选择别的区进行游戏和操作了。

2. 材料来源于生活

各区域的材料都是幼儿、家长、教师共同收集的，通过废物利用的方式投放到各区角中，或用于布置环境，或作为玩具使用，或作为半成品进行再创作。

3. 让幼儿成为环境创设的主人

在创设各区或布置各区时，教师让幼儿参与其中，让幼儿共同商量用什么隔区更合适。幼儿通过自己摆放桌子、椅子，按照和同伴一起商量好的计划来布置各区域，并用幼儿的作品、亲子作业来布置区域，隔断区域。幼儿在自己布置的区域里游戏，很有成就感。

4. 设计风格统一，图文并茂

依据“班级的装饰要与班级的整体布局风格、特点一致”的原则，班级的区域名称牌与马戏团的风格一致，采用图文并茂的形式。每个区的名称牌的背面都有各种图文并茂的提示语言，对幼儿起到鼓励、提醒、督促的作用，从而养成良好的习惯。

图 4－18　便于操作的进区卡

图 4－19　幼儿自己搬桌子隔区

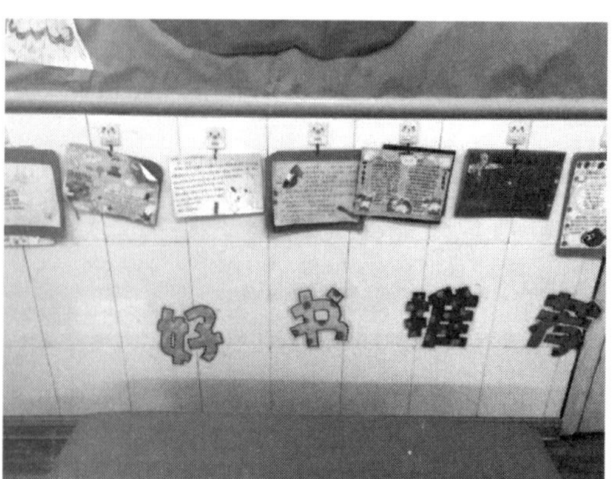

图 4－20　用好书推荐卡布置墙面

图 4－21　用亲子作业装饰、隔断区域

图 4－22　区域名称牌的背面

（四）各区域环境介绍

1. 语言区（阔嘴巴演说家）

（1）墙面布置

① 好书推荐

为了鼓励幼儿阅读，提供借阅图书的机会，特别设置了好书推荐版块。每个月向家长或幼儿推荐一本好书，让幼儿们分享各种好看的适合阅读的书，并告知家长这本书的推荐指数，可以把书借到家里阅读。另外，还建议幼儿和家长把自己读到的好书制作成好书推荐卡，推荐给大家。如结合月主题“大马路”，推荐的就是与马路有关的书籍。

图 4－23　语言区选择在光线明亮的窗户旁设置

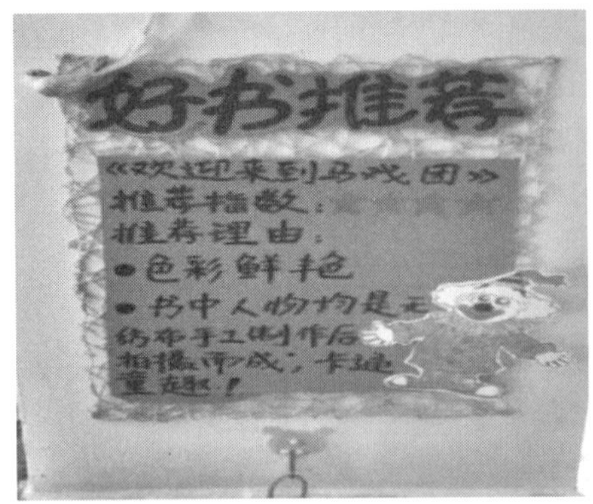

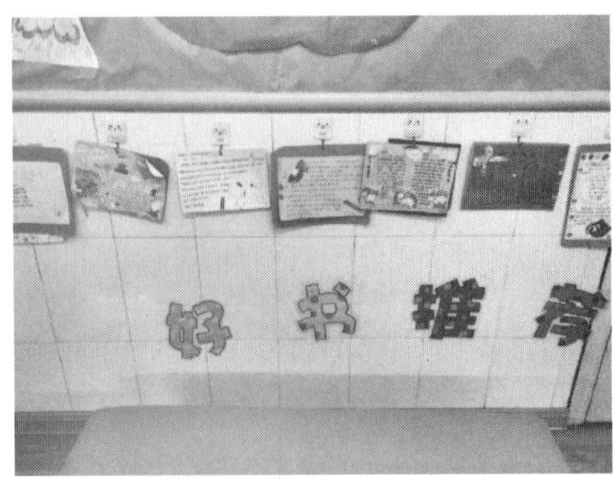

图 4－24　好书推荐处

② 游戏建议和要求

为了幼儿能积极参与到语言区的活动中，根据每月的不同要求，教师还把语言区的主要活动要求制作成海报，提醒幼儿按要求进行相应的活动。例如，4 月语言区的重点是让幼儿说说自己最喜欢的马戏团节目，随着主题的深入，教师把平时活动中发现的亮点拍下来并将照片粘贴在柜面上，让大家共同学习。

图 4－25　游戏海报

图 4－26　活动过程展示

(2) 隔断

语言区跟美工区相邻，但有着清晰的分界。隔断主要是区角柜和吊饰。吊饰是彩色的纱帘，也是专门粘贴儿歌的地方。选取的儿歌都是幼儿喜欢的简短而富有童趣的儿歌，当然，这些儿歌也会随着主题的更换而每个月更换一次。

（3）投放材料

阅读：设置在安静且采光较好的窗户下面；投放数量充足的高质量的图书。这些图书有趣，符合幼儿身心发展的需要，具有文学价值。对于小班幼儿来说，主要是图片居多的绘本或认知方面的图书，这些书会随着主题的更换而进行更换。阅读角应是令人放松、可舒适就坐的地方，在这里设置小方桌和卡通动物小沙发，这样就可以增强阅读角的吸引力。在这样一个温馨的环境中，幼儿可以在地垫上、沙发上安静地阅读图书，也可以和同伴进行分享阅读。

图 4－27　阅读角里的小方桌、动物沙发、靠垫

讲述：为了满足幼儿不同的需求和兴趣，讲述角提供各种材料供幼儿进行讲述活动。皮影幕布、马戏团里可爱滑稽的动物图片、手偶、指偶、提线木偶、自制电视机、话筒、故事盒等。每个月，鹦鹉主播播出的内容和要求都根据主题有不同的要求。幼儿在当主播时，虽然遇到了不少困难，但他们敢于向同伴、老师寻求帮助，语言表达能力提高得很快，词汇量也更加丰富了。故事盒也是幼儿十分喜爱的材料，他们大胆使用卡通动物或人物形象及背景图片来创编故事，和同

图 4－28　主播播报处

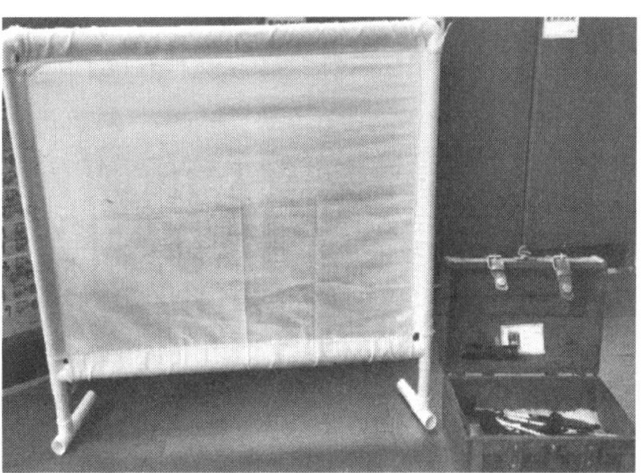

图 4－29　皮影操作材料

图 4－30　可爱、充满童趣的故事盒

图 4－31　小指偶

图 4－32　提线木偶

伴合作，边操作边创编，不仅语言能力得到了发展，也打开了想象的翅膀。老师也根据不同幼儿的能力水平提出不同的要求。

2. 科学区

科学教育是可以渗透到活动室的各个角落的，也是可以渗透到各个区域之中的，但根据孩子喜爱探究并享受探究过程的需要，小班也设置了一个集中进行科学教育的科学区。科学区分为数学认知角（黑眼睛探索者）和自然角（浓眉毛花草园）。数学认知角的设置主要是为了满足幼儿旺盛的求知欲，为他们提供一个探索的天地。自然角是大自然的一个缩影，主要让幼儿了解自然世界的奥秘，帮助他们建立对自然科学的兴趣，活动以观察、体验为主。

(1) 数学认知

① 墙面布置

墙面上粘贴了进区的要求和各种操作材料的操作规则。为了节省空间，教师还把一些操作玩具配上恰当的背景悬挂到墙面上，这样幼儿可以一目了然地知道这个月班级有哪些主要操作材料，也方便幼儿取放。

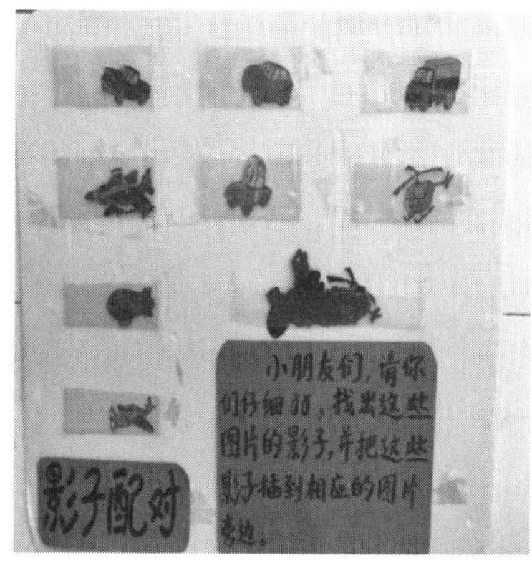

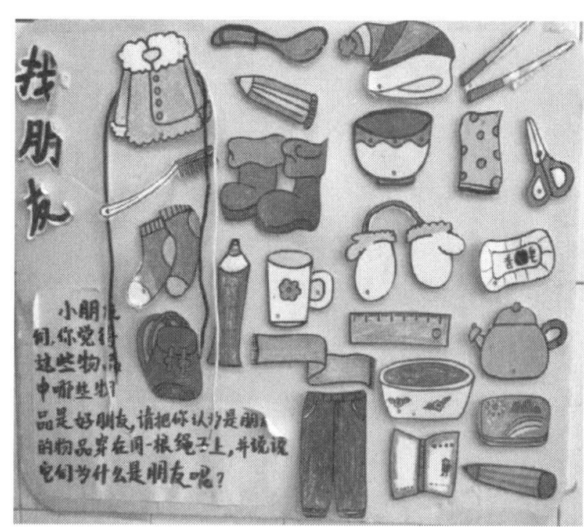

图4－33　数学认知角各操作材料的操作规则

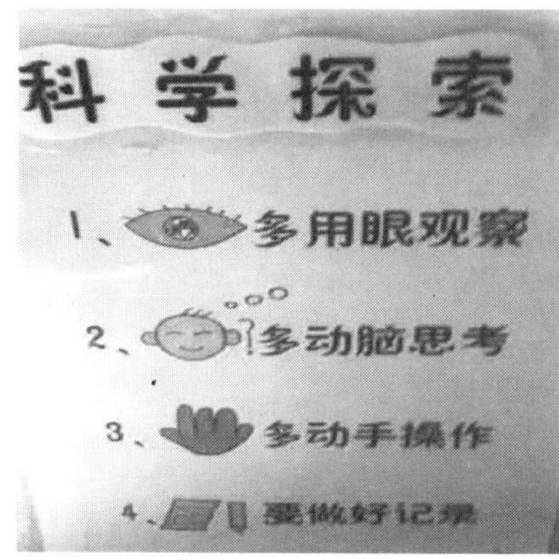

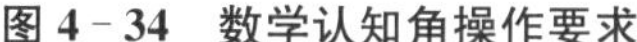
图4－34　数学认知角操作要求

图4－35　数学认知角的操作材料悬挂墙

② 隔断

数学认知角的隔断主要是区角柜、桌子以及地面的不干胶线条。因为大部分科学操作都会在桌面上进行，所以数学认知角的主要隔断就是区角柜和桌子，这也便于幼儿进行操作和记录。

图 4 - 36　数学认知角的桌子、不干胶隔断

③ 投放材料

数学认知角的材料会根据主题每月进行更新。这些材料有教师自制的玩具，也有幼儿和家长共同收集和购买的精美的成品玩具。材料丰富多样，幼儿在数学认知角的操作活动中选择面也比较广泛。

图 4 - 37　教师根据主题自制的数学认知角玩具

(2) 科学探究

① 墙面布置

自然角的墙面主要粘贴操作材料的使用说明、动植物的生长记录，以及悬挂幼儿的活动日志等。操作材料的使用说明图文并茂，动植物的生长记录用夸张的卡通画表现，活动日志富于童趣，这些材料的投放能让幼儿养成记录当天天气状况及自己的活动的良好习惯。小班的活动日志应是便于幼儿操作的，应尽量选用图画来表达，少用或不用文字。

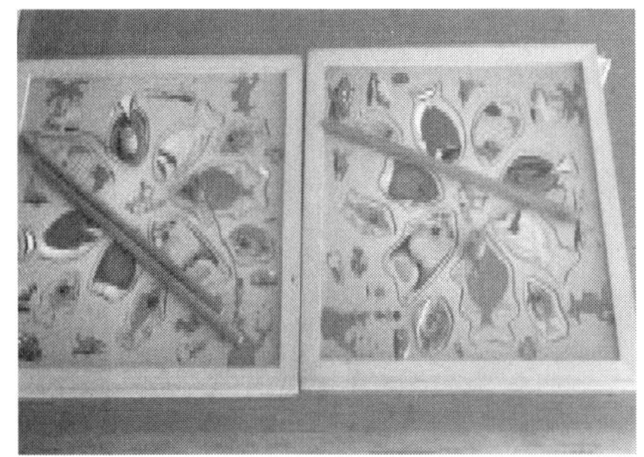

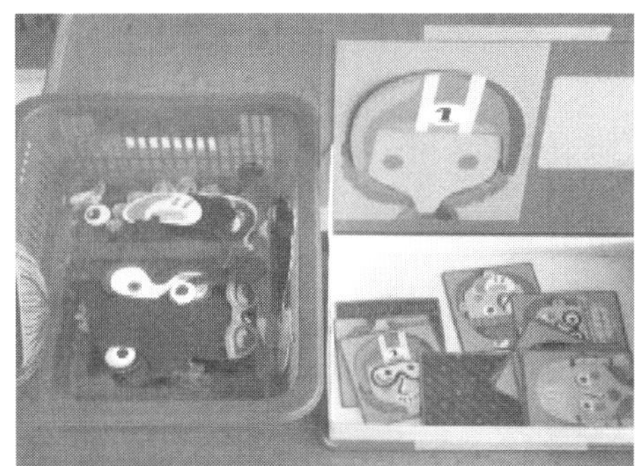

图 4－38　根据主题家园共同收集或购买的数学认知角玩具

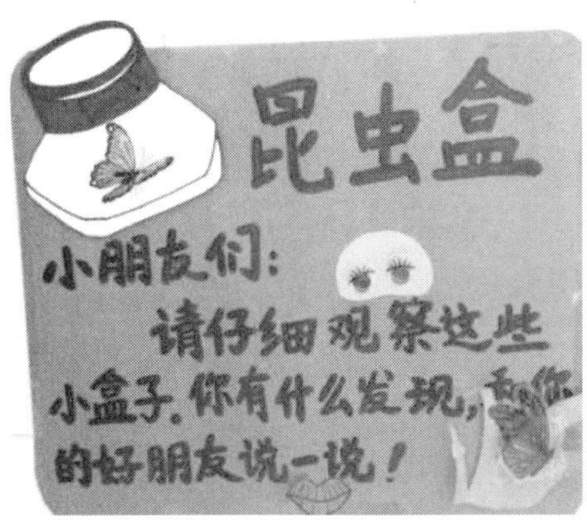

图 4－39　使用昆虫盒的要求

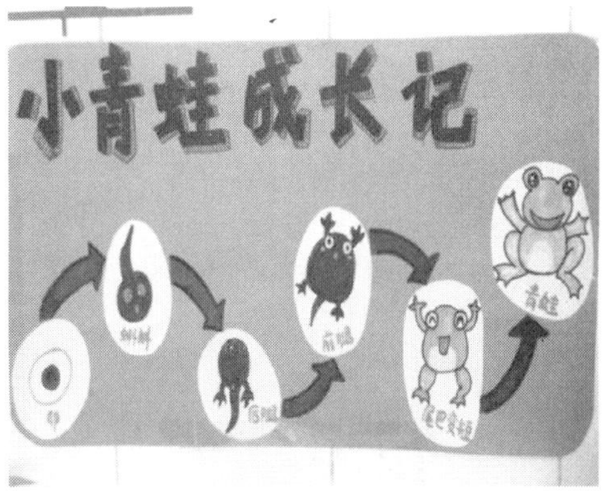

图 4－40　小青蛙成长记录

② 隔断

自然角单独设置在阳光充足的走廊上，不和其他区混淆，因此没有特别的隔区材料，但结合超级马戏团的场景，悬挂彩旗，以此与同龄班区分。

图 4－41　幼儿活动日志

图 4－42　悬挂在自然角的彩旗

③ 投放材料

自然角投放的植物以适宜盆栽的品种为主，每盆都比较小巧，生命力强，具有较强观赏价值。

图 4－43　投放于自然角的小植物

除盆栽植物外，还有抹布、剪刀、放大镜、喷水壶等，便于幼儿仔细观察、修剪枯叶……

图 4－44　投放于自然角的喷水壶、放大镜

自然角养殖的动物通常有金鱼、乌龟、小蝌蚪、蚕宝宝、小昆虫等，提供幼儿观察、饲养、记录的机会。

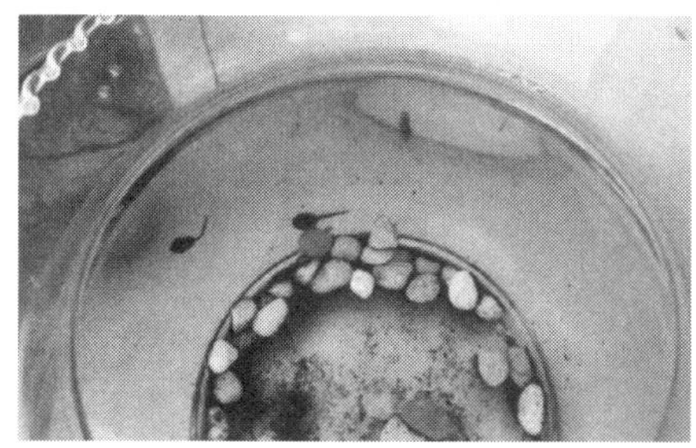
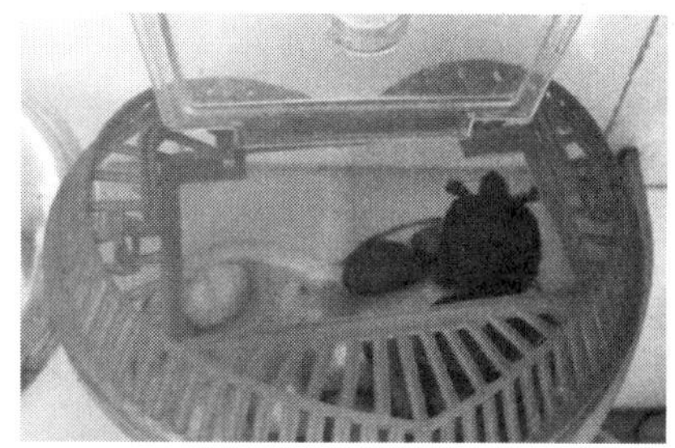

图 4－45　投放于自然角的小乌龟、小蝌蚪

图 4－46　自然角里的昆虫盒

图 4－47　根据主题家园共同收集或购买的科学探究角玩具

3. 美工区(红鼻子创意家)

理想中的美工区应该是多功能的,既可画画又可创作,既可游戏又可装饰,有利于激发幼儿参与环境创设的兴趣和积极性,获得各方面的美感、经验和情绪的体验。当然,美工区设置在光线充足的窗户旁,邻近语言区,是一个相对安静的区域,可以让幼儿集中注意力和专心创作。

(1) 墙面布置

依据美工区应“有空间可以保存并展示绘画作品”的原则,专门利用一面墙粘贴幼儿的作品,并把幼儿的作品或亲子作品进行组合、装饰,这些作品瞬间就成了一个个独特的艺术品。

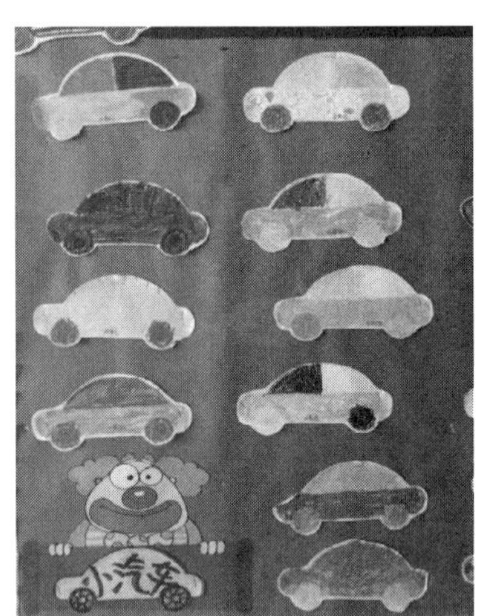

图 4-48　用幼儿作品和亲子手工作品装饰美工区的墙面

(2) 隔断

美工区的隔断也主要是区角柜和吊饰。根据美工区应“有充足的参考资料和启发资料”的原则,吊饰彩色的纱帘面向美工区的一面粘贴每月根据主题要进行创作的图片,这些图片能给幼儿创作的灵感。

(3) 投放材料

根据美工区应投放“美观的摆放材料,以吸引幼儿”的原则,将美工区分为装饰角、绘画角、手工角、合作角,每个角投放不同的材料。

装饰角:提供幼儿各种各样的彩色纸张、双面胶、剪刀、收集来的各种画册和图片、废旧纸盒和瓶子,让幼儿根据的自己的兴趣及正在进行的主题活动,将这些废旧纸盒等物品“改头换面”,用来布置环境,让其变废为宝。

图 4－49　利用美工区的纱帘展示幼儿美工作品

图 4－50　装饰角操作材料

图 4－51　幼儿和家长共同制作的手工作品

绘画角：提供给幼儿纸、记号笔和油画棒、颜料等，让幼儿进行命题或自由创作，幼儿可以自由自在地涂鸦、涂色、创作，感受自由表现的愉悦。

图 4－52　绘画角操作材料

手工角：提供彩泥、各种手工纸、步骤示意图、工具等。

合作角：两张椅子，一块黑板，各种颜色的粉笔以及一个黑板擦就成了幼儿们合作创作的小天地。在这里，老师鼓励幼儿与同伴合作，利用粉笔在黑板上作画。

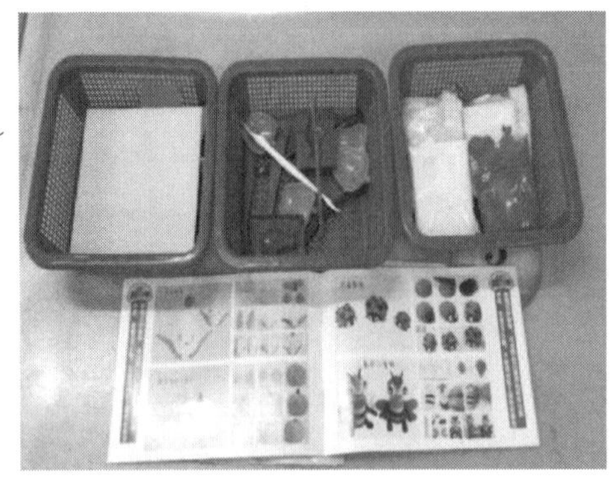

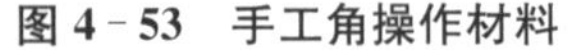
图 4－53　手工角操作材料

图 4－54　合作角的黑板

4. 生活区（大手掌能干人）

（1）墙面布置

生活区的墙面跟其他区有很大区别，它的墙面是教师的“小帮手”。各种生活自理步骤图和实物的提供让幼儿通过观察、摸索、实践掌握生活技能。

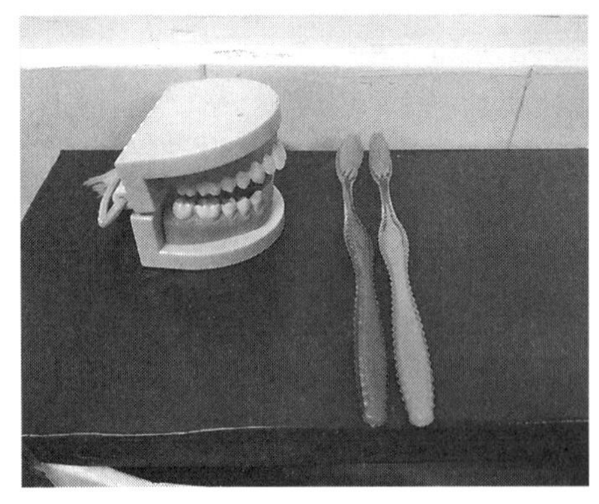
图 4－55　牙齿模型、牙刷

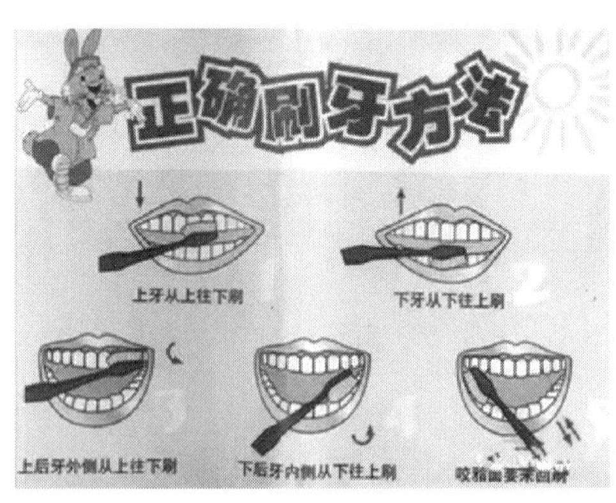

图 4－56　正确刷牙方法示意图

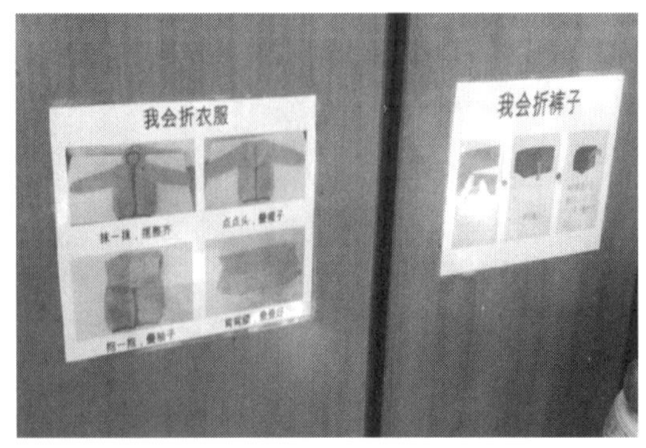

图 4－57　幼儿叠衣服、裤子的方法示意图

(2) 隔断

生活区的隔断很简单，就是不同主题的地垫和地面指示贴。

图 4－58　生活区的地垫分区

(3) 材料投放

生活区是一个在一定的情境下，运用生活经验，让幼儿有兴趣加入各项游戏的活动区。教师发动家长共同收集材料，精心布置：铺有小花桌布的餐桌、卡通餐桌、梳妆台、幼儿衣架、小餐厅、小厨房等。大小不同、颜色各异的纽扣、珠子、衣服、夹子、娃娃、摇篮等。真实的材料既锻炼了幼儿手指的灵活性又丰富了帮助他人、与人合作的情感体验。

5. 建构区(花裤子建筑师)

(1) 墙面布置

建构区的墙面利用各种房子的图形进行装饰，再在房子图形上粘贴各种图片(根据主题进行更换)。对于小班幼儿，鼓励其进行模仿建构，也鼓励其大胆想象，创造建构。墙面上的图片可供幼儿进行寻找、发现、探索、操作。

(2) 隔断

依据“建构区应该是一个半包围的区域”的原则，针对小班幼儿的年龄特点及发展表现情况，建构区主要是利用积木、薯片罐进行区域范围的规划和隔断。幼儿可以在此基础上进行再创造，也可以利用建构区的空地进行想象建构。小班幼儿善于模仿，小肌肉群不够发达，可以为他们提供体积大、便于取放、类别相同的建构材料；在地面铺设地垫，给幼儿构建一个比较舒适的环境，让幼儿可以坐在地垫上随心所欲地进行建构。

图 4－59　生活区的梳妆台、餐厅、厨房

图 4－60　丰富的操作材料

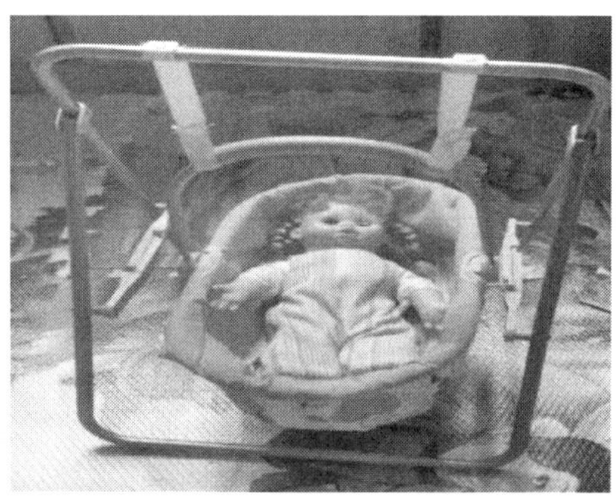

图 4－61　给娃娃穿衣服，摇娃娃睡觉

图 4－62　建构区的墙面布置

图 4－63　用地垫和大型泡沫积木进行隔断

（3）材料投放

投放的材料有积木、拼插玩具、废旧薯片罐、废旧纸盒、废旧瓶子等。这些材料都整齐地摆放在开放式的架子上，幼儿可以利用这些材料进行垒高游戏，也可以进行大型建筑物的建构，还可以进行小型的拼插游戏。

图 4－64　适合小班幼儿的丰富的建构材料

六、中班区域活动环境创设案例

案例名称：游览我的大长沙

设计者：湖南省长沙市芙蓉区教育局德政园幼儿园　张利蓉

（一）主题来源

一个高质量的区域应有清晰的目标，独具吸引力和美感，并提供符合幼儿发展水平的、有趣的且能互动的丰富材料，让幼儿乐在其中，自主选择，积极地投入活动。

图 4－65　大场景主题牌

阳春三月、万物复苏，一派春的景象中，家乡的春天尤为美丽，结合《多元整合幼儿园教育活动资源包》中班主题“我爱家乡”“绿色的春天”以及笔者所在幼儿园“宝贝去哪儿”大型主题室内混龄区域活动场景，确定了班级的大主题“游览我的大长沙”，旨在引导幼

儿认识“家”周围的环境，逐步培养幼儿学会遵守社会秩序，爱护公共设施，尊重他人劳动，关心家乡建设与发展，从而激发幼儿爱家乡、爱祖国的情感。

在创设环境的过程中以幼儿为本，为幼儿创造其喜欢的环境，促进幼儿全面发展。主要材料应环保健康，来源于生活，并服务于生活。

图 4-66 用压舌板装饰的各区域名称牌

（二）区域名称

以“游”长沙有代表性的人文景点来为各个区域命名。

语言区：畅游少儿图书馆。

科学区：自然角（踏游生态植物园）、科学区（遨游科技馆）。

美工区：洋湖私人画馆。

生活区：导游生活馆。

建构区：游历古城天心阁。

表演区：悠游红太阳演绎厅。

（三）亮点介绍

1. 突出区域之间的联动性

进区卡设计选取与大主题底板一致的装饰材料压舌板，配以图文并茂的温馨解说，戴手环，进出区域操作都很简便。

2. 材料来源于生活

材料来源于幼儿生活中常见的废旧物品，由教师、幼儿及家长共同收集。

3. 家长参与，亲子互动

让幼儿与家长参与设计、提供材料与作品、布置环境的全过程。比如充分利用幼儿的作品、亲子作业来布置区域，隔断区域。

图 4 - 67　便于操作的进区手环及区域提示

图 4 - 68　利用收集的塑料瓶调制春天的颜色(饮品)

图 4 - 69　幼儿在表演区自导自演《春天的精灵》

图 4 - 70　亲子作业——自制家乡的风景人文绘本

图 4－71　可更换内容的屏风隔断

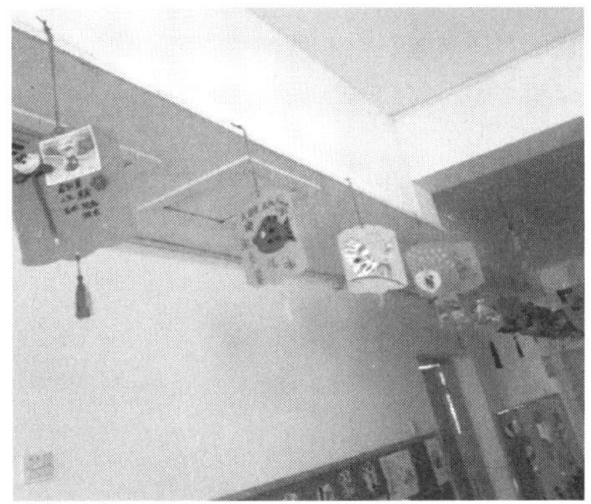

图 4－72　以亲子作业做吊饰渲染读书的氛围

（四）各区域环境介绍

1. 语言区（畅游少儿图书馆）

依据“动区”与“静区”避免互相影响的原则，将语言区设在教室中光线好且比较安静的角落，同时毗邻比较安静的美工区。墙上挂着幼儿的照片，地上铺着彩色的塑胶地垫，垫子上放着幼儿从家里带来的布绒玩具、沙发、茶几、靠垫，布置得像家一样温馨舒适。

图 4－73　温馨、宁静、舒适的阅读氛围

（1）墙面布置

墙上有有声图书，画面生动、色彩鲜艳的图书封面和喷绘画、图文并茂的进区提示，都给幼儿造成强烈的视觉冲击，吸引着幼儿的注意力，充分调动幼儿进区的兴趣。

图 4－74　绿色居多的背景和靠垫，保护幼儿的视力

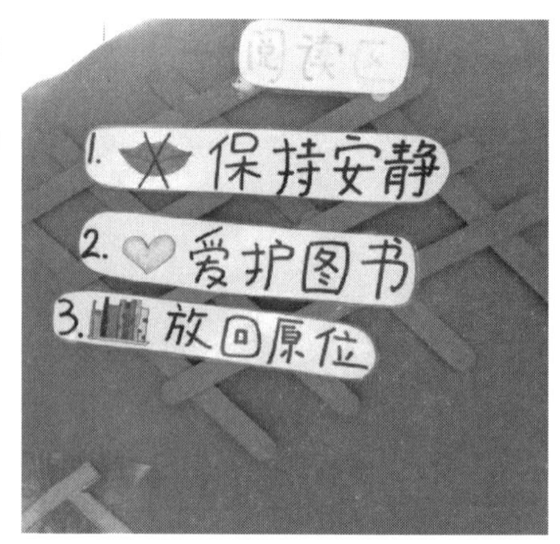

图 4－75　图文并茂的进区提示

(2) 隔断

隔断主要是区角柜和可移动的小书柜。小书柜可以根据幼儿的进区情况调整位置。书柜上共享的书籍大部分是幼儿和家长根据主题的需要，每月有计划、有目的地更新和补充的。

图 4－76　可移动的小书柜，可适时调整空间大小

图 4－77　幼儿和家长共同制作的湘绣绘本

(3) 材料投放

活动的"故事盒"是幼儿表演的舞台，放置有关于春天的故事的背景图、指偶、绒布动物、幼儿生活照片、字卡、布制的图书、有声图书、自制图书、小画板、笔等材料，幼儿可以在此写写、画画、说说。

图 4 - 78　有关长沙自然风景和人文景观的自制绘本

图 4 - 79　模拟长沙出土的简书自制的竹简书

2. 科学区(踏游生态植物园、遨游科技馆)

(1) 自然角的墙面布置及材料投放

自然角放置的植物以适宜盆栽的品种为主，不宜过分高大，宜选择颜色鲜艳、生命力强、具有较强观赏价值的常见植物，应该是无毒、无刺，不会对幼儿产生不良影响的品种。除盆栽植物外，还可选取花枝，师生共同进行艺术插花，其乐无穷。

图 4 - 80　观察、记录蘑菇的生长

图 4 - 81　用长沙市的市花杜鹃花进行插花

动物应选择个头小、管理方便，便于幼儿观察的种类，最好随季节变化适当更换种类。比较适合自然角饲养的动物有金鱼、蚕、小乌龟、河蚌、蚯蚓、蜗牛、青菜虫、小鸡等。

墙面创设随主题活动的开展而更新。

图 4－82　幼儿在水壶中饲养小蝌蚪

（2）数学认知角

① 墙面布置

由于数学认知角靠近窗台，所以，利用有限的空间张贴了幼儿测量长度的体验材料。

② 隔断

大部分的科学操作都会在桌面上进行，所以，数学认知角的主要隔断就是区角柜、桌子以及地面的不干胶线条，便于幼儿进行操作和记录。

③ 材料投放

各种棋类、拼图、科学游戏材料，如常用的磁铁、平面镜、放大镜、棱镜、电线、电珠、电池等，保证幼儿能够自由地、独立地选择各种材料进行操作活动。还可以为幼儿准备一些制作工具和制作材料，如手工工具、废旧物品等小型、简单的东西，结合教育活动，让幼儿进行科技小制作。

有关数学的操作材料：按数取物、几何形状、按规律排序、实物与数配对、看图自编应用题、数学棋、找单数双数游戏、测量工具等。

3. 美工区（洋湖私人画馆）

包括泥工、纸工（折、剪、撕、贴、玩）、绘画、涂鸦、废旧物品制作、纸形、涂色添画等。

（1）墙面布置

随着主题深入而变化。例如在主题活动“风筝满天飞”中，布置墙面的作品由平面风筝到骨架风筝模型，再到可以飞翔的风筝等。

图 4－83　教师自制的风力箱

图 4－84　自制拼图

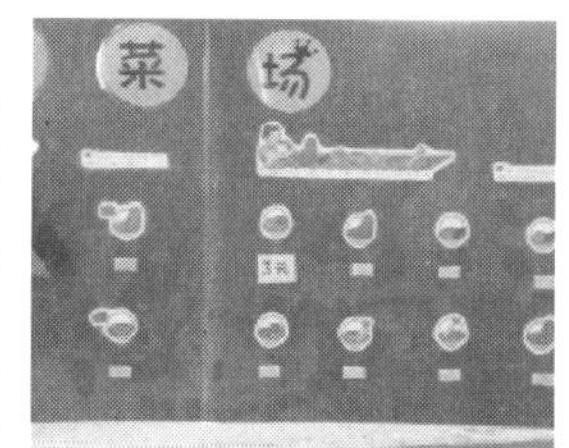

图 4－85　数学操作材料

图 4－86　平面风筝

图 4－87　骨架风筝模型

图 4－88　可放飞的风筝

（2）隔断

美工区的隔断也主要是区角柜和操作台、陈列柜。陈列柜上收集了幼儿平

图 4－89　隔柜做的展示台

图 4－90　材料陈列柜

时的手工作品，让幼儿很有成就感。

(3) 材料

蜡笔、彩笔、毛笔、颜料、棉签、剪刀、橡皮泥、彩色纸、皱纸、固体胶等工具性材料，核桃壳、蛋壳、一次性盆子、塑料小碗等半成品材料，以及柳条、树叶等随主题活动生成的材料。

图 4－91　幼儿带上柳条编织的帽子高兴极了

4. 生活区(导游生活馆)

生活区的活动包括动作技能学习，比如抓、推、转、倒、挤、夹、敲、剪等；生活自理能力学习，如穿脱衣服、整理衣物、梳头、系鞋带、洗手帕；照顾环境能力，比如折叠餐巾、分碗筷、切水果、刨瓜皮、浇花等。

图 4－92　父亲节给爸爸设计领带

(1) 墙面布置

充分发挥教师、家长、幼儿的聪明才智，将利于幼儿发展的游戏移至墙面上操作，既是一道风景，又利于幼儿发挥自主性。

(2) 隔断

生活区的隔断也主要是区角柜和操作台、陈列柜。区角柜里收集着幼儿平时用于操作的各种体验材料。

(3) 材料投放

系鞋带、拉拉链、洗衣服、操作筷子等的材料，水壶、锄头等工具。

图 4－93　幼儿在给娃娃编织美丽的辫子

图 4－94　陈列柜摆放幼儿体验生活的操作材料

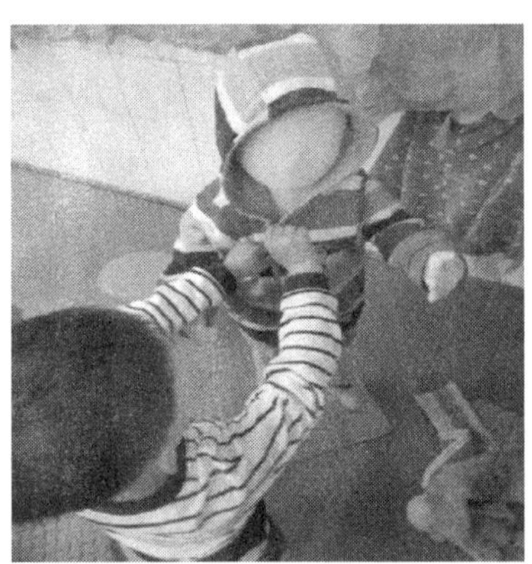

图 4－95　幼儿在生活区练习系鞋带、拉拉链

5. 建构区(游历古城天心阁)

(1) 墙面布置

建构区的墙面利用班级主材料压舌板仿制了长沙有名的景点建筑,与班级主题墙合二为一。同时,幼儿在各种搭建的房屋中也不断地更新主题相关的内容,不断地丰富经验。

(2) 隔断

考虑到建构区可以分成小型的桌面建构和大型的地面建构,因此用屏风和区角柜来隔区,给幼儿布置一个比较开放、舒适的环境。

(3) 材料投放

针对幼儿的年龄特点、兴趣,投放中型的雪花片、中型的实心积木、塑料彩色积塑、子弹头积木、百变积木等,以及一些成品和半成品的辅助材料,如纸杯、纸盒等。

图 4－96　建构区的墙面布置

图 4－97　亲子作业杜甫江阁

图 4－98　与表演区共用的屏风

图 4－99　隔区柜是材料柜也是展示柜

图 4－100　幼儿搭建的公园里的摩天轮

图 4－101　幼儿自主搭建“我居住的小区”

6. 表演区(悠游红太阳演绎厅)

(1) 墙面布置

发动家长资源,在墙上安装了一层消音的墙垫,并装饰出舞台的感觉。

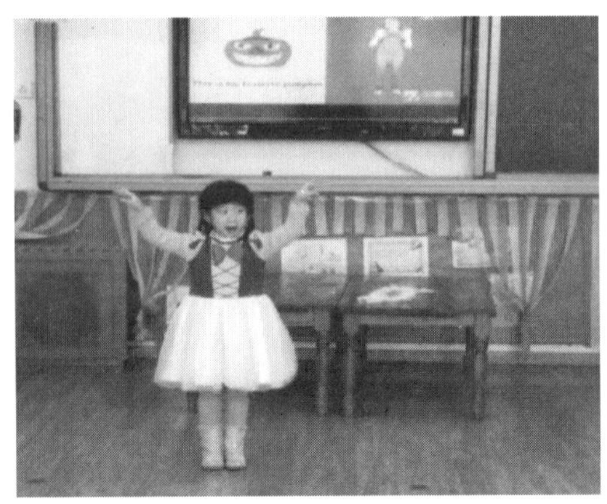

图 4－102　幼儿在舞台前表演《春天在哪里》

(2) 隔断

为了尽可能减少各区域的互相干扰,提供活动屏风作为隔断。此外可移动的服装架、梳妆台都可以用来自然隔区。

图 4－103　利用梳妆台隔出化妆间

图 4－104　可移动的服装架也是隔区的好帮手

(3) 材料投放

投放材料时,要选择与故事、儿歌、戏剧表演有关的有声设备和服装道具。

① 电源与录音设备

录音配备没有特别的要求，但考虑到安全，宜使用电源为干电池的设备。

② 成品与自制乐器

碰铃、手铃、双响筒、响板、铃鼓、三角铁、沙锤、木鱼、钗、锣、铝板琴等成品乐器；音阶瓶、皮筋琴、哑铃、木块、筷子棒等自制乐器。每次提供一到两种，然后不间断地更换。因为幼儿常常喜欢合奏，可选择重音、轻音配合协调的乐器同时投放。

图 4－105　幼儿在弹奏乐曲

图 4－106　隆重登台

③ 服饰道具

服装：少数民族服装、小动物服装、表演的纱裙等。

饰物：动物头饰、人物头饰、面具、花环、彩带等。

图 4－107　幼儿自己装扮

图 4－108　幼儿自导自演情景剧《春天的精灵》

道具：绸带、纱巾、扇子、花球、木偶、纸偶等。根据主题活动的开展投放的道具，如扇子、雨伞等。

区域活动并不是独立的教育活动，它是幼儿园整体教育的有机组成部分，因此我们将区域活动的环境创设与幼儿园的主题教学进行了有机的结合，既是有计划的也是不断调整变化的。这就要求一线教师不断关注幼儿的最近发展区，真正做到让环境说话，让环境影响幼儿的成长！

七、大班区域活动环境创设案例

案例名称：玉米之乡的秘密

设计者：湖南省长沙市芙蓉区教育局德政园幼儿园　何娉裴

(一) 主题来源

皮亚杰认为，儿童的认知发展在其不断地与环境的交互作用中获得。环境可以说是孩子的第三位老师，对孩子的影响不可低估。区域活动是在开放教育理念的影响下产生的，最能体现幼儿的本体性价值，在幼儿教育中占有举足轻重的地位。幼儿园开展区域活动能面向全体幼儿，幼儿在这里可以根据自己的兴趣、爱好自由选择操作材料，进行多种形式的学习，获得多方面的经验，这对于促进幼儿全面和谐发展具有重要作用。在幼儿园里，区域活动深受幼儿的青睐，这很大程度上是因为区域活动自由、宽松的氛围和丰富多彩的环境能给幼儿带来特殊的体验。幼儿在与同伴的相互作用中，真切地体验着各个角色的情感和态度，表现出极大的快乐和满足。

如何创设一个美观有序的、尊重幼儿发展差异的、支持幼儿持续发展的、属于幼儿自己的区域活动环境？如何使班级里的区域成为幼儿乐意参加的个性化学习的快乐天地？以下是实践中的一些思考。

大班的幼儿年龄均在5—6岁之间，幼儿表现为好奇、好问、好学，有意注意开始占明显优势。凡事都爱围着讨论，问为什么，更爱参与其中。他们能够表现较丰富多彩的形象和色彩，传达内心的愿望和情感，向人们述说自己的存在。所以，班级的环境创设要从幼儿的角度来考虑，尽可能提供各种操作性、探索性较强的环境来满足幼儿不同的需要。一次机缘巧合之下，笔者看到一篇文章《你知道吗》，其中就提到，玉米含有大量的维生素，多给幼儿吃玉米，不仅可以均衡营养，还可以帮助幼儿开发智力。而班级的幼儿普遍不太爱吃

杂粮，于是结合《多元整合幼儿园教育活动资源包》大班主题“身边的科学”，选择“玉米之乡”作为场景创设班级区域活动，旨在让幼儿了解“玉米之乡”的同时，明白粗粮能提供生长发育不可或缺的营养，要多吃粗粮，不能养成挑食的坏毛病。

(二) 区域名称

语言区：东三读书馆。

科学区：大岭植物角、铁北博物馆。

美工区：岭东画家村。

建构区：环岭搭建馆。

角色区：公主岭超市。

运动区：小小玉米地。

(三) 亮点介绍

1. 大小有别

即安排各区域空间大小时要区别对待，如人多、活动量大的表演区和建构区，要划出较为宽敞的空间。美工区以安静活动为主，安排小一些的空间。

图 4-109　角色区——公主岭超市

图 4-110　建构区——环岭搭建馆

2. 动静分开

即把热闹的表现性活动区与安静的欣赏性活动区分开，如将以阅读为主的语言区与建构区、角色区分开。

3. 有机组合

即把便于结合又相对不互相影响的活动区相邻而设，如把语言区和美工区相邻而设。

图 4－111　美工区——岭东画家村

图 4－112　语言区和美工区相邻

图 4－113　科学区和角色区相邻

(四) 各区域环境介绍

1. 墙面布置

活动室是幼儿学习、生活的主要场所，墙饰布置重点是特色化和主题化。教

师应根据大班幼儿的年龄特征和阶段性教育目标，与幼儿一起创设出直观的、形象的、具体的、可感知的教育环境，最大限度地调动幼儿的学习兴趣。如结合“身边的科学”这一教育主题，为了让幼儿感觉到自己处于“玉米之乡”，选用咖啡色纸作为主题背景墙材料，用玉米串和玉米粒来装饰。再如，在语言区墙上张贴玉米的图片，挂上玉米的吊饰，让幼儿们看看、说说（以播报员的形式进行解说），从中了解一些有关玉米的知识。

图 4－114　我身边的科学

图 4－115　我是播报员

图 4－116　玉米的生长

因本学期是大班的最后一个学期，幼儿受心理发展和客观环境的影响，产生了上学读书的强烈愿望，时刻流露出要成为一名小学生的美好愿望。所以创设了一面幼儿成长记录墙，记录老师与幼儿之间的约定和幼儿的每一个小进步。每有一个小进步，老师都会给幼儿奖励一张小贴纸，幼儿把贴纸贴在有自己照片的盘子上。这个盘子是幼儿和家长一起用玉米粒拼成的。边上设有日历墙，让幼儿每天进行记录，这样就可以让幼儿更直观地感受到自己快要上小学了。

图 4－117　日历墙

图 4－118　成长记录墙

2. 隔断

首先，设计各个区的标识，接着用吊饰和区角柜对各个区进行隔断，使各区界线分明，一目了然。

图 4－119　用风格统一的吊饰隔区

3. 各区域环境创设

(1) 表现性活动区的环境创设

大班幼儿思维活跃，常会别出心裁、突发奇想，他们越来越喜欢那些能满足想象和创造欲望的材料。将幼儿这一年龄特征融于环境创设中，也能使环境创设更富有童趣和新意。本班表现性活动区主要有美工区(岭东画家村)、建构区(环岭搭建馆)和角色区(公主岭超市)。各个活动区的材料倾向提供半成品或废旧物品。

① 美工区

美工区提供了六种颜料，并有调色碟，让幼儿在绘画时调试各种不同的颜色；还提供各种废旧材料如纸筒、饮料管、包装纸，各种颜色的色纸、吸管、蛋壳等，这样幼儿可以随意地、自由地去想象，去创造。

图 4 - 120　卫生纸筒创意作品

图 4 - 121　彩纸剪贴画

② 建构区

建构区的布置是否能充分发挥作用，最重要的便是材料的选择以及投放，材料的安全性、美观性、目标性、探究性等都是要考虑的因素。当然除了有材料外，还要在墙面上张贴一些有关主题教学的图片，这样更利于幼儿从玩中学和做。

③ 角色区

大班的幼儿，在情感、能力、态度和知识等方面个性日益凸显，因此教师更应该顺应其需要，做好角色环境创设。如为幼儿开设“公主岭超市”，设计售货员、收银员的角色，开设一个小小的银行，还发动家长和幼儿一起收集一些小学生的书本、铅笔盒等贴近幼儿生活、与主题相关的物品。

(2) 探索性活动区的环境创设

本班探索性活动区主要指科学区，分为“大岭植物角”和“铁北博物馆”。“大

图 4－122　建构区(环岭搭建馆)

图 4－123　角色区(公主岭超市)

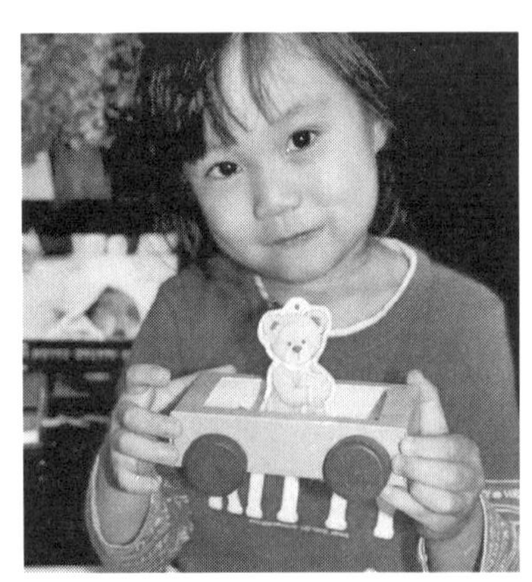

图 4－124　修补玩具小汽车

岭植物角”不但有欣赏类的植物，还有幼儿自己种植的植物，目的是让幼儿在自然角中种植玉米、管理玉米，用图片的形式来记录玉米发芽、长叶的过程、方式，以此掌握种植及管理的方法，从而具备一些粗浅的科学知识，同时也培养他们对种植活动的兴趣。

大班的幼儿开始能根据事物的本质属性进行初步的概括与分类，但还缺乏高一级的抽象概括能力。于是应把提高大班幼儿的计算能力融入于环境创设中，着重提高大班幼儿计算学习的方法与能力，如记录、统计、分类等。铁北博物馆摆放一些相关主题的材料，如结合主题“身边的科学”，请家长和幼儿一起收集一些旧玩具汽车，

让幼儿尝试修补,从中体验到修理好玩具的成就感。

(3) 运动性活动区的环境创设

教室外面有一块小小的空地,幼儿亲切地称它为“小小玉米地”。幼儿可以根据自己的兴趣,自主进行各种游戏,也可以利用球、圈、绳、棒、箱子、梅花桩等可移动运动器械进行游戏。这些材料的价值在于,每种材料有多种玩法,材料之间可以任意组合,具有可灵活使用的多功能性。

(4) 欣赏性活动区的环境创设

本班的欣赏性活动区即为语言区(东三图书馆)。图书馆提供了大量适合大班幼儿阅读的图书,并发动家长和幼儿一起制作与主题相关的自制图书,每周进行好书推荐,设立图书修补角等,为幼儿们创设了一个开放自主的阅读环境。

总之,怎样根据大班幼儿的年龄特点来创设最适合幼儿的环境,是教师要不断深化与研究的课题。幼儿园环境创设是一项复杂的工程,教师要搞好幼儿园环境创设,还要全面透彻地了解幼儿身心发展的特点,充分认识环境这一重要资源的教育价值,用科学方法引导幼儿和环境材料相互作用,最大限度地发挥环境的教育功能,全面、和谐、有效地促进幼儿身心健康发展,使环境成为幼儿的另一位“老师”,永远伴随着幼儿的兴趣,支持着幼儿的学习!

八、混龄区域活动环境创设案例

设计者:湖南省长沙市芙蓉区教育局德政园幼儿园　钟炼真

《指南》明确指出,幼儿园“要珍视游戏和生活的独特价值,创设丰富的教育环境,合理安排一日生活,最大限度地支持和满足幼儿通过直接感知、实际操作和亲身体验获取经验的需要”。随着幼儿教育改革的不断深入以及学前教育界对幼儿自主学习重要性认识的日益加深,区域活动已经成为幼儿园课程的一个重要组织形式广泛开展。这种个别化的教育形式尊重了幼儿的个体差异,满足了幼儿个体发展的需要,成为幼儿在园所喜欢的活动形式。每一个学前教育工作者都在思考,如何在尊重幼儿的前提下把握发展与教育并存的契机,创设适合幼儿发展的区域活动课程。如何通过区域活动最大限度地支持和满足幼儿的需要?我园也围绕区域活动,尤其是混龄区域活动进行了研究。混龄区域活动是幼儿园区域活动的一种特殊的组织形式。它是指幼儿在一定的活动区域内自主自愿的游戏活动，它可以打破年龄、班级界限，扩大幼儿之间的接触与交往，使他们在活动过程中相互影响，共同提高与发展，同时也能满足幼儿多方面的需要，充分体现幼儿是活动的主人。下面将分别以室内混龄区域活动“宝贝去哪儿”和户外混龄区域活动“快乐大本营”的环境创设入手进行案例介绍。园所的园情不同，方式方法就有不同，在此抛砖引玉，希望能给幼教同行们一点思考、一点借鉴。

（一）室内混龄区域活动“宝贝去哪儿”环境创设

本园为小区配套设施，相对来说缺乏功能室，为了给幼儿创设一个广阔的游戏天地，2014 年，本园结合各年龄段幼儿特点，选取幼儿生活中最感兴趣的场景，虚构游戏情境，开展室内混龄区域活动“宝贝去哪儿”于每周五上午进行一次实践活动。

1. 我的区域空间我做主

教师在规划游戏空间时要考虑本园、本班、不同年龄幼儿的具体情况，应注重引发幼儿个体、同伴间自主、有意义的游戏与学习活动。在区域规划前，教师采用多种形式来征集幼儿的意愿，先带幼儿观察教室与户外，如带幼儿参观一所毛坯房，让他们想象一下在这个空间可以做什么，哪些东西可以用来做隔断，围成一个游戏区。幼儿七嘴八舌地说了很多想法，甚至有幼儿提议以小组的方式绘制区域游戏的“平面图”，然后一起投票决定哪种方案好，教师欣然接受并予以支持。

2. 我的区域环境我做主

创设的游戏环境归根到底是给幼儿玩的，游戏前让他们参与准备材料，创设环境，教师更多地充当鼓励者、指导者。混龄区域活动“宝贝去哪儿”主题来源于幼儿喜爱的亲子真人秀节目《爸爸去哪儿》。教师组织幼儿结合班级月主题，选取《爸爸去哪儿》中符合自己班特点的经典场景进行规划并创设相应的游戏环境。幼儿自己设计的主题活动徽，灵感来源于园所 Logo“毫无保留的爱”，把生活中最爱的摩天轮、果园、舞台、涂鸦都融合在这里。

图 4－125　主题活动徽

教师和幼儿一起根据方案图搬桌

子、移柜子、挂吊饰、做隔断。自己的游戏天地自己“装修打扮”。图画、图示都交给小主人，教师只负责在区域牌上贴上汉字，以示区分。以下是一张室内混龄区域活动的月构想表，第二列是月主题，第三列是具有班级特色的游戏场景，第四列是区域类别，第五列是对应的区域名称。

“宝贝去哪儿”混龄区域活动设计表（2017年3月）

班　级	月主题	场　景	区域类别	区　域　名　称	所在楼层
大一班	我生活的周围	太阳系的旅行	建构区	土星建筑群	三楼
			美工区	水星设计宫	
			语言区	金星脱口秀	
			科学区	土星科技馆　地球生态园	
			生活区	海王星急救舱	
大二班		零食满屋	建构区	甜蜜建筑师	
			科学区	甜蜜探索　甜蜜成长	
			美工区	甜蜜工坊	
			语言区	甜蜜书海	
			表演区	甜蜜剧场	
大三班		玉米之乡的秘密	语言区	东三读书馆	
			美工区	岭东画家村	
			生活区	公主岭超市	
			科学区	铁北博物馆　大岭植物角	
			建构区	环岭搭建馆	
中一班	我的家乡	游览我的大长沙	建构区	游历古城天心阁	二楼
			科学区	遨游科技馆　踏游生态植物园	
			表演区	悠游红太阳演绎厅	
			语言区	畅游少儿图书馆	
			美工区	兴游洋湖私人画馆	
中二班		魅力中国	科学区	上海科技馆　南京鼓楼公园	
			表演区	北京戏曲学院	
			生活区	长沙火宫殿	

（续表）

班 级	月主题	场 景	区域类别	区 域 名 称	所在楼层
中二班	我的家乡	魅力中国	美工区	西安农民画	二楼
			语言区	天津图书馆	
			建构区	重庆建工	
中三班		我爱海立方、海世界	美工区	海洋设计坊	
			语言区	海洋故事	
			建构区	海洋工程师　海洋饲养员	
			科学区	海底总动员	
			生活区	海洋美食城	
小一班	可爱的动物	花之城	建构区	朽木生花	一楼
			科学区	五花八门　奇花异卉	
			美工区	妙笔生花	
			语言区	花言巧语	
			生活区	花花世界　柳暗花明	
小二班		超级马戏团	建构区	花裤子建筑师	
			科学区	黑眼睛探索者　马戏团花草园	
			语言区	阔嘴巴演说家	
			美工区	红鼻子创意家	
			生活区	马戏团之家	
小三班		森林狂响曲	建构区	狮子堡	
			语言区	森林书吧	
			生活区	动物之家　树屋	
			科学区	猩猩探秘	
			美工区	孔雀坊	

围绕开学就定好的教育教学主题，每个班都选《爸爸去哪儿》中的一个场景为班级的主题进行命名。以大班为例，上学期三个班分别选取“方特”“苗寨”和“呼伦贝尔大草原”三个场景，而本学期三个班选取的场景则是“太阳系的旅行”“零食满屋”“玉米之乡的秘密”。场景一旦确定，教师就开始结合教学主题和幼

儿一起讨论，规划游戏空间，商量、制定游戏规则，并搜集、整理游戏材料来创设游戏环境了。于是大一班的建构区成了土星建筑群，美工区成了水星设计宫，语言区成了金星脱口秀……总之，游戏环境的创设全过程都随处可见幼儿忙碌的身影。

3. 我的区域规则我做主

开学第一个月，每班都围绕“我们的约定”和幼儿一起商量、制定一日活动规则。教师的介入和引领，让幼儿更明确游戏规则，在规则中游戏，从而保障其更加自由、有序地学习。在打破年龄与班级、打破楼层的游戏中，要合理使用游戏任务卡，尽量关注每个幼儿，避免可能会出现的意外。幼儿少数服从多数，大、中、小班分别选取黄、红、绿为主色调，平行班则以颜色深浅来区分。教师综合幼儿的意见制作任务卡，在背面贴上即时贴，记录幼儿的活动表现。大班的幼儿还能通过任务卡帮助中、小班的幼儿安全回班，培养其责任感。

图 4 - 126　游戏任务卡

4. 我的区域材料我做主

“一班一主题，一班一主材”，教师根据幼儿的需要配备部分游戏材料，并把搜集更多材料的机会给幼儿。只要是生活中有的，统统都被他们当作宝贝带来。于是，废旧报纸、树枝丫、彩带、糖纸、玉米、花朵、压舌板等生活中随处可见的材料就成了各班各具特色的主要材料。教师和幼儿一起商量：结合这个主题，我有什么想玩的？我有什么好玩的？可以和大家一起分享什么？大班月教学主题是"我生活的周围"。大三班的环境创设其实特别简单，但在混龄活动中人气总是很旺。究其原因，大三班的教师用生活中随处可见的玉米——玉米棒、玉米粒、玉米粉、玉米秆甚至玉米糖，和幼儿一起打造了一个他们百玩不厌的"玉米之乡"。在"公主岭超市"游戏时，幼儿提出还可以开展大促销、买儿送儿的活动，于是收集来各种玉米制品包装，简单的游戏瞬间生动丰富起来。

图 4－127　一班一主题，一班一主材

随着活动的开展和主题的深入，材料越来越丰富，教师认真观察分析幼儿各年龄段的发展水平，为幼儿设计、提供不同层次的材料，由易到难，不断更新，使每个幼儿在成功后不断向更高层次发展。在这个过程中，幼儿的美工作品也演变成了新的游戏材料。比如中班月主题是"我的家乡"，结合场景"游览我的大长沙"，家长和幼儿一起收集压舌板，并以此为主材料创设了游戏环境。随着主题的深入，建构区中本班幼儿拼搭的"杜甫江阁"成了混龄活动中其他班幼儿建构时"不会说话的教师"。而美工区中的自制竹简又被幼儿投放到语言区"畅游少儿图书馆"中。幼儿对各种自制竹简爱不释手，提议借回班级，于是自制书的借阅规则和借阅表应运而生。小班幼儿欣赏书，中班幼儿讨论书，大班幼儿

管理书，每个幼儿都能有表现自我与获得成功的机会，也很享受这种当家作主的美妙感觉。

5. 我的区域内容我做主

教师还发现，游戏过程中越尊重幼儿，越注意细节，效果会越好。例如，小班在“花之林”开辟了一个小小的生活区，简单的一个小帐篷，幼儿可以在这儿静静地待会儿，也可以在这儿和朋友聊聊天、说点私密话。再如，结合主题“我的家乡”，中一班幼儿一起收集了长沙市的市花杜鹃花，展开赏花、识花、插花、养花系列活动；中二班认识农民画、制作农民画、欣赏农民画等活动也开展得热闹非凡。幼儿佩戴着写有自己班级和姓名的任务卡选择自己中意的场景和区域进行游戏，自己决定去哪儿玩，和谁一起玩，玩什么以及如何玩。他们在游戏中表现出的积极主动、认真专注、敢于尝试等良好的学习品质让人惊喜。

如何让幼儿在游戏中有安全感，能积极地参与，并在真实的解决问题的情境中获得个性化的学习与发展极其重要。从实践来看，新入园的小班幼儿大概需要两个月的时间来了解游戏规则，从而逐步适应本班的区域活动，然后才能尝试混班区域活动，接着进行混龄区域活动。教师也通过混年级组合的方式来尽可能地关注每个幼儿。以单周的中三班为例，在“海世界”的场景里有中班的主教老师、小班的配教老师和大班的保育老师。这样无论幼儿选择到几楼参与游戏，都会看到自己熟悉的教师，他们就可以安心地参与游戏，体验游戏带来的新鲜感和满足感了。此外，为了避免幼儿在上、下楼和换区过程中出现意外，在每个楼层还增设了楼长这一角色，幼儿在活动中遇到任何问题可以向楼长请教或寻求帮助。

（二）户外混龄区域活动“快乐大本营”环境创设

《指南》中指出，幼儿体育目标应通过多途径、多形式的活动来协同完成。幼儿园可根据园内场地、设施等实际条件，将运动区域与周边环境进行有效结合，以幼儿身体基本动作发展为基础，创设各种活动区域，支持幼儿在活动过程中打破年龄、班级界限，自主自愿地在一定的活动区域内游戏，相互影响、共同提高与发展。户外混龄区域活动是幼儿园体育活动的一种特殊的组织形式，是对幼儿园基本的体育活动形式的一种补充。

1. 指导思想

陈鹤琴曾一再强调，“活教育的教学应着重于室外的活动，着重于生活的体验”。通过多年实践，教师普遍感到仅靠单一的体育教学活动是无法完成体育教学目标的，幼儿体育应通过多种途径来开展。笔者所在的幼儿园为小区的配套设施，室内活动空间有限，而户外的面积相对较大，且有草地、水泥地、沙池、柏油操场、小山坡等复杂丰富的自然环境。在陈鹤琴“活教育”思想的指导下，幼儿园以“快乐大本营”为主题，全园参与策划，合理利用幼儿园的每一寸户外空间，开辟了一个幼儿们喜欢的“快乐大本营”，每周四下午开展户外混龄区域活动的实践与研讨。根据幼儿动作发展特点与户外活动要求，结合地形特点将幼儿园户外场地划分为若干个不同的区域。户外混龄区域的环境创设能最大限度地支持和满足幼儿通过直接感知、实际操作和亲身体验获取经验的需要。教师充当幼儿的支持者、帮助者、引导者来组织活动，让幼儿在开放的环境下自主选择内容丰富的游戏，促进幼儿愉快、充实、健康地成长。

2. 创设过程

(1) 科学制订计划

首先结合教育总目标，确立阶段性的目标和重点。其次，在月、周的活动目标中逐步提高要求，有明确的目的性和切实的针对性。可以从两个方面来制订户外区域活动目标：一方面，培养幼儿对运动的兴趣，让幼儿积累运动经验，增强幼儿体质，培养他们的综合运动能力是户外区域活动的核心目标；另一方面，在幼儿与同伴、运动环境发生交互作用的过程中，要培养幼儿对人、对事、对物的正确态度，使他们养成良好的行为和习惯，例如团结友爱、互助合作、遵守规则、有责任意识和安全意识、讲卫生等。

(2) 创设适宜环境

户外混龄区域活动的环境创设与活动材料的投放必须考虑幼儿的年龄、能力以及兴趣的差异。活动区域的设置要统一布局、合理规划。

以幼儿身体基本动作发展为基础，以园所户外地形条件为依据，可将户外区域分为传统体育区、种植区、投掷区、钻爬区、跑跳区、平衡区、大型玩具区、车区、球类区九种运动区域类型，各种小活动区域又可合并划分为“快乐游戏营”“活力车友营”“亲子爱心营”和“迷彩训练营”四个大区域。各区域之间要保持一定的距离且有明显的区域标志和确定的活动范围，这样既有利于幼儿选择区域，也有利于幼儿在换区域活动时作适当的身体调整。设置区域时还应考虑到幼儿个体的差异性，可以开辟两个休憩区，幼儿中途可以在此休息、补充水分等。

图 4－128　“休憩小港”

前坪的“快乐游戏营”，为幼儿提供了打陀螺、挑小棍、舞龙、跳房子、踢毽子、抬花轿等丰富的民间游戏材料，幼儿可以自由选择材料在相应区域内自主游戏。

“快乐游戏营”环境创设一览表

地点	游戏名称、可容纳幼儿人数、规则	投放材料及数量
前坪	游戏：打陀螺　人数：3 人 规则： · 戴红色手环进区。 · 在场地上划分的指定区域打陀螺。 · 取放陀螺时有序排队。 · 小鞭子不要打到自己与身边的朋友。 · 活动结束后，将材料有序摆放整齐，并将红色手环放在指定的筐子里。	红色手环 3 个 陀螺 3 个
	游戏：拍洋画、挑小棍　人数：20 人 规则： · 戴红色手环进区。 · 幼儿自由组队，自主参与拍洋画等游戏。 · 取放洋画时有序排队。 · 活动结束后，将材料有序摆放整齐，并将红色手环放在指定的筐子里。	红色手环 20 个 洋画若干 棍子若干
	游戏：舞龙　人数：20 人 规则： · 戴红色手环进区。 · 幼儿自由组队，选择喜欢的龙，在指定的区域内进行舞龙游戏。 · 取放舞龙材料时要有序排队。 · 游戏结束后，将材料有序摆放整齐，并将红色手环放在指定的筐子里。	红色手环 20 个 龙(用饮料瓶或大矿泉水瓶自制)1 条 和气龙(用纸盒和布自制)1 条 龙珠(自制)1 个 大鼓 1 个

（续表）

地点	游戏名称、可容纳幼儿人数、规则	投放材料及数量
前坪	游戏：跳房子　人数：10 人 规则： · 戴红色手环进区。 · 在指定的区域内选择房子进行单脚跳、双脚跳游戏。 · 在游戏时能有序排队，不推不挤。 · 游戏结束后，将材料有序摆放整齐，并将红色手环放在指定的筐子里。	红色手环 10 个 地面房子图案 3 幅
	游戏：踢毽子　人数：8 人 规则： · 戴红色手环进区。 · 自由取材料，在指定的区域内进行游戏。 · 取放材料时要有序排队。 · 游戏结束后，将材料有序摆放整齐，并将红色手环放在指定的筐子里。	红色手环 8 个 悬挂毽子若干 毽子 15 个
	游戏：滚铁圈　人数：3 人 规则： · 戴红色手环进区。 · 自取材料，在指定的区域内滚铁环。 · 取放材料时要有序排队。 · 游戏结束后，将材料有序摆放整齐，并将红色手环放在指定的筐子里。	红色手环 3 个 铁圈 3 个
	游戏：跳橡皮筋　人数：16 人 规则： · 戴红色手环进区。 · 幼儿自由取橡皮筋，在指定的区域内进行游戏。 · 取放材料时要有序排队。 · 幼儿自由组队，两人或三人一组。 · 游戏结束后，将材料有序摆放整齐，并将红色手环放在指定的筐子里。	红色手环 16 个 橡皮筋 6 对
	游戏：踩高跷　人数：15 人 规则： · 戴红色手环进区。 · 自由取材料，在指定的区域内踩高跷。 · 取放材料时要有序排队。 · 游戏结束后，将材料有序摆放整齐，并将红色手环放在指定的筐子里。	红色手环 15 个 高跷 15 个

（续表）

地点	游戏名称、可容纳幼儿人数、规则	投放材料及数量
前坪	游戏：抬花轿　人数：6 人 规则： · 戴红色手环进区。 · 一人当新娘坐轿子，四人抬轿子。 · 取放材料时要有序排队。 · 游戏结束后，将材料有序摆放整齐，并将红色手环放在指定的筐子里。	红色手环 6 个 自制轿子 1 顶 鼓 1 面 喜气的音乐若干首

图 4－129　用大饮料瓶制作的可乐龙

图 4－130　用纸盒制作的和气龙

“活力车友营”绕园而建，在园所最外圈开辟行车道，为幼儿施展车技提供足够的空间。提供自行车、三轮车、滑板车、小推车等各种各样的童车供幼儿选择。活动为幼儿创造了各种角色扮演的机会（如运送货物的司机、警察、加油站工作人员），提供仿真的场景和道具（如交通标志、加油站），满足了幼儿社会体验的需求。

图 4－131　抬花轿

“活力车友营”环境创设一览表

<table>
<tr><th>地点</th><th>游戏名称、可容纳幼儿人数、规则</th><th>投放材料及数量</th></tr>
<tr><td rowspan="5">沿幼儿园围墙外圈</td><td>游戏：马路上　人数：35 人
规则：
· 戴好绿色手环，在指定区开始游戏。
· 观察地面标识，按箭头方向骑车。
· 遵守交通规则，看清交警手势及红绿灯进行游戏。
· 控制车速，按要求停放车辆。
· 行人过马路时，走人行道。</td><td rowspan="5">绿色手环 70 个
交警服饰 5 套
仿真交通信号灯 2 套
交通标志牌若干
儿童自行车 26 辆
自制加油机器 4 个
加油站工作牌 5 块
手推车 6 辆
四轮滑板车 4 辆
踩车 10 辆</td></tr>
<tr><td>游戏：扮演交警　人数：5 人
规则：
· 戴好绿色手环，在指定区开始游戏。
· 模仿交警的样子指挥交通。
· 疏导交通。</td></tr>
<tr><td>游戏：扮演加油站工作人员　人数：10 人
规则：
· 戴好绿色手环，在指定区开始游戏。
· 为要加油的车子进行加油。
· 主动使用礼貌用语。</td></tr>
<tr><td>游戏：运输线　人数：10 人
规则：
· 戴好绿色手环，在指定区开始游戏。
· 根据直线、曲线等路线，依次运输粮食。
· 游戏结束时，把车子放至指定区域。</td></tr>
<tr><td>游戏：踩踩乐　人数：10 人
规则：
· 戴好绿色手环，在指定区开始游戏。
· 手和脚保持协调向前行进，注意安全。
· 游戏结束时，把车子放至指定区域。</td></tr>
</table>

“亲子爱心营”中设置了“沙池扫雷”“护绿小分队”“奇思妙画”“球球宝贝连”“勇敢者”“穿越火线”“海宝战队”以及滑滑梯等诸多游戏，体现出教师在有限空间里充分挖掘教育资源的创意和智慧。

图 4－132 自制加油站

图 4－133 运输小达人

图 4－134 穿隧道

图 4－135 过山坡

图 4－136 过马路

“亲子爱心营”环境创设一览表

地点	游戏名称、可容纳幼儿人数、规则	投放材料及数量
沙池	游戏：沙画、沙池扫雷、淘沙　人数：30 人 规则： · 佩戴黄色手环进入沙池。 · 自由选择游戏项目： 沙画：幼儿选择盒子，粘好双面胶；装好沙子，用树枝绘画。 沙池扫雷：幼儿扮演埋雷士兵，用挖沙工具把雷（易拉罐）埋在沙池里，并插上旗子。其他幼儿扮演扫雷士兵，根据旗子提示用挖沙工具挖出雷。挖出雷的士兵把雷放到篮子里。 淘沙：用铲子将沙子装进簸箕里，把碎石筛出来。 · 文明玩沙者可以获得贴纸一枚。 · 游戏结束时，共同收拾好挖沙工具。	黄色手环 30 个 挖沙工具若干（置于水池边的水桶里） 雷（易拉罐）30 个 旗子 30 面 玩沙盒子 8 个 双面胶 4 卷 树枝 8 根 簸箕 10 个

（续表）

地点	游戏名称、可容纳幼儿人数、规则	投放材料及数量
希望地 芳草园	游戏：护绿小分队　人数：45 人 规则： · 佩戴黄色手环进入场地。 · 按照图示种植植物。 · 为植物浇水后，及时插上爱心标签。 · 使用工具时，注意安全。 · 观察、照顾植物时，及时填写观察记录。 · 活动结束后，将工具放回原处，并将地面的废弃物扔进垃圾桶，保持环境整洁。	黄色手环 45 个 小锄头若干 小铲子若干 小剪刀若干 浇水壶 2 个 自制浇水壶 35 个 自制种植杯 35 个 爱心标签若干
水幕墙	游戏：奇思妙画　人数：20 人 规则： · 佩戴黄色手环进入场地。 · 大胆使用各种材料，合理布局画面。 · 活动后把活动区清理干净，把绘画材料及工具送回家。	黄色手环 20 个 水粉笔若干 各色颜料若干 水桶若干 绘画服 20 件
操场	游戏：球球宝贝连　人数：45 人 规则： · 佩戴黄色手环进入场地，自主选择球。 · 大胆地用多种方法玩球。 · 选择合适的距离排队轮流投篮，投完后继续排队再投下一球。 小班篮筐高度：1—1.5 米 中班篮筐高度：1.5—2 米 大班篮筐高度：2—3 米 · 幼儿分成两队，用拖把将软门球扫入各自球框内，规定时间内扫入球多的一组胜。 · 多动脑筋思考，用障碍物创造多种玩法。	黄色手环 45 个 自制投篮布 1 块 粘粘球若干 篮球若干 足球若干 软门球 10 个 篮筐 3 个 渔网 3 个 拖把 10 个
滑滑梯	游戏：滑滑梯　人数：70 人 规则： · 佩戴黄色手环进入场地。 · 只能坐着从上滑下来。 · 不能从滑梯往上走。 · 每个进出口都要排队慢慢走。	黄色手环 70 个 大型滑滑梯 2 座
攀岩墙	游戏：勇敢者　人数：40 人 规则： · 佩戴黄色手环进入场地。 · 游戏时不推挤，慢上慢下，注意安全，大班的幼儿要谦让。 · 活动结束后将手环放在指定位置。	黄色手环 40 个 组合攀岩墙 1 座

（续表）

地点	游戏名称、可容纳幼儿人数、规则	投放材料及数量
凉亭	游戏：穿越火线　人数：10 人 规则： · 佩戴黄色手环进入火线区内。 · 身体的任何一部分触碰火线，铃铛摇晃发出声音视为受伤，退出火线区。 · 进入安全区之前也要避免身体碰到火线，炸弹爆炸还没有进入安全区的视为受伤，并退出火线区。	黄色手环 10 个 红、绿色毛线各 1 捆 铃铛 20 个
小山坡	游戏：海宝战队　人数：30 人 规则： · 佩戴黄色手环，有序地去篮子里领取战队披风，分为红队和蓝队。 · 所有披风战士站成一排，最先抓住旗杆的队伍留在山坡上。 · 另一披风战队的队员站在山坡下用炸弹球攻击山顶的披风战队。 · 被炸弹球打到的战士自觉下来站到休息圈内，直到所有的战士全被打中，下一轮争夺旗子大战开始。	黄色手环 30 个 红、蓝两色披风各 15 件

图 4－137　水幕墙

图 4－138　淘沙

“迷彩训练营”设在北面的草地，给幼儿与教师带来了无限的挑战。梯类器械的投放挑战的是幼儿的冒险精神与教师的智慧。我们根据钻、爬、跳、平衡等不同动作的发展要求设置了“极速前进”“迷彩堡”“飞跃黄河”“步步惊心”等游戏。

图 4-139　拖把球——两军对垒

“迷彩训练营”环境创设一览表

<table>
<tr><th>地点</th><th>游戏名称、可容纳幼儿人数、规则</th><th>投放材料及数量</th></tr>
<tr><td rowspan="4">北面草坪</td><td>游戏：极速前进(爬)　人数：10 人
器械：泡沫垫
规则：
小班：有序地跪地爬。
中班：有序平稳地膝盖悬空爬，挑战匍匐前进爬。
大班：有序地以跪地爬、膝盖悬空爬、匍匐前进爬等多种方式爬行。
器械：梯子
规则：
小班：缓慢走过放置于地面的梯子边缘。
中班：有序、缓慢、手脚并用地攀爬梯子。
大班：有序、平稳、手脚灵活地攀爬软梯。</td><td>蓝色手环 10 个
泡沫垫 6 块
木质梯子若干
软梯(横/竖)各 2 架</td></tr>
<tr><td>游戏：迷彩堡(投掷)　人数：18 人
规则：
结伴组队，分队进行对击打。</td><td>蓝色手环 18 个
轮胎 18 个
沙包 2 筐</td></tr>
<tr><td>游戏：快乐射击　人数：5 人
瞄准靶子进行射击，注意不对着他人射击。</td><td>蓝色手环 5 个
靶子 5 个
安全飞镖 5 个</td></tr>
<tr><td>游戏：飞跃黄河(跳)　人数：10 人
器械：蹦蹦床
规则：
每个床最多俩人玩，平稳地蹦跳。
器械：呼啦圈、跨栏
规则：
双脚并拢依次跳进呼啦圈中间，再跳出去。</td><td>蓝色手环 10 个
蹦蹦床 4 张
呼啦圈若干
跨栏器械若干</td></tr>
</table>

（续表）

地点	游戏名称、可容纳幼儿人数、规则	投放材料及数量
北面草坪	游戏：步步惊心（平衡）　人数：10 人 器械：高低平衡木（小班） 规则： 双手侧平举，有序地走过低矮的平衡木。 器械：梅花桩（中班） 规则： 双手侧平举，有序、平稳地走过梅花桩。 器械：跷跷板（大班） 规则： 四人合作，平稳地玩跷跷板。 器械：旋转锅 规则： 可大带小，两人合作，一人在锅里，一人帮助旋转。	蓝色手环 10 个 高低平衡木 1 组 梅花桩若干 跷跷板 4 架

图 4－140　迷彩堡

图 4－141　极速前进

图 4－142　软梯大作战

图 4－143　快乐射击

图 4－144　跷跷板

图 4－145　旋转锅

图 4－146　拱门

(3) 投放适宜材料

除了利用现有的运动器具，如大型玩具、小山坡、沙池等之外，还要鼓励教师就地取材、废物利用。同时，材料投放还要注意以下几点：

① 材料的游戏性

这点对小班尤为重要。如在玩球区，教师可以投放自制保龄球、桌球等让幼儿在游戏的情景中进行体育锻炼。而在平衡区的吊桥下，则可以放置几个栩栩如生的鳄鱼玩具，暗示“桥下有危险”，一定要走稳走好。

② 材料的挑战性

体育运动中形式多样、富有挑战性的活动，不但吸引幼儿主动参与，更能培

养幼儿大胆、自信、勇敢的个性心理品质，材料的挑战性尤为关键。如自制组合玩具“快乐跑、跳、跨”，可根据幼儿年龄特点和个体差异灵活调整高度，让材料始终具有一定的挑战性。

③ 材料的层次性

锻炼材料不仅要吸引幼儿，而且应常换常新、动态循环，努力为不同发展水平的幼儿提供适宜的锻炼空间。例如，在钻爬区摆放的障碍物要有高有低，这样才能满足不同年龄段幼儿活动的需要；投掷区要提供各种大小、重量不等的投掷物（纸球、沙包、皮球等），投掷线有远有近，幼儿可以根据个人喜好站位；平衡区内创设摇椅组、平衡木组、梅花桩组，而梅花桩又有不同的型号，有难有易，让幼儿根据自我发展水平自主选择。

图 4－147　自制雷

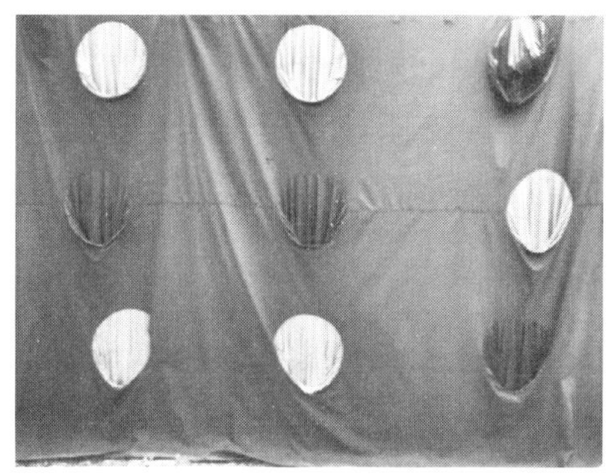

图 4－148　高低不同的投篮布

图 4－149　芳草园已浇水爱心指示牌

“快乐大本营”的户外混龄区域活动将课程、环境创设、人文资源、教育手段及幼儿的发展等各方面进行了有机整合。如户外的“涂鸦天地”“奇思妙画”将童心童画课程进行了无限的拓展，“迷彩训练营”对体能课程进行了延续，“快乐车友营”提供了生动的社会课程，“亲子爱心营”“快乐游戏营”的建成让家园共育无缝对接……幼儿们的真实、可爱、个性在游戏细节中一一展现；幼儿的生活经验、游戏经验、艺术经验在这样的环境中不断丰富。在这个过程中，园所的各种色彩、线条与造型有机组合，形成充满生命力的课程内容，环境与文化、结构和功能构成了一个整体，使幼儿在游戏中获得能量，茁壮成长。

第五章

幼儿园区域活动的过程设计

本章阐述区域活动从开始准备到活动结束的一般流程。因为区域活动相对自由、自主，所以不应设置固定的程序，以避免活动僵化，缺乏生机。但是，由于区域活动也是幼儿园教育活动的组成部分，所以，还是要有一个相对稳定的一般流程。了解这个流程，有助于教师更好地设计、组织和指导幼儿的活动，也有助于教师创造性地开展工作。

一、幼儿园区域活动的过程设计原则

只有保证区域活动的有效开展，才能真正实现区域活动在幼儿发展中的价值。现阶段大多数幼儿园的区域活动流程主要有四个步骤，首先在开学初期由教师设计并布置好班级区域，这些区域在一个学期内基本是固定不变的；接着，教师按照各个区域投放相应的操作材料，这些操作材料主要通过购买或教师、家长自制两种不同途径获得；环境准备与材料投放完成后，就进入幼儿自主玩耍，活动结束后幼儿整理材料这一不断重复的阶段。

这样的区域活动就成了简单重复的活动。这样的区域活动很少存在安全和噪声问题，因此很容易被教师忽略；此外，由于这种区域活动对于幼儿来说过于简单，不能充分调动幼儿的积极性和想象力，所以幼儿的参与度也不高。为了让幼儿园区域活动发挥其应有的作用，教师在设计区域活动的过程时应该遵循以下几个基本原则：

（一）完整性原则

一个完整的活动必须要有始有终，区域活动虽然给幼儿更多的自主空间，但仍要保持活动流程的完整性。一个完整的区域活动包含以下几个环节：

1. 准备环节

区域活动需要为幼儿提供有准备的环境，而从区域活动的过程设计来看，这种有准备的环境除了指有准备的物质环境还应包括有准备的教师。有准备的教师的任务是保证幼儿在区域活动中学习取得成功所必需的知识和技能。为了完成这个任务，有准备的教师需要有意识地利用区域环境、材料向幼儿全面深入地呈现早期学习中各种领域的内容，并掌握这些内容在《指南》中的对应目标，以此来提供必要的材料，明确活动任务，设计有针对性的策略。

在这一环节中，教师和家长都需要明确《指南》目标，执教老师和保育老师、幼儿以及相关家长在相关区域活动进行前必须知晓活动任务，以便更好地开展区域活动。有准备的环境并不是由教师全权负责完成，而应该由参与活动的"相关人员"共同协商完成。规则是保障区域活动能否顺利开展的先决条件，教师要让幼儿尽快掌握区域活动的规则，而与幼儿共同协商的规则更容易被幼儿接纳并遵守。

2. 实施环节

虽然区域活动是幼儿的自选、自主性活动，但是为了支持和促进幼儿高水平区域活动的发展，有时需要教师去引发活动。一旦活动开始，教师就必须格外注意幼儿表露出来的细微线索，从而知道该何时介入、何时退出，并适时以提问和评论的方式提高幼儿的活动水平，及时干预来维持活动。有效的引导是不拘泥于常规的，它能够抓住幼儿的注意力，并告诉他们可以打破现状。

3. 总结环节

这一环节不仅包括回顾、总结区域活动过程，汇报区域活动的操作成果，更包含区域活动的延伸与信息反馈。它既包含对幼儿的启发，也包含通过谈话、讨论等形式让教师收集信息，进行总结提高，最后在相关组织的监管下完成整个区域活动的整理、归档，并形成丰富的案例资料。

(二) 教育性原则

幼儿在区域活动中获得的经验往往是综合性的，不会是语言、社会、认知、动作等某单一领域的孤立的经验。自由、自发和自主是区域活动的本质特征，区域活动是幼儿自主创造的最近发展区，幼儿在区域活动中小步递进地自我发展，因此区域活动的教育性也是最重要的。而幼儿的兴趣点和参与水平容易变化，这对教师而言也颇具挑战性。因此，教师具备教育意识、目的意识的重要性就不仅体现在组织集体活动或者收集评估信息这些方面，在整个区域活动开展的过程中，教师都必须紧紧围绕教育目标，进行有针对性的设计和指导。支持和维持幼儿对区域活动的参与度是一个复杂的过程。教师可以通过认可幼儿的行为和语言、鼓励他们的努力、给予具体的反馈、为幼儿提供榜样、创造和增加挑战、提供帮助等策略来达到区域活动的教育目的。

(三) 互动性原则

教师的行为对区域活动的发展、维持、深化有着至关重要的作用。正如之前的章节讨论的那样,教师首先要为区域活动创设条件,为幼儿提供精心设计的环境和一个固有的结构,要引导幼儿在操作材料以及相互交流时,勇于承担和更有创意。然而,仅仅创设这样的条件是不够的。为了促进幼儿对环境的利用,帮助他们获得马斯洛所说的低层次需要、发展区域活动的技巧并体验高水平的活动,教师还必须与幼儿交流互动。促进幼儿活动时,教师有很多种选择。当教师以一种有助于提升活动质量的方式介入时,混乱的或简单的活动通常能得到改善,这样一来,幼儿才能以积极的、建设性的方式继续他们的活动。

二、幼儿园区域活动的过程设计要点

(一) 区域活动的时长建议

为保证室内区域活动和室外游戏的时间,区域活动应在一日作息时间表中呈现出来。结合《纲要》和《规程》的相关内容,区域活动的时间要求具体如下:

1. 每天幼儿在园区域活动时间累计不少于60分钟

大段的区域活动时间为幼儿提供了做决定的机会,让他们能学习计划和管理时间,并按照自己的方式进行活动。在这个时间段,幼儿能自主选择是单独活动或参与小组活动,是进行安静游戏或动态活动。他们还可以控制自己的活动节奏,决定从事某个活动的时间长短以及互动对象。

2. 自主区域活动可在餐后、午睡后以及离园前等有较长时间的过渡环节中进行

过渡环节一般是两个活动之间转换的时间,大概占幼儿一天活动时间的20%—30%。应充分利用这些时间,让幼儿自主开展区域活动。例如,可允许幼儿在区域活动时间单独用点心,这就省去了从区域活动转换到食用点心,再转换到下一个活动的过渡时间。

(二) 区域活动的准备环节

1. 分析区域活动目标

《纲要》和《指南》明确了幼儿发展的要求,教师应按此要求制订课程计划和对幼儿进行评价。区域活动是发展适宜性实践中重要的一部分,因此,在设计区

域活动时也应注意将《纲要》和《指南》的要求整合到区域活动中去。

2. 把握幼儿的最近发展区

在创设区域的过程中，教师对幼儿最近发展区的认知决定了区域活动的定位。根据幼儿年龄特点设计创设区域活动是非常重要的前提，把握好幼儿最近发展区是满足幼儿游戏与学习需要的先决条件。

3. 创设区域环境

没有区域环境和材料也就没有区域活动，教师对区域活动的引导很大程度上是通过创设环境来实现的。区域环境是教师为幼儿创设的"有准备的环境"，但并不是教师一个人的事，而是教师和幼儿的共同任务，也是幼儿学习与发展的过程。区域环境的创设不仅仅包括空间的创设、规则的制定还包括幼儿规则意识、学习习惯的养成等方面。

4. 投放区域材料

材料的投放是实现区域活动目标的重要手段，材料投放也体现出教师对区域活动目标和对幼儿已有经验的把握。

5. 设计组织策略

区域活动中班级保教人员该如何分工、如何协作，每个人该如何发挥作用，这些教师都必须认真思考、设计。

6. 计划和预约活动

对于幼儿来讲，活动开展前的准备和计划环节也是活动内容的一部分，在这一过程中许多幼儿会主动和同伴或教师沟通。教师在这一环节应关注幼儿的内心活动，尊重和支持其选择意愿和兴趣爱好。教师可以借助活动区名卡、预约卡等形式支持幼儿对活动内容做计划和安排。教师还要根据幼儿的发展程度和活动内容做好必要的材料准备。需要强调的是，准备材料不能由教师包办，对于幼儿能自主完成的部分，教师应尽量留给幼儿自己来做。

(三) 区域活动的实施环节

1. 推介材料

区域活动中各区域不宜投放过多的新材料，一般一次在一个区内投放 2—3 种新材料即可。一次性投放过多的新材料反而容易让幼儿眼花缭乱，无所适从。教师可以在投放材料后及时向幼儿推介新材料，帮助幼儿认识、了解新材料，明确材料的性质、特点及玩法。区域活动中新材料的推介可以有多种方式，恰到好处的推介方式不仅可以引发幼儿对材料和活动的兴趣，而且能够有效地促进幼儿运用已有经验主动学习，培养他们解决问题的能力。同时，适宜的推介也会引发教师对幼儿活动情况的有效关注，便于教师了解不同幼儿的学习方式，以及幼儿之间学习能力的差距，有的放矢地予以指导。这一环节往往会决定幼儿对材料的探索兴趣和操作的质量，主要有这几种方式：

(1) 不作任何介绍，幼儿自主探究、发现。

(2) 完整讲解示范，适宜于小班区域活动以及较复杂的新材料推介。

(3) 先投放，再根据幼儿的操作情况决定推介方式。

(4) 简单讲解或部分示范等。

2. 选择材料

一般情况下，在教师推介完新材料之后，幼儿就可以进区开始活动了。教师可以请幼儿从众多的区域材料中自主选择材料进行操作学习。有些幼儿进区后可能会犹豫不决，也可能会茫然不知如何选择和操作，这属于正常现象，尤其是刚刚入园的小班幼儿。教师需要耐心观察幼儿，根据具体情况决定是否需要给予幼儿帮助和引导。

有些幼儿可能在选择材料方面没问题，但不能专注、深入地进行探究活动，每种材料都是浅尝辄止，对此，教师也要耐心等待，再确定是否需要指导。幼儿对材料的认识需要一个过程，况且，幼儿的个性、兴趣、认知经验都不一样，所以在面对材料时必然会呈现不一样的状态。

3. 自主活动

自主活动是区域活动的核心部分，是幼儿在一段较完整的时间内，按照自己的意愿独立或自由组合投入区域活动的过程。这时，区域环境中的信息和材料成为支持幼儿创作的最好的老师。在这段时间内，教师首要的任务是做一个默默的观察者，耐心观察幼儿对材料的使用情况，观察幼儿的专注程度和秩序感，以确定是否需要介入指导幼儿的操作活动。因此教师应为幼儿创设一个宽松自由的氛围，引导幼儿根据自己的兴趣、经验、需求，真正自由、自主地选择活动区域。但自由与规则不是对立的，对于幼儿来说，真正意义上的纪律的形成必须建立在不受压抑的自由活动的基础上，因为没有自由或自由空间过小，最终会导致规则被自由打破。因此，在这一环节中教师引导与幼儿的自选、自主应该相互结合，以解决选区冲突、选区单一等情况。

4. 分享经验

活动过程中的经验分享这一环节主要是指教师进区指导，如对在冷门区活

动的幼儿进行指导与关注，以此提高幼儿的参与兴趣，也能让教师发现问题，及时对区域活动的内容进行调整。

5. 团结协作

幼儿在教师的指导下或者幼幼互助的情况下解决活动中遇到的问题，进一步尝试合作操作、共同探索、相互学习。

6. 分享成果

在这一环节中，教师既要关注活动过程中出现问题的幼儿，并跟踪其后续活动，还需要关注其他渴望被帮助、被认同的幼儿。这不仅能满足幼儿的需求，更是成果分享的素材还能为接下来的总结做准备。

(四) 区域活动的总结环节

1. 交流分享

区域活动结束后的交流与分享不仅可以帮助幼儿及时梳理和提升原有经验，激发幼儿再次活动的愿望，还能促进师幼、幼幼间的互动，实现经验共享、相互学习的目标。在这一环节中，教师首先要根据区域活动的整体情况、幼儿的具体表现等，有针对性地、有重点地选择和确定交流与分享的内容，如分享作品、成果和新发现，交流经验和感受，讨论问题与困惑等。交流与分享的方式有作品展示、情景再现、专题讨论等。

在这一环节中，教师需要注意以下几点：

(1) 避免程式化，并不是每一次区域活动都需要交流与分享。

(2) 一定要避免将交流与分享演变成集体教学活动。

(3) 多为幼儿提供展示交流的机会，避免教师一言堂。

(4) 交流的内容要点面结合，避免泛泛而谈。

(5) 以鼓励、支持、引导为主，避免批评与说教。

(6) 灵活安排，时间可长可短，可以集体开展，也可以小组进行。

2. 材料整理

材料的整理是指幼儿在区域活动结束或者自己的操作结束后，将所有的材料归位放置的过程。整理的过程，有助于幼儿养成良好的活动习惯和生活习惯。教师可以通过设置一些归位标记，帮助幼儿有序地整理材料。对于年龄小的幼儿，教师可以协助或带领他们一起整理材料，而中大班的幼儿应该能够自觉、自主地做好活动之后的材料整理工作。这一环节也可放在“交流分享”之前进行。它既包含幼儿自主整理区域操作材料和教师整理补充损坏的材料，还包括幼儿保存其活动作品以及教师整理观察记录。

3. 活动延伸

这一环节是为了保持活动的完整性、连贯性，从而更好地保障幼儿发展的完整性、连贯性。从目前幼儿园普遍的作息时间来看，活动的延伸主要有三种方式：生成集体教学内容，解决共性问题；在下一次区域活动中幼儿自主地继续进行未完成的探索操作；将活动延伸到家庭中。活动延伸的内容主要包含区域活动中的共性问题、活动中幼儿未完成的作品以及幼儿持续感兴趣的内容等。

4. 活动分析、反思和评价

适当地对幼儿的活动情况进行分析、反思和评价，有利于教师、决策者、研究者以及家长从中获得有价值的信息。有效的分析、反思和评价能使教师发现幼儿的独特才能，确定合适的目标，制订活动计划，实施活动并有效地评估活动过程。

第六章

幼儿园区域活动中的观察、指导与评价

对于教育活动而言,观察与指导必不可少。教育是一种有目的、有计划的行为。通过观察,可以真实、系统地了解幼儿的兴趣和爱好、幼儿的认知以及幼儿的社会性水平和能力。通过收集这些有效信息,教师才能提出合适的教育策略。区域活动内容丰富又极具趣味性,为幼儿提供了更多的自主活动和表现能力的机会,这同时也要求教师在组织实施区域活动时发挥敏锐的观察力,并结合幼儿实际情况来设计和开展活动,让区域活动更好地发挥功效。

一、幼儿园区域活动中的观察

区域活动因其特有的自由、自主的特点而受到幼儿的喜爱。此时,幼儿沉浸在自己的世界中,处于最放松、最自然的活动状态,是性格、态度、能力显露最充分的时候,也是情绪情感、发展水平、个体差异展现最真实的时候。幼儿在此时不需要教师过多的指导和干预,遇到困难会主动寻找解决问题的办法。因此,区域活动时间是教师观察幼儿的最好时机,教师在此时得到的信息是最真实的,对于有针对性地指导区域活动极具价值。

(一) 什么是幼儿园区域活动中的观察

蒙台梭利说:“唯有通过观察和分析才能真正了解幼儿的内在需要和个别差异,以决定如何协调环境,并采取应有的态度来配合幼儿成长的需要。”由此可以看出,观察幼儿是教师指导区域活动的根本出发点。在实践中,幼儿园教师所进行的观察是借助人的感觉器官及其他辅助设备,如照相机、摄像机等,有目的地对幼儿的心理与行为进行考察,以获得资料的一种方法。在区域活动中,观察不仅局限于有目的地收集资料,还包含对所收集的资料进行解释,进而采取应对性的教育策略。观察者所持有的指导思想将会不同程度地影响观察的结果。

观察中，教师能细致入微地通过幼儿的外部表现了解其性格特点和发展水平，了解幼儿当前的想法和需要，发现他们独自处理问题与解决问题的方式，发现幼儿的潜能和个别差异，从而真正倾听幼儿心声，从幼儿的角度去看待问题，尊重幼儿。只有通过观察，教师才能精准地了解幼儿在区域中是如何活动的、采用了什么步骤和方法、如何使用材料、语言表达的情况如何、常用的表达方式是什么、与同伴和教师的交往互动如何……以观察为基础才能保证指导的针对性和实效性。观察也是教师为幼儿提供适宜而有效的教育的前提之一。在获得幼儿区域活动真实情况的基础上，教师才能根据幼儿的发展水平、行为特点、兴趣倾向等发现问题及难点，分析原因，寻找符合幼儿发展特点与学习需要的教育对策，调整教育目标，设计新的教育活动，提供有利于幼儿进一步发展的区域材料。

(二) 观察的过程和步骤

在实践中，教师每天可能会面对30—40名幼儿，不可能完全靠随机观察就能了解到每个幼儿的学习与发展情况。因此，教师无论采用什么方法观察幼儿，都应该有一定的计划性。有计划的观察一般都需要经过以下过程和步骤：

1. 明确观察目的

观察总是带有一定的目的，落实在一个具体的观察中，教师需要很清楚地知道“我想了解什么”。有了清晰的意向，才有可能在幼儿的活动过程中看到教师的观察对象或目标，才能有效地记录能反映教师观察期望的有意义的行为和经验。观察的目的一般有两种：一种是教师由于不了解幼儿的某些情况而要观察，另一种是教师看到幼儿的某些情况，预测可能还会有其他的情况(假定)发生而要观察。无论什么情况都需要注意：观察要有一定的目的性，观察前教师要清楚自己想要知道的是什么，尽量避免无目的地为观察而观察。幼儿园区域活动中，观察的目的除了获取有关幼儿做了什么、如何做以及做得如何等方面的信息之外，更重要的是获取有关区域活动的现状及如何改善等方面的信息，具体包括区域活动与集体活动、社区、家庭等的关系，不同区域之间的关系，区域活动中材料之间、幼儿之间的关系等，通过解读这些信息，生成教育应对策略，促进区域活动的不断丰富与深化。

2. 确定观察对象、时间、地点、内容和观察方法

幼儿园区域活动的创设与开展均是围绕《纲要》《指南》等教育指导性文件精神而进行的。而《指南》对幼儿的全面学习与发展包含了5大领域、11个子领

域、32个目标，教师在做观察计划时应是多方面和多层次的。对个体幼儿来说，根据其目前的状况，教师想了解的是什么呢？从班级幼儿的整体情况来说，教师又想重点观察哪一方面呢？两者综合起来非常复杂，任重道远。因此，确定详细的观察对象、时间、地点、内容和观察方法尤为重要。

3. 编制观察提纲

观察提纲可以避免观察过程太过随意和盲目。制订观察计划与提纲可参考如下内容：研究内容，观察目的和任务，观察对象和范围，观察内容（要收集哪些信息），观察地点，观察方法与手段，观察步骤与时间安排（包括观察如何进行，观察的次数、程序、间隔时间，每次观察要持续的时间）。编制好观察提纲，还需要准备观察所用的辅助工具，主要包括记录表、记录方法、观察仪器等。

4. 实施观察

教师应该怎样观察、了解幼儿才能做到客观、真实呢？在《纲要》《指南》的引导下，教师除了要熟练地掌握和应用观察方法和技术以外，获得幼儿学习与发展的真实信息的场景或情景也很重要。幼儿园区域活动由于其自由、自主、自选的特点，教师观察到的幼儿表现是最真实的，教师可以真正观察、了解到幼儿的兴趣、想法、特点以及他们的实际能力。同时，在区域活动中观察幼儿，最重要的是耐心和尊重。幼儿的发展需要成人极大的耐心，因为幼儿喜欢反复地操作同一材料、读同一本书，对新事物的探索需要时间从不同角度尝试。幼儿的能力和学习方式也有个体差异，幼儿的学习和探究经常出现意想不到的情况。只要没有危险，应给幼儿足够的时间和空间。尊重幼儿表现为尊重幼儿的活动特点和活动方式，最大限度地满足和支持幼儿通过直接感知、实际操作和亲身体验获取经验的需要。

5. 通过观察记录收集资料

良好的观察记录不仅是幼儿成长的轨迹，也是教师了解幼儿以及制定下一步教育目标的基础。这要求教师进行客观的记录和描述而非做解释性、判断性的笔记。客观的记录首先要求教师了解自己的认知偏向。观察是一种主观努力，百分百的客观是不可能的，教师对幼儿的观察受教师自身的生活经验，对幼儿发展的理解，对自己和他人的态度，以及固有的思维方式和喜好等因素的影响。不同的人常常从不同角度看待同一个事物。一个好的观察者，会经常反思自己的认知偏向，力求对幼儿的观察记录是客观和真实的。

有了观察目的，就要在观察过程中抓住与目的有关的、有意义的行为表现，深入了解表现背后的原因、兴趣与学习特点。观察者并不是被动的，应该及时地捕捉有意义的行为，使之成为进一步观察或者制订课程计划的基础。区域活动观察中，幼儿第一次出现特别的或异常的行为，或反复出现同一行为，或出现观察者感兴趣的行为等，都值得记录。

6. 分析资料、识别行为、反思回应

观察并非仅仅是有目的地收集资料，更重要的是分析这些资料，以便于分析、识别幼儿的行为，并根据幼儿的年龄特点及行为表现采取应对性的教育策略。区域活动中有计划的观察记录能让教师更加系统化地分析信息，即从幼儿园区域活动系统的角度对所收集的资料进行分析。比如在分析某一区域活动中某一名幼儿的活动状况时，在考虑幼儿的发展水平与特点的同时，也要考虑这名幼儿在其他活动中的相关经验，以及这名幼儿与其他幼儿的关系状况。这样的分析更科学、合理与深刻，据此生成的教育策略也将更有效。

(三) 观察的内容

心理学家巴克的生态心理学理论认为，人的行为有许多层次，每个层次的行为都与其特有的环境相关联，研究者所要关注的是一个作为完整实体的人的行为，即具有一定的目标指向、在一定情境中发生的具有一定意义的自主行为。观察这些行为，可以让教师清楚地知道幼儿喜爱那时那刻的所作所为，而不是那种在自然条件下发生的单纯的物理行为。由此可见，在区域活动中教师所要观察的行为，并非幼儿的全部行为，而是在一定情境中反映幼儿成长发展情况的有意义的典型行为。具体有以下几个方面：

1. 观察幼儿的神情、体态

神情是内心活动通过面部显露出来的表情，体态是指身体的姿势、形态，神情和体态是心理活动的外在体现。神情和体态的变化及不同，标志着心理活动、实际发展水平的变化与不同，这在幼儿身上体现得尤为明显。下面是一则对幼儿神情进行观察的描述：

刚入幼儿园时，小九情绪一直没有完全稳定下来。区域活动时间开始了，她还跟往常一样愁眉苦脸，情绪不稳定，红着眼眶哭着要妈妈。这时候，旁边的小朋友拿着一筐珠子在玩串珠的游戏。小九不动手也不玩，只是默默地趴在桌子上看着。后来旁边的小朋友将串珠串成了一根项链，挂在脖子上，并兴致勃勃地叫她看。小九眉头一展，眼神亮了起来，似乎也有了一点游戏的兴趣。就这样，在旁边小朋友的带动下，小九的手慢慢地伸进了串珠篮，开始了自己的第一次尝

试，单个地拼，合作地玩，小九的脸上也有了笑容。

（案例由湖南省长沙市芙蓉区教育局德政园幼儿园李丹老师提供）

从这段观察描述可以看出，老师是通过捕捉幼儿的神情“愁眉苦脸”“红着眼眶”“眉头一展”等判断幼儿的心理发展变化的。

2. 观察幼儿对区域的热衷程度和参与状态

对区域的热衷程度直接反映出幼儿当前的兴趣和需要所在，便于教师判断区域设置是否合理。教师可以从幼儿进区人数的多少、进区次数的多少、进区活动的状态、在区内活动的时间长短、对区域环境和材料的喜爱程度、在区内活动的专注及稳定程度等方面进行观察。

每个学期，走廊上自然角的名称都会变，这个学期变成了“南京鼓楼公园”。谢环瀚小朋友一直热衷该区的活动，特别喜欢给区里的小动物换水。只见谢环瀚和几个小伙伴围着该区的动物叽叽喳喳地说：“让我来换水，让我来换水……”可能想给小动物换水的小朋友挺多的，有 7 个小朋友在争抢，小动物一共才 4 盆，可能会发生不愉快的事情。

（案例由湖南省长沙市芙蓉区教育局德政园幼儿园李素琴老师提供）

在上面这段文字里，被观察的主角是一位热衷某一区域中特定活动的幼儿，因为希望参与同一活动的幼儿突然增加，有可能会发生冲突。这一观察既能分析主角的进区状况，又能从中思考区域材料投放的数量以及进区规则的设立是否有待调整。

3. 观察幼儿的动作发展状况及在操作活动中的表现

动作幅度和密度，动作顺序的先后，动作的流畅性、精确性、协调性等，都是判断幼儿动作发展水平的重要指标。

今天，老师交代了美工区的操作内容——撕贴做太阳后，泽泽主动选择了美工区。他拿起一张白纸，试图撕出自己心中的圆形太阳，可撕来撕去，也撕不出圆形，一不小心就直接把纸撕成了两半。接着，泽泽又来到美工区区角的柜子里，找来了一把剪刀，回到座位上，尝试用剪刀剪出一个圆形。尽管泽泽会使用剪刀剪直线，但由于第一次尝试剪弧形，左右手的协调能力不太好，这次的尝试也没能成功。在老师的引导下，泽泽又从柜子里拿出一卷大的透明胶，知道透明胶也是圆形，他就比对着透明胶，用笔在纸上歪歪扭扭地画出了一个自己满意的圆形，再沿着圆形的轮廓一点一点，细致地、慢慢地撕出了一个“太阳”！

（案例由湖南省长沙市芙蓉区教育局德政园幼儿园程姣老师提供）

幼儿在细微操作活动中的表现反映着幼儿全方位的发展情况。在上面这个案例中，在泽泽不断调整操作方案的过程中，不放弃的态度体现得淋漓尽致。

4. 观察幼儿使用材料的情况

在区域活动中，幼儿选择材料的目的性，所选材料的数量、种类和难易程度，操作材料的方法和习惯，解决问题的方式方法等，反映的是幼儿在认知等方面的发展变化与区别，具有重要的观察价值。

餐后区域自选活动时，森林书吧已经很久无人光顾了。即便是有幼儿进入，也是逗留几分钟便离开了，讲述区的操作棒和汽车都被冷落在一边。这一天，教师在这里投放了红绿灯、左转、右转、禁止停车等常见交通标识(见图6－1)。骁骁拿了一辆车和红绿灯玩了起来，嘴巴里还一直念叨着："红灯停，绿灯行。"陈陈被骁骁的举动吸引住了，也从操作台上拿来一辆车，参与了骁骁的游戏，骁骁还拿了一个左转标识给陈陈。陈陈对骁骁说："我们邀请一个朋友来当交警吧？""好啊好啊，"骁骁回答道。从此，这里又热闹起来了。

图6－1　常见的交通标识

（案例由湖南省长沙市芙蓉区教育局德政园幼儿园李丹老师提供）

从上述案例可以看出，教师在之前的观察中发现了幼儿进区少的问题，后来通过投放新材料来解决问题，并同时有目的地进行观察，这种观察使教师获得了关于区域活动材料的大量的反馈信息。

5. 观察幼儿在区域活动中的偶发行为

自然随机的观察无目的性和计划性，多是教师在无意中看到或听到发生在幼儿身上的一些特殊情况后所进行的观察，收集到的信息往往具有偶然性，也比较碎片化，不能系统地说明某个问题，但也会有意想不到的收获。

今天阳光灿烂，适合带着孩子们参加户外区域活动。不知怎么回事，正在玩滑滑梯的孩子们突然聚拢过去围着彦彦小朋友。原来是彦彦爱不释手的口琴不见了。孩子们纷纷安慰彦彦，并决定帮她一起去找。

于是，孩子们像小侦探一样在全园范围内开始了搜查。很快户外区域活动

结束了，要回教室准备吃午餐了，可是没有找到口琴。

午饭过后，孩子们兴致不减，纷纷提起还没有找到口琴，餐后散步时间，正好可以继续！这次，我们先总结了上次搜查的经验，决定要先找找线索。

轩轩："彦彦的口琴是什么样子的啊？"

彦彦："就是小小的。"（小手比划着样子）

瑶瑶："是银色的吗？"

优优："那是和陆老师的手机一样的颜色吗？"

彦彦："是的。"

乐乐："还有线索吗？没有线索就是白找！"

陆老师："怎么找线索？"

蹊蹊："要知道彦彦在哪里丢的！"

彦彦："好像是在我们做操的那个地方。"

陆老师："我们有了一条新线索。"

瑞瑞："陆老师，我们快点，被扫地的叔叔扫走了就糟糕了。"

陆老师："可是我们刚吃完饭，找的时候不跑，不跳，能做到吗？"

幼儿们："能！"

孩子们来到操场，四处找开了。孩子们都蹲下身子，低头寻找，生怕错过了一点东西。很快，我们寻遍了做操的地方，还是没有找到。

多多："这里都找完了，还是没有，彦彦你还去哪里玩过？"

彦彦："还有放车子的那边。"

多多："喂，有新线索了，彦彦说她还去过那边！"

孩子们立马转移了阵地，又开始了新的搜索！旁边就有大滑滑梯，爱玩的小朋友趁机跑到了滑滑梯上。

堃堃："陆老师，他们去玩滑滑梯了。"

陆老师："你先去问问彦彦，她有没有去过滑滑梯。"

堃堃："彦彦，你昨天去玩了滑滑梯吗？"

彦彦："没有呀。"

堃堃："喂，你们快点下来，彦彦都没去过滑滑梯！"

沿着彦彦指的方向，我们来到了自行车的停车道。那边有一条很长的下水道，幼儿们可以从镂空的地方看到下面。他们兴奋极了。

曦曦："陆老师，我有新发现，我发现有雪花片，快点快点来看呀！"

大点:“哇,陆老师,我发现了一粒骰子!”

祺祺:“怎么这下面这么多玩具呀!不知道是谁掉下去的。”

瑶瑶:“不要只看下面,这上面也要找的。”

凯凯:“陆老师,这里肯定有线索。”

乐乐:“这里都没有,还有没有新地方?”

小毛:“会不会是小偷偷走了。”

小点:“不会的,幼儿园里没有小偷。”

堃堃:“是的咯,幼儿园外面就有警察叔叔嘞!”

沿着下水道找了一圈之后,我们来到了拍球的地方,还是没找到。但是大家兴致依然很高,开始在种植角搜寻起来,之后又找到了草坪。散步时间结束了,依然没有发现口琴的踪迹,该睡午觉了。

陆老师:“也许我们刚才漏掉了教室的一些地方。”

豪豪:“我们没有去寝室找,是不是掉在那里了。”

陆老师:“行,我们现在去寝室。小侦探也要记得上厕所哦!”

新一轮的搜查开始了,我们在寝室找到了一条汗巾,3 个女孩的橡皮筋;芮芮找到了一只安琪刚脱下掉在床底的袜子,哈哈!

陆老师:“还有什么发现吗?小侦探也要睡午觉,睡一觉起来,会更聪明,就能想到更好的办法,或许就能找到关键线索了。”

芮芮:“我要赶紧睡觉,说不定能做个美梦,梦到口琴在哪里。”

瑞瑞:“老师,会不会是在玩滑滑梯时,不小心从口袋里掉出来,然后被别人捡走了。”

彦彦:“我今天没玩滑滑梯。”

……

起床铃声刚响,菲儿还没穿好衣服就说:“一定是一个小偷趁警察叔叔睡觉的时候,偷偷地爬过了幼儿园的门,然后来到教室里,看到了一把口琴,然后偷回家里给他的仔仔玩了。”

第一个穿好衣服的瑞瑞跑到我跟前说:“陆老师,我想到了,我想到了……唉,可是我又忘记了……在我起床前又忘记了……”

尽管这次集体出动没找到口琴,但是我们发现了操场上的小蚂蚁、下水道里的雪花片和骰子;我们发现种植地的白菜开花了,大树底下有种子正在悄悄发芽……

彦彦也不再难过了，这么多朋友的关心和帮助，比一把口琴来得更珍贵呀！相信这次找口琴经历会成为孩子们美好的童年记忆。

（案例由湖南省长沙市芙蓉区教育局德政园幼儿园陆漫利老师提供）

上面这则案例充分反映了教师在处理偶发事件时的教育机制，整个事件从开始到结束，让教师捕捉到很多教育契机，引发了幼儿们诸多令人意想不到的表现，更使幼儿获得了将观察、思考、学习运用于生活实践的机会。

6. 观察幼儿的语言表达和人际交往情况

自由、自主的区域活动氛围为幼儿的自由交流和交往提供了更多的机会和空间，教师可以观察幼儿交往的态度是主动的还是被动的，对自身情绪的控制能力如何，理解同伴的情绪、与同伴合作的情况如何，解决矛盾、争端的过程如何等。

西西和瓜瓜都选择了表演区，在用播放器选择表演乐曲的时候有了分歧。

瓜瓜："我要放《我的好妈妈》。"

西西："我要放《小毛驴》。"

瓜瓜："不行，要放《我的好妈妈》。"

西西："不可以，要放《小毛驴》。"

瓜瓜："我先说的，要放《我的好妈妈》。"

西西："123 要放《小毛驴》，我先说的，123 放《小毛驴》，放《小毛驴》，《小毛驴》……"

老师："好就放《小毛驴》。"

瓜瓜："不行我要放《我的好妈妈》，石头剪刀布，我赢了就放《我的好妈妈》。我赢了！"

西西："不行，要 3 次。"

（石头剪刀布）西西："老师你看是谁赢？"

老师："剪刀剪坏了布，石头剪刀布。"

西西："老师你看是谁赢？"

老师："石头锤坏了剪刀。"

瓜瓜："哦，放《我的好妈妈》喽！"

西西："不行，我是女孩，我是女孩，我是女孩啊！男孩要让着女孩的！"

瓜瓜："西西，我送你一朵花，放完《我的好妈妈》后再放《小毛驴》好吗？"

（案例由湖南省长沙市芙蓉区教育局德政园幼儿园苏丹慧老师提供）

对这一片段的观察让教师能细致入微地了解幼儿的交往技能、语言的表达、情感与品质的体现、生活中对科学知识的应用等情况。它帮助教师捕捉到了有关何时与如何促进幼儿之间有意义的互动的信息与信号，进而促进幼儿之间的互动不断丰富与深化。

7. 观察区域环境背景对幼儿活动的影响

由于个体行为都不是孤立存在的，所以，观察幼儿的区域活动时，要同时关注他们所在的区域环境背景，这对于教师准确地解释和理解幼儿的行为具有重要的意义。比如区域空间是否足够让幼儿活动，区域内的同伴行为会产生怎样的相互影响，教师参与是否会给幼儿活动带来影响，意外的事件是否给幼儿带来了干扰，等等。

遇见一只蜻蜓，对于孩子们来说是件有趣的事。豆豆奶奶送来的小桑树上来了一位客人——蜻蜓。多多说："它的翅膀被雨淋湿了，飞不动了，所以在这里休息。"豆豆赶紧凑过来一起观察。看着这两个小家伙仔细观察的模样，我不忍心打扰，站在后面和他们一起静静地看着这只蜻蜓。巴甫洛夫就曾经对他的学生说过："应该先学习观察、观察。不会观察，你就永远当不了科学家。"于是，我学习了巴甫洛夫，在孩子们观察时，给他们提供安静的观察环境。

要是其他孩子也能看到就好了！多多和豆豆走后，蜻蜓依然停在桑树上，一动不动，只偶尔微微颤动翅膀。我冒着蜻蜓随时可能会飞走的风险，轻轻搬起小桑树，想把它带到区域内，让其他孩子也能好好观察。

如我所料，孩子们很兴奋，神奇的大自然是最具魅力的大课堂，一只能飞的活蜻蜓比一百只图片上的蜻蜓还要有价值。孩子们如获至宝，小心翼翼观察着这只蜻蜓，七嘴八舌地讨论起来："蜻蜓的翅膀是透明的！""不对，是有一点点黑色和绿色的！""它怎么来这里了？""它是不是迷路了？""它的家在哪里呢？"……

我嘱咐孩子们轻声说话，不要吓着蜻蜓，这时候孩子们呼吸也变得更小声了。也许是没控制好兴奋的心情，也许是个小恶作剧，笑笑尖叫了一声。蜻蜓吓到了，扑扑翅膀飞走了！还没看到蜻蜓的孩子们这下气坏了："就是你，笑笑，你把蜻蜓吓走了！""它还没找到家，你就赶它走了，太可怜了。"大家有点埋怨笑笑。

蜻蜓在教室里扑腾了几圈，又停落在一盏日光灯上。孩子们似乎找到一丝安慰，都抬起头来看这只蜻蜓，相互交谈起来，"让它在上面休息吧，我们不打扰它了。"孩子们在周老师的提醒下才坐下来准备吃晚餐，吃晚餐的时候还不时地抬头望着蜻蜓停留的地方。

大自然的小客人让孩子们对蜻蜓产生了兴趣，可惜的是，我对于蜻蜓的生理特征和生活习性了解得不多，有些孩子也没来得及近距离观察。于是，活动后，我和家长分享了这件趣事。孩子们回到家中在家长的引导下，了解了更多关于蜻蜓的知识，并把关于蜻蜓的知识做成小海报张贴在班级的益智区内，和大家一起分享自己的观察发现。另外，我在益智区投放了一些蜻蜓的标本供幼儿观察探究；在美工区提供了蜻蜓的手工作品，让孩子们画一画，做一做，使他们对蜻蜓的外形特点有进一步的了解；在阅读区投放了关于蜻蜓的图书，让孩子们了解更多关于蜻蜓的知识。丰富的区域布置，让孩子们对身边常见事物和现象的特点、变化规律产生了浓厚的兴趣和探索的欲望。

（案例由湖南省长沙市芙蓉区教育局德政园幼儿园陆漫利老师提供）

上面是一则教师的观察日记，我们可以看到教师通过观察区域环境的背景，对区域活动的内容即时地进行调整，以此来满足幼儿探究的欲望。

8. 观察幼儿的活动结果

幼儿区域活动的结果是多种多样的，表演的一首歌曲、创作的一幅画、搭建的一座桥……对幼儿的活动结果进行观察，可以帮助教师判断幼儿的操作结果是否达到预设的目标要求；不能完成目标和要求的困难在哪里，原因是什么；幼儿表现出哪方面的优势、哪方面的弱势，属于什么层次水平，等等。当然，这样的判断必须是客观的、公正的，应根植于幼儿心理学、教育学等教育理论基础之上，不能有偏差，因为幼儿是很脆弱和敏感的。同时，这样的判断还是发展的、非终结性的，因为幼儿是处于不断发展变化中的个体，这对教师的教育素质要求也非常高。

艺竹很喜欢绘画，她在区域活动时间选择了美工区，画了一幅作品《太空飞船》（见图 6－2）。画中有圆形和梯形的组合飞船、半圆形和椭圆形的组合飞船、三角形飞船等，每架飞船形态各异。飞船里的飞行员有的是外星人，有的是航天飞行员，还添画了星空背景。

分析和反思：幼儿的身心正处于发育阶段，特别是手指小肌肉的发育还不完善，与成年人相比，幼儿运腕用指的能力还比较差，因此幼儿所画的物体不成比例是常态。此外，幼儿画的东西的大小还跟幼儿的性格有着很大的关系，比如艺竹小朋友是个感情比较细腻的幼儿，平时绘画的物体大都较小；那些比较粗心的幼儿、说话大嗓门的幼儿，平时所画的物体大都较大。在幼儿的绘画教学中，评价有着不可忽视的作用。基于科学而又富有艺术性的评价，不仅可以引起幼

图 6－2　艺竹小朋友的绘画作品

儿对绘画的兴趣，还能激发幼儿的创造欲望。

（案例由湖南省长沙市芙蓉区教育局德政园幼儿园酉新林老师提供）

（四）观察的方法

要想取得良好的观察效果，教师必须掌握有效的观察方法，并灵活地综合运用多种工具与方法，对区域活动进行多方面的观察，进而采取针对性的教育应对策略。由于观察的主题、目的和条件不同，观察的方法也各有所异。

1. 观察工具

实践中，教师在区域活动观察中经常使用的工具可以粗略地划分为传统观察工具与现代观察工具两大类。其中，传统观察工具主要是指文本记录，即观察者采用文字、表格或图画等手工记录的方式记录自己的所见、所听与所思，涉及诸如纸、笔、记录表等观察记录工具。现代观察工具主要包括照相机、复读机、摄像机、录音笔、手机等。其中照相机主要用于拍摄幼儿作品、活动材料以及幼儿和材料互动的瞬间等；复读机主要用于观察语言区，录制幼儿朗诵诗歌、讲故事等；摄像机可以用于拍摄某时段某一区域活动的整个活动过程或片段，可以完整记录区域活动的声音、图像等丰富的信息；录音笔主要用于记录幼儿及其同伴之间，或者师幼之间的谈话；手机，尤其是智能手机，具备了拍照、摄像、录音等功能，因其普遍性，目前实践中已被广泛应用于区域活动观察中。

不同的观察工具各具优势与劣势，传统文本记录是观察者通过亲身经历、现场接触幼儿所得，记录材料更具有现场感。同时，教师在记录时能及时将当时的想法记录下来。但其劣势在于观察者的表达能力各异，同时记录时会加入一些主观意见，从而影响对整个观察内容的判断。而现代化的观察工具能记录活动

的实时情况、细节，并能够长期保存观察内容，易于长期系统地观察分析。其劣势是有时录制的内容受到使用者的操作水平、录制角度等因素的影响，效果难以保证。因此，教师在区域活动的观察实践中应根据观察目的、区域特点以及工具特点，灵活而综合地选择和运用多种观察工具。

2. 观察方法

客观、真实地观察、了解幼儿是教师有效地满足幼儿的需要和促进其学习与发展的前提。除了选择适宜的观察工具外，教师更应该掌握以下几种常见的观察方法：

(1) 直接观察和间接观察

按照观察的方式，可以把观察分为直接观察和间接观察。直接观察，是指教师凭借感官，在活动现场对幼儿进行的直接而具体的感知观察。间接观察，是指教师利用现代化工具作为中介对幼儿进行的观察。

湖南省长沙市芙蓉区教育局德政园幼儿园区域活动观察实录——《拼图后的小秘密》

观察对象：静仪

观察时间：2016 年 11 月

幼儿年龄：3 岁

区域活动时间到了，静仪直接走到益智区，拿起了拼图筐，开始操作。前 2 分钟，就顺利地拼好了 4 块，离最后的成功还差 4 步。

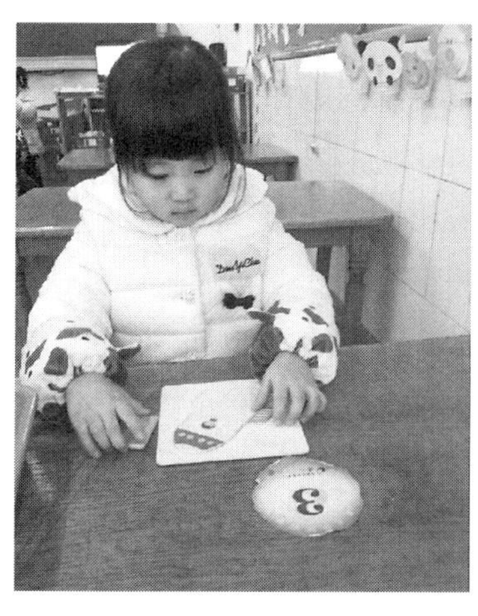
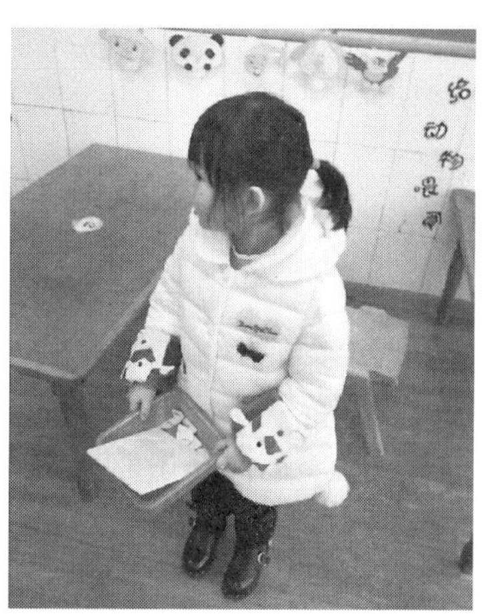

图 6-3　准备放弃的静仪

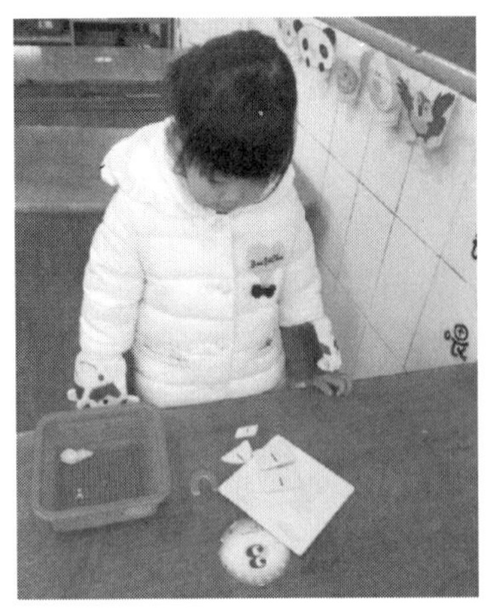
图6-4　再次探索的静仪

但这时,她皱起了眉头,拿着一块拼图,左试试,右试试,转过来,转过去,不对,接着又连续换了2块,还是不行。她看了看旁边,像是想寻求别的小朋友的帮助,但其他幼儿都在认真地进行着自己的游戏,大家似乎都没有时间。她很沮丧,耷拉着脸,准备拿着筐子放回原处,放弃这次活动。

突然,她坐了下来,把拼图全部翻了过来,仔细看了看,像是发现了什么新大陆。原来她找到了其中的秘密,拼图背后有相应的数字。就这样,她又花了3、4分钟的时间,顺利地完成了这幅拼图,这才满足地将筐子放回原处。

(案例由湖南省长沙市芙蓉区教育局德政园幼儿园程姣老师提供)

(2) 参与性观察和非参与性观察

参与性观察是指教师直接参与到幼儿的活动之中,通过与幼儿共同进行活动,在活动内部进行观察。根据参与的程度,参与性观察又可以分为完全参与观察和不完全参与观察两种。完全参与观察,是指教师隐瞒自己的观察目的,自然地加入到幼儿的群体中进行的观察。这一观察方式能使教师深入地了解到幼儿的真实情况,但参与过深,容易失去客观立场,对参与程度的把握有一定的难度。不完全参与观察是指教师不隐瞒自己的观察目的,在获得幼儿认同后进行的观察。这种情况下,由于幼儿认同了教师的观察,所以他们心理上不再紧张,能真实、自在地表现,但幼儿也容易故意隐瞒或掩饰对自己不利的行为,或夸大某些表现,使观察结果失去真实性。

非参与性观察是指教师不参与幼儿的任何活动,完全以局外人的身份进行观察。观察时教师对幼儿的活动及周围环境不加改变和控制,在自然的状态下进行。这种观察方法的优点是不受幼儿的影响,能自然地进行观察,不足之处是不容易了解到幼儿的内部活动情况。

(3) 结构性观察与非结构性观察

根据观察实施的方法不同,可以把观察分为结构性观察与非结构性观察两种。结构性观察是指教师事先制订观察计划,明确观察指标体系,严格按照计划进行的观察。这种观察结构严谨,计划周密,观察过程标准化,能对整个观察过

程进行系统有效地控制和完整全面地记录，但容易缺乏弹性，影响观察结果的深度和广度。而非结构性观察，是指教师事先没有详细的观察计划和观察指标体系，只有总的观察目的和要求，可以根据现场实际情况随时调整观察的内容和计划。这种观察适应性强，简单易行，但随意性大，收集的信息整理难度大，不太容易作定量分析。

(4) 时间取样观察、事件取样观察和个体取样观察

根据观察取样的方法不同，可以把观察分为时间取样观察、事件取样观察和个体取样观察。

时间取样观察是指教师事先确定观察的目的，在选定的观察时间内，对区域内所有的幼儿进行全面的观察。

时间取样观察记录

观察时间：2016 年 5 月 12 日上午 10:10—10:40

观察班级：小一班

观察地点：建构区

观察对象：① 可乐 ② 浩浩 ③ 轩轩 ④ 小吴 ⑤ 思雨 ⑥ 丫丫

观察的时距：20 秒钟观察，20 秒钟记录，等待 20 秒后再观察下一个幼儿(每个幼儿用时约 60 秒)

观察的总时长：约 30 分钟(60 秒/人/次×6 人×5 次)

表 6-1　时间取样实例

行为 / 时间段	无所事事	旁　观	独自游戏	平行游戏	联合游戏	合作游戏
6 分钟	①③	⑥	②④	⑤		
12 分钟		③	②	①⑥④⑤		
18 分钟			③	②⑥①	④⑤	
24 分钟				③②⑥①		④⑤
30 分钟				③①	②⑥	④⑤

行为指标说明：

无所事事：幼儿未参加任何游戏活动，只是随意观望引起其兴趣的活动。如没有感兴趣的，就摆弄自己的衣服、手指等，或跟随老师走来走去，或站在一边四处张望。

旁观：幼儿基本上是观看别的幼儿游戏，可能也会和游戏中的幼儿说几句话，问几个问题，或提供某种建议，但不参与游戏，始终站在离那些游戏中的幼儿比较近的地方。（与无所事事的幼儿的区别是：旁观的幼儿对某一组或几组同伴的活动有固定的兴趣，不像前者对所有组均无特别兴趣，一直处于游离状态。）

单独游戏：幼儿单独游戏，在近处有其他幼儿在用不同玩具游戏，但该幼儿不做任何努力去接近他人或设法与他人说话，只专注于自己的活动，不受他人影响。

平行游戏：尽管有别的幼儿在旁边用同样的玩具游戏，幼儿仍单独玩，不影响他人，也不受他人影响。

联合游戏：幼儿与其他幼儿一起玩，分享玩具和设备，相互追随，有控制别人的企图，但并不强烈。幼儿从事相似的活动，但无组织和分工，做自己想做的事，而不把兴趣首先放在小组活动上。

合作游戏：幼儿在为某种目的而组织起来的小组里游戏，如用某种材料编织东西，竞赛、玩正式的游戏等；具有"我们"的概念，知道谁属于哪一组；有 1 到 2 个领头者左右着小组活动的方向，有角色分工，并相互帮助，支持这种分工角色任务的完成。

（案例由湖南省长沙市芙蓉区教育局德政园幼儿园贺喜梅老师提供）

事件取样观察是指事先选定所要观察的事件或行为，过程中只注意观察这些选定的事件或行为发生的背景、起因、经过、结果、持续的时间等。这种观察可以获得比较系统、完整的信息资料，便于分析前因后果。

周五的自主区域活动安排在"海豚湾运动场"，并给孩子们提供跨栏、钻圈之类的户外运动器械。活动的规则是：谁来得早，谁优先选择运动器械。

今天，孩子们正玩着，一声"老师——"打破了原本的和谐。只见茜茜和瑶瑶相对而立，都紧抓着最后一个钻圈不放，脸上都是一副愤怒的表情。看见我走过去，茜茜委屈地说道："老师，这是我先拿到的，她来抢了！"原来，瑶瑶来晚了，于是来抢茜茜的。我弯下腰问瑶瑶："瑶瑶，你想拿茜茜的钻圈，是吗？"瑶瑶没有说话。"我们约定好的，谁先来谁玩对吗？"瑶瑶依然绷着脸，还大叫："是我的，就不给！"我继续对瑶瑶耐心地说："瑶瑶，我知道你很想玩，你和茜茜商量，一起玩，好吗？""我的！"她依然坚持着。这时，我想把瑶瑶叫到一边和她讲道理，可转念一想，我们不是常说要给孩子机会让他们自己解决问题吗？如果今天我不干预，她们会如何解决这个矛盾？于是我悄悄地退到一边。见我走开，两人仍紧紧抓着钻圈，就这样僵持了 2 分钟左右，茜茜渐渐松开了手，弱弱地说："要不我先玩一

下,待会儿再给你玩!"瑶瑶摇摇头。"那你先玩一下,再给我玩!"瑶瑶点点头。就这样,瑶瑶在旁边玩时,茜茜一直在旁边走来走去,坚守着自己的材料——钻圈。就这样过了5分钟,茜茜走到瑶瑶旁边,提醒她应该交换,却被拒绝了。就这样茜茜一直守到了区域活动结束,没有选其他任何器械。

(案例由湖南省长沙市芙蓉区教育局德政园幼儿园黄维老师提供)

个体取样观察是指将观察的焦点集中在一名幼儿身上,观察这名幼儿在区域活动中的所有行为和事件。

在区域活动时,伊祎选择了建构区。她开始选择搭建纸盒,搭了一段时间后目光被旁边的好朋友们吸引。旁边的几个小女孩选择了塑料彩色拼接玩具,在边搭边讨论着什么。伊祎在旁边看了一会儿后,听着大家的讨论开始改变自己搭的建筑模式。她搭好了一个作品后决定和这些小朋友一起游戏,并主动和她们聊起来。小女孩们很欢迎伊祎,她们一起搭建起来,不一会儿就搭好了美丽的城堡,几个小女孩叽叽喳喳地分享着自己的作品。

(案例由湖南省长沙市芙蓉区教育局德政园幼儿园张曦老师提供)

(五) 观察记录

记录是观察的进一步延续,观察过程伴随记录可以让教师的观察更细致、更有针对性。跨时间、持续性的一系列的记录还能使教师在回顾及反思时看到幼儿的行为及学习模式,帮助教师对观察过程和观察结果进行有效的整理和分析。记录还可以提供证据来支持教师对于幼儿所作的评价,有助于提高教师观察幼儿、反思教育行为的能力。

常用的记录方法主要有轶事记录法、实况详录法、时间取样记录法、事件取样记录法、行为检核记录法、图示记录法、作品记录法和多媒体记录法等。教师可根据需要选择不同的记录方法。

1. 轶事记录法

轶事记录法是观察者在日常生活中,将幼儿自然表露的行为进行原始、真实的记录,以此来了解幼儿的发展情况,有的放矢地进行教育。

观察对象:茜茜

幼儿年龄:3岁6个月

时间:2016年11月7日上午10:15 班级区域活动时间

地点:小三班科学区

今天,茜茜选择了串珠,她先穿了一个椭圆木珠,一拉绳子,木珠漏了下来。

她看了看绳子的尾部，又穿了一次，没拉到头时就停住了，接着从绳子的尾部和头部两端拉起绳子，连续穿了三个椭圆木珠后，左手一拉绳子，三个木珠又都漏了下来。她愣了一下，想了想，又穿了一个圆形木珠，从绳子的两头拉起，尝试着把绳子的两头交叉打结。试了一会儿没有成功，她就拉着绳子的两头向身体内侧甩了起来，看着木珠绕着绳子上下晃荡，头也跟着晃动起来。

（案例由湖南省长沙市芙蓉区教育局德政园幼儿园杨波老师提供）

轶事记录法以记事为主，不受时间限制，教师可以在过程中记录，也可以事后凭记忆记录，没有特定的框架，简便易行，是教师最常使用的一种方法。使用时，教师要注意以下几点：

(1) 按照事情发生的顺序来记录，仅仅记录事实。

(2) 尽量把中心人物的言谈举止、在场其他人的活动以及行为发生的背景如实地记录下来。记录每一个细节，不要遗漏任何信息，特别是重要的信息。

(3) 使用描述性的词语，而不是判断性和解释性的词语来记录活动过程。客观描述幼儿在活动中的行为比判断性的词句所提供的信息更丰富。

(4) 将对事件的客观描述和对事件的解释分开，将"实际看到与听到的"和"自己的看法及对这些行为的诠释"区别开来，不要记录任何没有看到的东西，尽量避免可能有的偏见。

2. 实况详录法

实况详录法是指观察者在一段时间内，连续地、尽可能详尽地记录幼儿的所有表现或活动，获得观察所需要的全部细节，从而发现关于这些行为或现象的规律或特点。

观察对象：小宇

幼儿年龄：4 岁

观察时间：2016 年 12 月 1 日上午 10:10 班级区域活动时间

观察班级：中三班

观察地点：建构区

今天的区域游戏时间，小宇选择了建构区。开始的时候，他望着各种各样的材料有点不知从哪开始，所以这个摸摸那个捏捏，过了一段时间还没想好拼什么。昊臻走过来和他聊了起来，话题慢慢就聊到了他最喜欢的恐龙。一说起恐龙，小宇像打开了话匣子，滔滔不绝地说了起来，边说还边拼了起来。仔细一听，原来他要帮恐龙拼个住的恐龙公园。两个人就这样忙碌起来。边聊边设计，两

个小朋友拼搭了很久，终于完成了作品——一座设施完善的恐龙公园。小宇还拉着老师介绍起里面都有些什么来。

（案例由湖南省长沙市芙蓉区教育局德政园幼儿园张曦老师提供）

3. 时间取样记录法

时间取样记录法是在规定的时间间隔内观察、记录预选行为是否出现的方法，主要用于幼儿经常出现的、容易被观察到的外显行为。例如，在幼儿餐后进行自选区域活动时，每隔 5 分钟对观察对象观察 10 秒，记录其行为表现。观察表格设计如下：

表 6－2　时间取样记录法样表

幼儿姓名	8:30			8:35			8:40			8:45			8:50			8:55			合　计		
	T	P	H	T	P	H	T	P	H	T	P	H	T	P	H	T	P	H	T	P	H

说明：T 表示幼儿独自活动；P 表示幼儿平行游戏；H 表示幼儿合作游戏。教师观察幼儿，判断幼儿活动类型，在相应的空格里打“√”。

4. 事件取样记录法

事件取样记录法是观察者事先确定观察目的，选择某种或某类事件作为观察的目标，在观察中等待该事件的发生并仔细观察，记录事件全过程的方法。它不受时间的限制。在记录方法上，教师不仅可以采用行为分类记录的方法，记录幼儿的行为是否已经发生，而且可以加入描述性记录。运用此方法时，教师要事先设计好观察记录表。事件取样记录法可以让观察者分析幼儿行为发生的因果关系，但不易进行定量分析，如行为发生的频率如何，行为的稳定性如何等。

表 6－3　事件取样记录法样表
（幼儿合作行为观察表）

幼儿姓名	性别	发生背景或环境	指向对象	动作	语言	出现问题

5. 行为检核记录法

行为检核记录法是将要观察的项目和行为预先列出表格，然后检查行为是否出现,或行为表现的等级如何,并在所选择的项目上做上标记。行为检核是观察目的的具体体现,所以,这种方法可使观察更具有针对性。教师在对幼儿发展进行评价时,可以将所选择的评价指标体系分解为若干行为检核表,每过一个阶段对全体幼儿进行核查,对核查结果进行统计分析,了解幼儿个体或群体的发展情况。

表 6-4 行为检核记录法样表
(幼儿对区域活动的兴趣和参与度的行为检核表)

班级: 幼儿姓名: 评价者: 时间:

检核指标	发展层级			
	优秀	良好	一般	较差
活动兴趣度				
活动过程中的专注与投入度				
持续时间长短				
对活动结果的关注度				

6. 图示记录法

图示记录法用位置图、环境图、线条、几何图形等形式直接呈现相关信息,是一种直观的观察记录方式,同时也是一种观察记录的辅助手段。图示记录法一般比较适合用于活动区空间布局的观察,能直观地呈现幼儿的活动情况。用图示记录法记录幼儿的发展轨迹或智能强项、弱项等,可在横向比较中把握幼儿的行为倾向和个性特点。

表 6-5 图示记录法样表
(小二班活动室区域的空间布局)

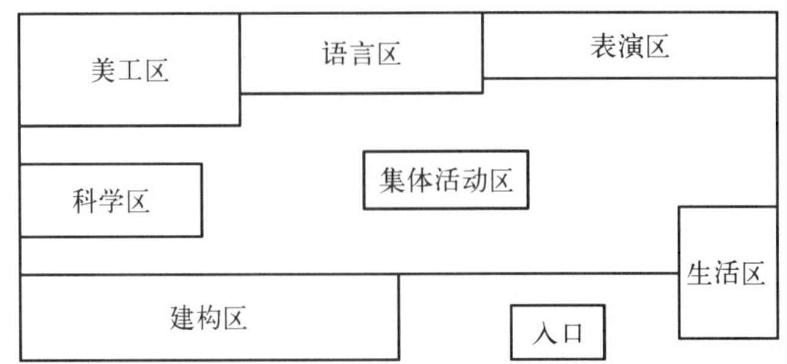

表6－6　图示记录法样表
（幼儿在科学区玩飞行棋时语言互动的情况）

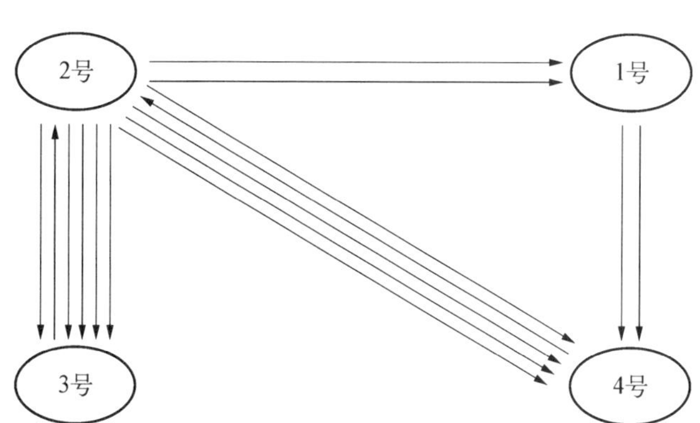

7. 作品记录法

作品记录法是指对幼儿的作品进行的有规律的、周期性的、系统的记录，如教师和幼儿合作收集不同时期具有代表性的阅读、描述、科学、美工和音乐作品（绘画、泥塑、记录单、自制图书、表演录像等）。把作品和教师的文字记录放在一起，可以帮助教师看出幼儿的发展情况，确认幼儿进步的情形。在对小班幼儿进行观察记录时，由于幼儿的想法和内心活动都是通过动作来反映的，所以对拍摄幼儿行为的相片进行分析，就更能形象地说明幼儿发展的情况。

8. 多媒体记录法

多媒体记录法是指用摄像机、录音机、数码相机、录音笔、手机等多媒体设备对事件和研究对象的行为进行记录的方法，是一种观察记录的辅助手段，它能将幼儿真实的活动情况完整地或有重点地记录下来，便于获得真实而准确的信息。多媒体记录法可以将幼儿的活动资料长期地保留下来，需要的时候可以随时进行回放，再现或确认当时的活动情景。

根据需要，也可将不同的记录方法结合起来使用，如下表就是将行为检核记录法和事件取样记录法相结合进行设计的。行为检核记录法的运用便于观察者快速地记录幼儿的基本行为，事件取样记录法又能及时记录典型事件。

表 6－7　幼儿园区域活动观察记录表
（芙蓉区教育局德政园幼儿园钟炼真老师提供）

班　　记录人：　　　年　　月　　日

区域名称					
幼儿学号	注意力 A.专注 B. 愿意 C. 偶尔专注 D. 游离	参与度 A. 积极 B. 愿意 C. 随意 D. 淡漠	情绪态度 A. 兴奋 B. 愉快 C. 平静 D. 低落	同伴交往 A. 控制 B. 合作 C. 平行 D. 独自	能力发展与兴趣点 A. 喜欢游戏，能挑战自己 B. 善于模仿同伴 C. 不愿意参与，以观看同伴活动为主
串区情况					
事例描述					
分析与调整					

（六）分析观察记录，进行反思

观察并非仅仅是有目的地收集信息，更重要的是对这些信息进行分析，以便采取应对性的教育策略。观察是了解幼儿的第一步，只有对通过观察收集来的信息进行深入分析和综合评估，才有可能比较客观、全面、积极地看待幼儿的学习和发展。教师可以从以下几个方面来对收集到的信息进行分析，并对教学方法进行反思。

1. 结合幼儿的年龄特点进行分析和反思

结合幼儿的年龄特点分析幼儿的行为表现，能使教师从根本上把握幼儿的学习进程，并施以有效的指导。

观察对象：俊熙

观察时间：2016 年 9 月 21 日上午 10:10—10:40 班级区域活动时间

幼儿年龄：5 岁

观察记录：

花港观景是我班设立的一个可供幼儿观察动植物、种植植物、动手打扫卫生的区域场所。只要开展区域活动，这儿就成为孩子们的最爱。

自然角内有各种生活中常见的动植物，孩子们的兴趣很浓，对动植物的观察热情与种植参与度也很高。5 岁的俊熙小朋友也不例外，他对自然角很感兴趣。据观察，每次区域活动时间，他总是选择花港观景。在花港观景中，俊熙总和班上的小伙伴们一起打扫卫生、喂养动植物。这次他和几个小伙伴又去了花

港观景，只见他手中拿一块小抹布，仔细擦拭着墙壁，然后又去整理自然角内的小盆栽。

我问："俊熙，为什么你总是来花港观景呢?"他回答我："因为在这里我可以照顾小动物，给花浇水。""那你在这个区域中最喜欢干什么呢?""我最喜欢拿抹布打扫卫生。""为什么呢?""因为我喜欢把这里打扫干净。"

分析：

5岁的孩子开始慢慢发展有意性行为，并且在做事情时有了一定的专注力，能集中精神于某种活动的时间也比以前长。这个年龄阶段的孩子也开始喜欢表现自我，爱动手操作，去完成一些力所能及的事情；愿意去照顾身边的人与动植物，开始关心身边的环境与事物，不再是以个体自我为中心了。并且他们能在这些事情中找到成就感与存在感，自我价值的体现意识也越来越强。因此在幼儿园里，他们喜欢当值日生，为班级的自然角浇水，帮助老师摆放桌椅等，也愿意收拾自己的玩具、用具等。俊熙很喜欢进入到自然角去活动，充分地体现了他的年龄特点——爱动手、爱表现，乐于关心身边的人和动植物，敢于表现自己、证明自己。此外，幼儿在区域活动中的动手动脑操作也充分地表明，此时他们已萌发出一定的责任意识。

（案例由湖南省长沙市芙蓉区教育局德政园幼儿园李素琴老师提供）

2. 结合幼儿的成长背景进行分析和反思

成长背景对幼儿的成长发展具有最直接的影响。分析和反思幼儿的成长背景，及时进行调整和改善，能使幼儿的发展在积极的环境中得到促进和提高。

观察对象：豆豆

观察时间：2016年9月14日上午10:10—10:40 班级区域活动时间

幼儿年龄：5岁2个月

观察记录：

豆豆小朋友各方面非常优秀，聪明、活泼、懂礼貌，好奇心强，有创新精神，喜欢表现自己。在幼儿园，她经常受到老师的称赞和表扬。在家呢，她是独生女，家庭条件优越，家长对她百依百顺，养成了她自私、以自我为中心的性格。

今天，豆豆选择了美工区，美工区的操作内容是用橡皮泥创作《漂亮的男孩女孩》。我一把操作盒放到桌子上，豆豆就把橡皮泥和操作工具抓在了手里。其他孩子也开始认真地操作，都忙着为自己设计的男孩女孩穿漂亮的衣服，装饰眼睛、鼻子、嘴巴、扎麻花辫等。不一会儿，有小朋友告诉我："老师，我们这组的黑色橡皮泥不够用了。""为什么？""豆豆都拿着，不给我们用。"孩子齐声回答。黑色橡皮泥就一块大的，开始操作前我一再强调要轮流用的。当我问豆豆时，她竟然认真地说："我还没用完。"

面对豆豆的行为，我先是采用说服教育，通过讲道理让她了解集体与个人的关系，把自己从"我"的概念中摆脱出来，我说："大家在一起游戏，你需要的别人同样也需要，同样有享有的权利，不能一人独占，要想着别人。就像操作中的工具、黑色橡皮泥本来就不多，如果轮流用是完全可以的，你要装饰眼睛、头发等，但别的小朋友也要装饰啊！假如别人也这样都全拿走的话，你用什么呢？"接着我又给孩子们讲了《孔融让梨》的故事。听了这一番话，豆豆好像意识到自己的不对，便拿过操作工具(塑料小刀)，从手里的大橡皮泥上切下了一小块，然后把大的一块放回到操作盒里，说："我们每人切一小块一起用吧！"看着孩子们继续愉快地操作，我感到无比欣慰。

分析：

现在大多数孩子都是独生子女，父母把所有最好的都给了孩子。无论孩子有什么要求，家长都尽可能满足。且因为家里只有一个孩子，也不会有人和孩子争抢。正是这样的环境造成大多数孩子不懂得分享，也不懂得谦让。

反思：

孩子良好品质的形成，是家园共育的结果，其中家庭教育起着至关重要的作用。作为家长，首先要以身作则，且当孩子有谦让行为时，应及时给予鼓励，通过家长的言语强化，让孩子懂得怎么做是对的，怎么做是不受欢迎的。作为教师，应将培养孩子谦让行为这一目标贯穿于日常生活中，遇到问题及时引导。这次，在事情发生之后，教师先是进行说服教育，让孩子了解集体与个人的关系，把自己从"我"的概念中摆脱出来，让孩子懂得，大家在一起游戏，不能一人独占材料，要想着别人。只要教师多在教育孩子分享、礼让方面下功夫，他们就能懂得分享和谦让，社会情感也会得到良好的发展。

(案例由湖南省长沙市芙蓉区教育局德政园幼儿园李丹老师提供)

3. 通过纵向对比进行分析和反思

纵向对比分析和反思，可以让教师发现和掌握幼儿在不同时期的发展水平和发展速度，是分层指导和干预的重要基础。

表 6－8　小班幼儿瑞瑞建构活动观察记录表

（芙蓉区教育局德政园幼儿园黄维老师提供）

事件	日期和时间	场景	记　录
1	2016 年 10 月 14 日	早餐后自选区域活动	餐后自选区域活动时，瑞瑞早早地就餐完毕，来到建构区进行自主建构。他从材料柜中拿出一筐雪花片，将筐中的雪花片抛洒在地上，边抛边说："下雪咯！下雪咯！"引起小朋友们一阵哄笑，竞相模仿。这一切发生在短短的几秒钟里，活动区域里没有任何的建构作品，有的是洒落满地的雪花片。
2	2017 年 3 月 21 日	班级区域活动	今天的建构区新投放了主题操作材料"可爱的小鸭"。在建构区内，有的小朋友各自拼插自己的作品"小鸭"，有的两两合作。突然一个小朋友大声喊道："老师，瑞瑞没做小鸭！"我循声过去。瑞瑞笑着对我说："风车！""不做风车，老师说是要拼插、建构小鸭！"小朋友提示着。但瑞瑞仍然拼插着自己喜欢的"风车"。并且在之后的一个月时间里，建构区的瑞瑞总是执着地建构各种各样的风车。
3	2017 年 5 月 15 日	离园自主区域活动	本月的主题活动是"马路上"，我们在建构区新增了很多大型材料，如大型木板、泡沫积塑等，旨在让幼儿围绕主题进行相关的建构活动。"我建马路，马路上要有车。"熟悉的声音传入耳中，我回头望去，原来是瑞瑞和两个小女孩一起，正在自主建构大马路。只见他拿着大型木板，拼接、围合、垒高，一脸认真的表情，建构出双向两车道的大马路。不仅如此，他还邀请其他的小朋友一起合作完成建构作品。
分析	瑞瑞在班上属于年龄偏小的幼儿，规则意识和集体生活意识还有待提高。刚入园时，当其他幼儿大都了解雪花片是一种益智玩具，可以进行拼插游戏时，他还沉浸在抛洒雪花片的乐趣中。 过了几个月，他仍处于平行游戏阶段，只会根据自己的经验、喜好来制作自己的作品，还不能按照当前的主题内容及老师的要求来完成活动。 在经过一段时间的集体生活和区域活动后，瑞瑞积累了一定的建构经验，知道如何利用雪花片进行拼插，能制作出不少成品。		
反思	从第三次的观察情况来看，瑞瑞有了突飞猛进的进步，给了老师很大的惊喜！他的建构经验越来越丰富，垒高、平铺、围拢、拼插等各项技能熟练不少，并且还能根据主题内容与其他的幼儿一起合作完成作品。 现在，瑞瑞的建构经验已经较之前有了很大的提升，老师需要在其原有的基础上，对其提出更高的要求，让瑞瑞在建构活动中更上一层楼！		

4. 通过横向对比进行分析和反思

横向对比中的分析和反思，为教师针对不同的群体和个体进行个别化教育提供了有力的支持。本章表6—1的分析和反思就是典型的横向对比。

(1) 从表中能看出平行游戏占比较多，这符合小班幼儿的年龄特点；在游戏开始时，幼儿大多数处于独自游戏的状态，随着游戏的深入，有的幼儿开始进行联合游戏。

(2) 本班幼儿在建构方面水平还不错，有很多“大马路”的作品出来，但是相互合作完成作品的很少。

(3) 在游戏活动中，教师仔细观察，尽量让幼儿自主、自由地游戏，在幼儿需要帮助时又及时介入指导，如幼儿无所事事时，主动上前询问幼儿，帮助幼儿，做好游戏的支持者。

(4) 幼儿的游戏习惯很好，能自主摆放游戏材料，合作整理收拾材料。

（案例由湖南省长沙市芙蓉区教育局德政园幼儿园贺喜梅老师提供）

5. 结合心理学、教育学理论进行分析和反思

学习《儿童发展心理学》和《学前教育学》等专业书籍，或者围绕某一主题进行文献检索，可以帮助教师了解很多他人的理论和观点，这些观点有助于教师更好地理解分析幼儿的行为，调整自己的教育行为。教师只有不断地学习，丰富自己的理论知识，让理论与自己的实践对接，才能增进对区域、对幼儿、对幼儿教育的理解，提高自身的观察评价能力。

6. 结合幼儿发展常模进行分析和反思

常模是身体发育、心理发展等方面的代表性数值和变化的量化尺度。幼儿发展常模是专业研究人员经过多年对多名幼儿的观察研究得到的一般量，也叫作平均量。把观察记录得到的幼儿发展资料与发展常模进行比较，可以帮助教师判断哪些幼儿的发展存在问题，他们是否需要额外的支持和帮助，以及应该如何为他们设计适宜的活动。

(七) 观察与记录应注意的事项

为提高观察活动的实效，避免观察和记录形式化、表面化，让观察和记录真正促进幼儿发展，推进区域活动的研究，助力教师专业成长，教师应注意以下事项：

1. 观察的目的性

尽管随机性的观察也会搜集到有价值的信息，但不能仅靠随机观察来收集

信息。有针对性的观察目的性更强，准备更充分，更有助于有效开展具体的观察活动。即使随机观察一开始没有具体明确的目的，在接下来的跟踪观察中也要逐渐明确目的。

2. 观察的系统性

观察不是一次就能完成的，教师应该按计划对幼儿各方面的发展，包括各个区域幼儿的表现和发展状况进行系统的、有序的、有计划的观察。观察幼儿的过程就是研究幼儿的过程，只有不停地研究幼儿才会寻找到有针对性的教育策略。

3. 观察前的准备

观察前的准备工作主要包括以下方面：

(1) 观察计划的制订，包括观察目标、内容、时间、地点、具体方法和步骤等。

(2) 观察对象的选择。

(3) 对观察对象的前期调查了解。

(4) 观察工具的选择和熟练运用，如观察对照表、记录本、摄像机、照相机等。

4. 观察内容的筛选

教师必须根据观察目的对观察内容进行筛选，主要包括筛选观察对象，筛选有价值的信息，寻找问题或问题症结所在等。

5. 观察记录真实、详细、客观

教师在观察时，不要带个人情感，也不要有自己的主观臆断和猜想，应尽可能把自己当作“局外人”，冷静、客观、真实、详尽地记录幼儿的行为、语言和交往状况，只有这样才能获得有价值的原始资料。

6. 记录后的分析、反思

分析与反思是不同的。分析主要是指教师对幼儿在活动中表现出的语言、行为、交往等特点进行解读，并探寻原因，得出结论。反思则是教师对于材料投放或自己在区域活动中所起作用的省察，以便寻找改进工作的措施。

7. 观察记录的交流与研讨

教师要重视对观察记录资料的运用，可组织开展交流活动，通过交流、对话和研讨，拓展和丰富对于记录的意义的理解。

8. 保障幼儿的隐私权

有关幼儿的观察记录应该保存在安全的地方，一般不外传。如果要使用观察记录进行学术交流，请用化名。如果要使用幼儿的照片或成长故事，请征求其监护人同意。

9. 处理好观察记录与正常区域活动指导的关系

教师要明确的是观察记录是为教育服务的，不能为了记录而影响正常的保教工作，也不能为了观察记录而放弃了对幼儿的指导。

二、幼儿园区域活动中的指导

尽管本书反复强调幼儿在区域活动中的自主性，但并不意味着区域活动就等于自由活动，教师仍然有责任对幼儿的区域活动进行指导，只不过这种指导更多的是隐形的，需要注意指导的艺术。区域活动指导的核心是帮助幼儿提高活动的计划性、目的性、有效性，引导幼儿学会选择，学会共处与分享，学会创造性地使用材料，而不是仅仅管理纪律，控制纷争与噪声。教师是环境的提供者，同时也是区域活动的观察者、参与者、合作者、指导者。但一定要记住，教师的指导是支持、帮助和引导，而不是控制。

(一) 区域活动指导的特殊性

区域活动是幼儿园一日活动的重要组成部分，既不同于集体教学活动，也不同于自由游戏，教师对于区域活动指导的特殊性应该有一定的了解。

1. 人员分散，活动众多

以活动室 120 平方米、40 名幼儿的一个班为例，一般开展区域活动时，班级会有 6—8 个区域开放，而每个区域里又会有多个不同的操作活动或交往小团体，全班幼儿分散在各个角落里，对于教师来讲，组织管理和指导的难度较大，这也是很多教师不敢放手开展区域活动的主要原因。

2. 没有固定、具体的指导目标

集体教学活动中有预设的活动目标，教师指导的时候根据目标进行。但区域活动只有大的较笼统的目标，与幼儿阶段性发展目标(学期目标、月目标、周目标)一致。而每个区域因功能不同目标也不同，即使是同一个区域，不同时期目标也不同。此外，进区的幼儿不同，目标也会有所不同。所以，对于教师来说，要根据实际情况灵活地把握和调整指导目标。

3. 活动过程灵活多变

在区域活动中，幼儿可以自由地选择区域，自由地选择玩伴，自由地选择玩具材料开展自己喜欢的各种活动，而活动过程大都没有固定的程序和模式，随时会有各种变化，如发生幼儿之间的交往矛盾、幼儿对材料的争执、幼儿对材料的创造性运用、幼儿兴趣的变换转移……区域活动过程的灵活多变必然带来教师

指导上的困难。

4. 区域活动中更多的是隐性指导和间接指导

区域活动是幼儿自己选择的活动，既有游戏活动，又有自主的学习活动，由于活动过程强调幼儿的主体地位，所以如果教师的指导过多、过硬，极易把活动引向反面，成为变质的小组教学活动。因此，教师应该更多地选择以玩伴的身份参与活动，间接指导幼儿活动，或者利用材料进行隐性的指导。

5. 区域活动中教师角色定位多元，对教师的指导要求更高

教师只有明确自己在幼儿区域活动中的角色定位，并根据幼儿的活动情况灵活调整，才可能有效地指导区域活动，以利于更好地支持和促进幼儿的全面发展。

(二) 区域活动指导的注意事项

区域活动不是集体教学活动，它强调的是幼儿在有准备的环境中进行自由、自主、自选的活动，所以教师在指导时，一方面不能破坏幼儿活动的自主性、自愿性，不要把区域活动演变成教学活动；另一方面又要通过适宜的指导帮助幼儿更好地投入活动，获得全面的发展。在指导过程中，教师应注意以下几个方面：

1. 根据观察，确定指导的必要性和指导时机

教师何时介入区域活动会增强幼儿的活动兴趣，并提升幼儿的活动经验，何时介入会消解幼儿的活动热情，并干扰幼儿的活动进展，这完全取决于教师对幼儿活动的观察与思考，以及在此基础上对活动介入时机的判断和把握。

在区域活动中，点点当了娃娃家的妈妈，贝贝当宝宝。点点给贝贝穿好衣服，一起来到餐厅准备用餐。

点点对贝贝说："你在这里坐好，我给你做好吃的！"

贝贝很听话地说："好的，妈妈！"

点点做了胡萝卜、青菜、面条、鸡腿等很多菜(都是塑料玩具)。

然后，点点开始喂贝贝吃饭，只听点点一个劲地说："你把嘴巴张开，啊！""你张大嘴巴！"

这时贝贝真的张大嘴巴，啊——点点拿起萝卜就往贝贝嘴里送，教师急忙拦住，说："这个萝卜是不能吃的！这个萝卜是假的！"

两个幼儿你看看我，我看看你，开始假装吃起来。

(点点 3 岁 10 个月，贝贝 3 岁 5 个月)

(案例由湖南省长沙市芙蓉区教育局德政园幼儿园杨波老师提供)

从上面这个案例来看，幼儿沉溺于游戏的情景时，往往会将假想与现实混淆，以假当真。特别是当游戏情节中出现假想的食物时，幼儿真的会把它放入口中含着或咀嚼，虽然会再吐出来，但这样既不卫生又不安全。因此，教师在小班幼儿进行活动时必须十分注意这种情况，及时介入，加以引导。这名教师直接告诉幼儿“这个萝卜是假的，不能真的吃”，防止这一“以假当真的行为”可能带来的危险，是很有必要的。同时必须注意的是，小班的玩具应当增加消毒次数，尤其是某些比较逼真的食物模型。

2. 在尊重的基础上进行巧妙的引导

科科喜欢摆弄建构材料。今天，科科用磁性积塑拼了一个小模型，由四个平面圆连接，四个圆分别是蓝色、一半绿一半黄、白色和红色，一端还连着两个正方形。教师凑到科科耳边问：“你拼的是什么？”科科看看老师，眨眨眼：“嗯，是糖葫芦。”

教师指着问：“为什么要拼这些颜色？”科科看看教师，没做声。

教师又问：“你吃过的糖葫芦是什么颜色的？”科科又看了看教师，还是没做声。

教师想了想接着问：“那么你的糖葫芦是什么口味的？”

科科依次指着一个一个不同的圆说：“这是蓝莓的（蓝色），这是哈密瓜的（一半绿一半黄），这是牛奶味的（白色），这个是草莓味的（红色）。”

教师兴奋地说：“原来你的糖葫芦有这么多口味，一定很好吃。”科科“嗯”了一声后，又接连拼了好几个“糖葫芦”，一边拼，一边说：“我再拼一个西瓜味的，再拼一个苹果味的。”这下他马上根据所想要的水果口味来选择颜色了，活动的兴致也越来越高。

（科科 4 岁 4 个月）

（案例由湖南省长沙市芙蓉区教育局德政园幼儿园李素琴老师提供）

4 岁以上的幼儿，行为应该具有一定的有意性，然而教师发现科科的行为似乎还具有无意性的特征，便在尊重幼儿阐述的同时适当地介入幼儿的活动，试图通过提问了解他的活动意向。果然，科科的回答表明他是一种无意性的拼搭。教师不断调整提问的角度，为幼儿提供了想象的空间和表达的机会，支持了幼儿行为的有意性。

3. 根据幼儿的年龄特点和区域功能进行有针对性的指导

幼儿各年龄段发展特点不同，教师指导的方式方法肯定不同。对于年龄较

小的幼儿，教师指导时应该更少地使用语言，多一些示范和动作引领。对于中、大班的幼儿，教师可以更多地参与幼儿的活动，以玩伴的身份介入指导，这样会更有利于幼儿接受，也有利于促进师幼的感情。此外，各区域功能不同，特点不同，开展的活动不同，教师指导的重点也应不同。

4. 避免干预过多导致活动性质改变

区域活动中如果教师干预过多，极容易改变区域活动自由、自主、自选的性质，这也必然导致区域活动丧失自己独特的价值。

这天菲菲做幼儿园的老师，她先教晨晨、冰冰、乐乐三人画画，然后准备带他们到橘洲公园去参观。她说："现在老师要带你们去公园，一定要跟着老师走，听到了吗?"接着她带着队伍出发了。

走了几步，她放开乐乐的手，独自跑到教室跟前："我要带大家去公园，老师，哪里是橘洲公园啊?"

教师说："你认为教室里哪里最像橘洲公园?"

她左右环顾了两圈，最后说："我觉得我们洗手的地方最像橘洲公园，因为那里有水，就像湘江。"

教室笑着点点头，认可了菲菲的发现。

于是，菲菲带着一队幼儿到厕所的洗手池边，开始讲解："这是湘江，橘洲公园在中间，那边是岳麓山，这边是……"

游戏结束，教师和菲菲聊天："对这里的橘洲公园还满意吗?"

菲菲说："要是还有些房子和山就更像了!"

第二天的游戏中，菲菲和同伴一起在洗手池一边的墙上贴了一些高高低低的房子，另一边的墙上贴了山地，她的橘洲公园真的建成了!

(菲菲 5 岁 4 个月，晨晨 5 岁 11 个月，冰冰 5 岁 6 个月，乐乐 5 岁 3 个月)

(案例由湖南省长沙市芙蓉区教育局德政园幼儿园杨波老师提供)

从这个案例可以看到，活动室是一个有限的空间，而幼儿在活动中的想象是无限的。一般来说，他们能跨越时空的限制，随时通过情景转换就地为自己假想出一个个游戏的场景。这里，当菲菲为寻找想象中的场景来求助教师时，教师意识到这只是活动过程中的一个暂时的场景，这对幼儿继续活动并不构成太大的困难，于是她只是提醒了一下"教室里哪里最像橘洲公园"，以引发幼儿自己的联想，让幼儿自己解决问题，而不需要专门指导幼儿为这个场景去做太多的事，否则活动就会转移目标。活动结束后，教师对菲菲说的一句话，是对深化活动做出的试探性引导，如果幼儿对创设橘洲公园环境有兴趣则会受到启发，如果没有兴趣则不会在意。

5. 以个别指导、小组指导为主

区域活动时幼儿都是分散活动，所以教师介入指导时主要是和幼儿个别交流或小组交流，只有在活动前选区时和活动结束时的分享与交流阶段才可能会有集体指导。

6. 关注幼儿平时经验的积累是区域活动有效开展的前提

重视幼儿生活经验的积累，引导幼儿有目的地观察生活是区域活动开展的基础。比如，在建构区搭建作品“我生活的周围”时，教师可以先让幼儿观察周围环境中的建筑及各种小区设施设备的图片，了解不同设施的造型特征。如此一来，教师就可以较容易地引导幼儿思考用哪些积木来搭建什么建筑，怎样用积木来表现建筑物的结构特征和组合关系。

(三) 区域活动指导的一般策略

尽管各个区域的功能不同，性质不同，指导的具体策略也不同，但因为有相同或相似的特质，也都是幼儿在特定的环境中的自主活动，所以在指导上有一些共同的一般策略。

1. 通过材料指导

区域活动中，教师最主要的隐性指导策略就是通过材料物化活动目标，通过材料的层次递进引导幼儿有序地发展，通过材料的调整引导幼儿的发展方向。

2. 通过让幼儿合作、互助指导

区域活动中，幼儿会自然地分组，三三两两一起游戏，所以教师应该充分地利用幼儿之间合作、互助的关系进行适宜的指导，比如引导幼儿相互学习和模仿，以强带弱，给幼儿设置共同任务，引导他们分工协作，并帮助他们妥善解决冲突与矛盾等。

3. 通过参与活动指导

教师参与幼儿的活动有平行介入指导和交叉介入指导两种方式。

(1) 平行介入指导

平行介入指导是指教师在与幼儿空间距离接近的地方，与幼儿使用相同的材料，从事相同的活动，旨在引导幼儿模仿。在此过程中，教师主要起暗示指导的作用。在区域活动中，教师发现有的幼儿对活动区材料的性能不了解或缺乏正确的操作方法与技能时，可以在幼儿附近用同样的材料进行活动，但并不与幼

儿发生直接的言行互动，也不直接介入幼儿的活动之中，而是利用自身的行为起到榜样示范的作用，对幼儿的活动进行暗示引导。

(2) 交叉介入指导

交叉介入指导是指当教师发现幼儿的活动需要指导时，以活动合作者的身份自主扮演角色进入活动情境，或教师被幼儿邀请参加活动，通过与幼儿的互动起到指导幼儿的作用。在此过程中，仍然由幼儿自主掌握活动进程，教师只是扮演其中的一个角色，根据区域活动的需要对幼儿的行为作出语言或动作方面的反馈。

4. 通过引导讨论指导

中大班的幼儿不仅表达能力增强，而且有自己的主见，因此教师可以通过活动前的讨论帮助幼儿增强活动的计划性和目的性。活动中一般不进行集体讨论，避免干扰幼儿的活动，但可进行个别或小组讨论，以此来丰富幼儿的活动内容，及时解决活动中的困难。活动结束后，集中开展分享讨论以帮助幼儿分享成果，提升共同经验。

(1) 活动前教师引导讨论的要点

① 讨论环境创设

在区域活动中，教师是环境设计的主要引导者和准备者。活动氛围的创设要能体现区域活动的信息，激发幼儿参与区域活动的兴趣和愿望。在氛围创设的过程中，教师要引导幼儿共同参与，这更容易激发幼儿的参与热情。

② 讨论材料

在区域中投放新材料时，可以先在一个区域内选择一种新材料进行投放推介，引发幼儿的兴趣，并集体讨论其操作方法。随着主题教学内容的不断增加，再将其他的新材料逐一介绍给幼儿，进而推动新的活动主题，不断丰富区域活动内容。在此过程中，教师要根据幼儿在区域活动中的表现确定在哪一个区域率先投放新材料。

③ 讨论问题

教师通过向幼儿抛出问题，自然而然地引出相关的区域活动内容，这种以问题呈现为导入方式的策略，能使幼儿在区域活动中更加积极主动，而且容易获得成就感。

(2) 活动中教师引导讨论的要点

① 观察

教师在观察幼儿活动时，要会及时判断、捕捉幼儿所需，并提供积极的支持，促使区域活动开展得更加深入。

② 询问

当幼儿的活动停滞不前时，教师启发性地询问能促进区域活动有新的进展。

③ 回应

当幼儿在区域活动中有新的玩法时，教师的回应会给予幼儿最大的鼓励。

④ 分层

班级中幼儿的发展水平不同，因此教师在设计、投放材料时要考虑材料的层次性。

(3) 活动结束后的交流讨论环节中，教师的指导要点

① 讨论新发现

在区域活动中，幼儿在原有内容的基础上有新的发现或拓展时，教师要及时组织幼儿进行集体交流，促使新的内容得到共享。

② 讨论新问题

幼儿在区域活动中制作完成各种作品时，教师要搭建展示的平台，使幼儿产生强烈的成就感。

③ 讨论新经验

在区域活动开展过程中，教师可以设计记录表，引导幼儿活动结束时记录自己在活动中的情况，如“我会玩吗”“我高兴吗”“我整理好了吗”等。教师通过幼儿的记录了解幼儿在区域活动中的活动情况，并适时地和幼儿交流沟通，发现幼儿的新经验，供大家一起分享与讨论。

(四) 各区域的指导要点

教师在掌握区域活动一般指导策略的基础上，还应根据各个区域的性质、功能、活动目标来确定各区域的指导要点，在对幼儿区域活动细致观察的基础上给予适时、适度、适当的指导，从而充分发挥区域活动在幼儿成长发展中的独特作用，促进幼儿多方面能力的发展。

1. 语言区指导要点

教师参与语言区活动，有助于发展幼儿的潜能。教师介绍区域材料并在区域活动时与幼儿互动，可以增强幼儿参与语言活动的积极性。

(1) 提供获得背景知识的机会

幼儿对文字的理解影响他们对阅读内容的理解。可以为幼儿提供丰富的环境和经验，让他们对各种具体的事件和人物有所了解。

(2) 有目的地使用新词汇扩展幼儿的词汇量

幼儿的词汇量和阅读理解能力之间有较强的联系。当教师与幼儿交谈时，不仅要使用最常见的词汇(3 岁 800—1 000 个，4 岁 1 600—2 000 个，5 岁 2 200—3 000 个，6 岁 3 000—4 000 个)，还要适当使用一些高级词汇或复杂词汇。教师在与幼儿互动时通常有很多关注点，所以很难在实际互动中思考并使用丰富的词汇。因此，教师需要提前准备与幼儿互动中使用的新词汇，如有关新的活动区、材料或活动主题的词汇。

(3) 积极地倾听

为了做到积极地倾听，教师需将全部的注意力集中在幼儿身上。教师可以蹲下来与幼儿交谈，以保持两者的视线平行，与他们进行目光交流；不打断或改变主题；给予言语或非言语反馈；关注幼儿传达的信息，了解现象背后的原因，以及幼儿所表达的情感；对幼儿提出的要求、困难等进行回应，显示教师对他们的理解；教师还应该留出时间倾听幼儿，特别是倾听有口吃或表达能力差的幼儿，让幼儿把话说完。

(4) 提出合理的开放性问题

开放性问题能促进幼儿的语言发展，因为这类问题通常会有多个答案，能促进对话，也可以促进同伴互动讨论。

(5) 为幼儿朗读图书

区域活动时间是教师为个别或小组幼儿朗读的最佳时机。在这个时间段，师幼之间可以相互亲近，并有机会用集体活动中无法运用的方式促使幼儿与图书互动，培养幼儿的阅读兴趣。

(6) 将口语转换成书面语

教师可以通过多种方式，帮助幼儿理解口语与书面语之间的转换，如创编有关班级经历的故事，将幼儿口头讲述的故事录音转译成图文等。

(7) 示范使用语言区材料

一天当中教师有很多机会向幼儿示范阅读、前书写及其他语言活动。教师需要示范语言区操作材料的使用方式，帮助幼儿理解如何使用这些材料；教师还可通过为个别或全体幼儿提供所需的指导，支持他们阅读和前书写。

(8) 尽可能满足所有幼儿的需求

教师应该通过提供各种符合幼儿发展的、有趣的图书和各类书写、操作、口语材料，并组织相关活动，尽可能满足所有幼儿的需求。

2. 科学区指导要点

为了发展幼儿的科学知识，教师应该为他们创设一个有效的科学区，并选择合适的区域材料和活动。同时，教师应在幼儿使用该区的过程中，持续地与他们互动。互动对幼儿的科学学习及材料的使用有重要的影响。

(1) 选择适合的科学概念

幼儿需要学习的科学概念，包括自然科学、数学、系统和互动、因果关系等。教师需要基于幼儿的兴趣、发展水平、相关国家标准以及周围环境，为他们选择所要学的科学概念。幼儿对活动背后的科学探究，至少要有基本的理解。如果没有，他们就会将科学看作魔术，或者认为学习科学是不安全的。

(2) 了解幼儿现有的知识

幼儿有一些先入为主的概念，这些概念可能准确或不准确。为了了解幼儿现有的知识和概念的掌握情况，教师可以请他们解释某种现象，并通过细心的提问发现幼儿在认识上的错误；再通过为幼儿提供实践操作的机会，使他们在现有知识的基础上能进行正确的理解和解释。

(3) 让幼儿参与科学谈话

在集体科学谈话中，教师可以介绍材料、激发兴趣，并鼓励幼儿分享他们现有的知识、数学概念、学习体验。幼儿在科学区进行持续性活动时，可以用不同方式记录他们的学习过程，如通过拍照、绘画、建模型、制图表等，并将这些在集体活动时与其他幼儿分享。幼儿之间互动讨论，能创造更多的学习机会。

(4) 鼓励幼儿积极思考，总结经验

教师要鼓励幼儿通过思考和沟通概括已学的知识，分析他们的发现，并积极引导幼儿与他人讨论、解决问题。

(5) 激发幼儿好奇心

幼儿天生好奇，如果教师能运用好这种好奇心，创设令幼儿喜欢的科学区，就能让幼儿享受科学学习。

(6) 用提问帮助幼儿推理

提问能促进幼儿进行逻辑推理并深入思考。教师可以通过细节性的提问，帮助幼儿更深刻地思考某个主题或理论。同时还能用提问题作为提供新挑战和激发活动兴趣的方式。

(7) 鼓励幼儿解决问题

教师应积极地教幼儿解决问题的步骤（包括理解问题、计划解决问题、实施

计划以及总结实施情况)。教师还需要发展幼儿解决问题的能力并鼓励他们尝试各种可能的方式。

(8) 评估并记录个体幼儿的学习活动

教师可以评估并记录幼儿的科学探究能力、数学认知能力、技能掌握情况和性格发展情况,以此判断他们的进步与学习的需求。这使教师能更好地设计有助于幼儿学下一个相关概念的活动,并准备材料。评估和记录可以帮助教师反思自己的教育效果。教师可以用各种方法评估幼儿的科学探究能力、数学认知能力,评估幼儿的兴趣,评估幼儿现有的知识,以及评估幼儿的学习情况。

(9) 尽可能满足所有幼儿的需求

在学前教育中,确保所有幼儿都有学习科学的机会很重要。学前教育为幼儿今后的科学学习奠定了基础。通过科学学习,幼儿可以更好地理解世界。教师要鼓励幼儿进行以探究为主的科学活动;尊重幼儿的已有经验以及他们掌握的知识;在科学区提供开放式材料,满足各种层次的发展需求。

3. 美工区指导要点

教师在促进幼儿获得美术技能,表现美、创造美和欣赏美的过程中,起到至关重要的作用。

(1) 多让幼儿接触美术作品

幼儿需要接触丰富的美术范本和作品。教师可以带领幼儿参观画展、雕塑展、陶艺展。许多绘本中含有高质量的插图,这些插图也为幼儿提供了很好的接触美术的机会。

让幼儿接触到各种各样的美术作品是很重要的。幼儿早期的美术经验,会影响他们一生的艺术品位和喜好。这些喜好通常不容易改变。教师可以给幼儿介绍不同时期、不同地域的艺术家及其作品,并帮助幼儿理解以下三点内容:第一,艺术作品由不同年龄段、不同的地区和时代的作者创作;第二,艺术作品总是可以在某种程度上反映艺术家的生活;第三,艺术作品通过各种材料创作而成,某些材料可以在大自然中找到。

(2) 与幼儿讨论美术

教师应该与幼儿一起讨论美术作品、美术史和美术活动。教师还可以自主学习和了解一些艺术流派、艺术家及其所处的历史背景,并和幼儿分享这些信息,以此帮助他们学习更多的美术史。讨论作者创作美术作品的原因也很重要。

(3) 向幼儿传授技能

教师应运用适合的方法,向幼儿传授美术技能,发展幼儿的美术能力,帮助幼儿更好地表达自己的创意。

(4) 认可幼儿的创作,讨论幼儿的美术作品

有许多方法可以认可幼儿的创作,包括举办作品展览,把幼儿当作艺术家,和他们讨论艺术作品等。用有吸引力的方式展示幼儿的作品,并且给予认可,这使幼儿感到自己和自己的作品很重要。教师可以请幼儿描述自己的作品,和他们一起讨论作品的元素、色彩、色调、对称性、主题、采用的技巧等。讨论作品是美术活动的延伸,是教师了解幼儿思想和心灵的窗口,也能为家长和管理者提供丰富的信息。让幼儿决定他们想要展示的作品,能反映他们自己的内心想法。教师可以通过带领幼儿讨论展览目的、参观展览和制作一张需要考虑到的问题清单,帮助幼儿学习如何做展览。还可在美工区内创设一个装裱区,以此鼓励幼儿自主参与到展览活动中。

(5) 设置挑战

教师可设置挑战,请幼儿用简图表现记忆、想法。教师还可以鼓励幼儿回访他们的作品,更深入地探究媒介、主题或当下正在创作的美术作品。此外,教师还可以让幼儿思考他们是否充分描述了自己的想法,并且鼓励他们继续创作他们的作品,直到满意为止。

(6) 观察并记录幼儿的创作过程和作品

记录幼儿美术作品的方式有很多,包括保留原本的作品,给立体的作品拍照,或是保留幼儿对于同一主题的各种演绎方式,或者对不同媒介的运用。请年龄大些的幼儿表达自己选择这个主题的原因、创作过程和创作中遇到的困难,由成人代为记录,以此增加更多的信息。教师可以和年纪较小的幼儿讨论,并由成人将对话记录下来。幼儿的作品可以放在成长档案袋中,加入轶事观察记录、幼儿创作时的照片以及对作品的描述和分析等。教师观察、记录幼儿的作品时,可以考虑以下几点:

在美术创作中要表达什么想法?是否有一个主题?

幼儿更倾向于使用哪种媒介?他可以成功使用这种媒介吗?

幼儿运用了哪些技巧?创作这幅作品有什么特殊的目的?

这幅作品的想法是从哪里来的?幼儿花了多长时间创作这幅作品?

他有没有事后回访这幅作品?回访做了哪些修改?

他是否用各种不同的媒介，表达自己的想法和主题？当媒介不同时，想法有什么改变？

幼儿处于哪个美术发展阶段？

幼儿是否有能力表达美？他们是否运用美术用语描述作品？

观察和记录幼儿的美术发展，可以为教师和家长提供更多的幼儿发展信息。教师也可以运用这些信息，为幼儿准备合适的材料和活动。

(7) 尽可能满足所有幼儿的需求

教师需要确保美术区的材料能反映文化的多样性，并尽可能满足幼儿的不同需求。美术为幼儿提供了接触本土文化、了解其他文化的良好机会。展示和讨论不同文化背景或是残障人士创作的美术作品，可以帮助幼儿更好地了解自己和他人的文化。展示艺术家的作品，也能帮助幼儿了解文化差异。

4. 生活区指导要点

有些教师认为，生活区是不需要教师干预，幼儿就能进行活动的区域。但是，研究却发现，教师能使幼儿更投入地进行生活区的活动。以下将介绍教师如何在生活区支持幼儿的学习。

(1) 介绍新材料

当幼儿做好准备时，教师可以通过小组或单独的形式，给他们介绍材料，这个过程能帮助幼儿了解如何使用材料，并提高他们对材料和工具的热爱程度。

(2) 保持区域的吸引力

教师可以通过添加新材料和移走幼儿不再使用的材料，保持区域的吸引力。在教师移走材料之前，应保证幼儿有机会操作材料和工具。

(3) 给予鼓励和认可

教师可以通过观察幼儿在生活区的活动，给予鼓励性评价，讨论他们的进步，记录他们的学习方式，并鼓励和认可他们的活动。教师还可以为幼儿提供展示作品的空间。生活区通常为个体或小组的互动会话提供了良好的机会。谈话通常是对幼儿所使用的材料和策略的讨论。而当幼儿坐着扣纽扣、穿衣服时，他们又常会谈与手中材料无关的话题。

(4) 教授正确使用工具的方法

当幼儿在身心发展上已经准备好时，教师需要教给他们正确使用工具的方法，比如正确使用剪刀的方法等。采用合适的身体姿势进行小肌肉动作活动很重要。例如，坐着剪比趴在地上剪东西更有效。

(5) 注意物品尺寸的影响

幼儿使用小物体(长、宽在 10—30 cm 范围内)操作时,会更有效。但是如果班里有很多幼儿常将物品放在嘴里,教师就必须确保幼儿使用的材料没有引起窒息的危险。

(6) 观察并记录幼儿的学习

生活区不像美工区等其他区域那样,容易保留活动作品。因此,教师就更有必要用各种方式,如拍照、列清单或记录轶事等,记录幼儿取得的进步、克服的困难和达成的成就。

(7) 尽可能满足所有幼儿的需求

幼儿有不同的关于小肌肉动作技能的经验。幼儿的兴趣和态度、材料供给和文化价值观,影响他们花费在小肌肉动作技能活动上的时间。由于小肌肉动作技能对幼儿园到小学三年级儿童来说至关重要,教师需要为小肌肉动作发展欠佳的幼儿提供更多的活动机会。惯用左手的幼儿使用右手有困难,教师应该给惯用左手的幼儿提供专门设计的工具,如剪刀等,教他们正确使用工具和材料,让他们体验成功。

5. 表演区指导要点

教师要根据表演内容的不同以及幼儿的身心发展特点和水平有针对性地进行指导。

(1) 提供欣赏音乐、语言、戏剧表演的机会

向幼儿介绍不同种类的表演,组织幼儿观看各种表演节目,并鼓励幼儿回家为家人表演在幼儿园学习到的歌曲、舞蹈与故事。

(2) 让表演贯穿一日活动

幼儿每天都有很多学习和吸收表演知识的机会。教师可以在一日活动中的过渡时间给幼儿唱各种歌曲,讲有趣的故事,也请幼儿为集体表演节目,让幼儿有更多的机会表演,互相学习和评价。

(3) 介绍新道具和表演活动

为了让幼儿可以在表演区充分利用各种道具,教师需要向他们介绍这些材料,并组织相关的学习活动。例如,教师需要向幼儿示范如何正确地使用和护理乐器。

(4) 成为享受表演的榜样

幼儿总是从教师的身上学习东西,所以教师本身对表演感兴趣是很重要的,

教师可以在平时的课程中经常演唱歌曲、表演律动操、讲故事，或进行情境表演等。

（5）与幼儿互动，增加他们的知识

教师的参与可以帮助幼儿在表演中发展更多的技能。例如，教师可以向幼儿展示怎样演奏一种乐器，可以鼓励幼儿进一步学习，也可以引导他们在表演中挑战自己。例如，教师可以问："如果放一首新的乐曲你会随着它一起舞蹈吗？"

（6）示范表演技巧并和幼儿一起探讨表演

幼儿会学习一些成人常用的表演技巧，教师可多进行示范。同时，也可和幼儿一起探讨表演，如讨论表演的类型，讨论表演小组的人数，讨论表演的情节和动作等。

（7）认可幼儿的表演

教师应该认可幼儿的表演。方式有很多，包括描述幼儿在活动中的表现，向他们询问信息，讨论表演的过程或指出他们的进步和努力。另一种方法是，拍摄或录制幼儿表演，使幼儿能重温这段经历，并可以将它与家人和朋友一起分享。

（8）观察并记录幼儿的表演技能

幼儿在表演中的技能可以表现为以下几个方面：能随着表演需要抒发情感；会表演各种简单的节目；可以演奏各种乐器；能小组合作表演；有自己独特的表演爱好等。教师应当观察并予以记录。

6. 建构区指导要点

教师可以通过提供背景经验，认可建构者，制定有助于建构的规则，与幼儿互动、进行集体建构谈话以及创设挑战、提供激励的方式，促进幼儿在建构区的学习。教师应尽可能满足所有幼儿的需求，同时还应该定期观察并记录幼儿的活动和学习过程。

（1）提供背景经验

幼儿通常搭建他们在生活中见过的楼房。为了丰富幼儿的建构经验，教师可以带他们去散步，探索建筑物并讨论它们的特征，还可以带幼儿参观各种建筑群。

（2）认可建构者

积木建构的作品可以保留的时间较短暂。教师要在建构物倒塌前，及时地给予评价。教师可以通过拍摄或描绘积木建构物，展示积木建构物的照片，将积木建构物上贴上建构者的姓名，鼓励幼儿总结经验并组织讨论等方法认可幼儿的建构作品。

(3) 制定有助于建构的规则

制定有助于幼儿成功建构的规则很重要，教师还需要评估规则的必要性。允许幼儿跨区域地使用材料，能丰富幼儿的游戏经验。

(4) 与小组或个别幼儿互动

在材料丰富的学习环境中，幼儿不但可以通过自主探究学习，还能通过观察他人和同伴相互指导进行学习。然而，成人的鹰架式帮助能进一步促进这些学习。但在与幼儿互动时，教师需要避免代替幼儿游戏，因为这样会减少幼儿游戏的机会。

(5) 进行集体建构谈话

集体的建构谈话可以激发幼儿的建构兴趣、拓展学习内容并认可建构者。具体可介绍建构材料，计划建构项目，探讨并解决建构中的两难问题，用积木进行教学活动，讨论并分析积木建构数据等。

(6) 创设挑战并提供激励

教师还能创设挑战并提供激励。挑战通常与幼儿当前的建构游戏有关，挑战能激发好奇心和兴趣，有助于提高幼儿的建构技能。提供激励有时也能鼓励不愿参加建构活动的幼儿参与活动。

(7) 评估与改善建构区

教师需要持续性地评估建构区，确保它能提供激发幼儿兴趣并促进他们发展所需要的材料。这包括仔细观察幼儿的建构水平和他们所搭建的建筑物。

7. 角色区指导要点

为了开展高质量的角色区活动，教师应为幼儿提供背景经验，创设高效的角色区并保持区域的吸引力。

(1) 提供丰富的背景经验

丰富的背景经验能促进幼儿角色游戏的发展。幼儿一般可以通过实地考察获得角色游戏的背景经验，教师应该为幼儿提供各种可以模仿的角色。对幼儿来说，真实地看到各种角色及其活动很重要。在实地考察时，教师可以告诉被拜访的角色对象幼儿的兴趣点、可能会提出的问题以及目前的理解程度。教师还可以通过邀请嘉宾、表演木偶戏、讲故事和播放视频，帮助幼儿了解相关的角色。

(2) 创设高效的角色区并保持区域的吸引力

创设角色区时，教师应该考虑幼儿参与游戏的机会。当教师每次更新区域

或投放新材料时，请思考这几个问题：幼儿喜欢在区域里做些什么？可以体验哪些角色？道具如何支持幼儿诠释角色？幼儿是否理解自己扮演的角色？总之，角色区的更新，应能促进幼儿的自主参与。并且，教师需要根据幼儿的兴趣特点，及时更新区域，并拓展他们所需的知识。教师还可通过多种方式，增加角色区的趣味性，也让幼儿一起参与到区域的环境创设中，如举办“超市开展大酬宾”“开业典礼”等活动。

(3) 为角色游戏提供充足的时间

角色游戏需要有充足的时间，选择和讨论角色以及挑选道具都很费时。角色游戏所需的时间，很大程度上取决于幼儿的年龄。但是对于幼儿园的幼儿来说，为保证游戏的深度，每次至少需要1小时的游戏时间。

(4) 介绍材料并按需提供教学活动

为支持幼儿游戏，教师应该介绍新投放的材料，并在必要时，提供一些相关的教学活动。此外，开设一些有关如何加入并持续游戏的小课程也很有用。

(5) 拓展游戏

对于年龄较小的幼儿，教师可以参与到角色游戏中，拓展他们的游戏。对于已经能和同伴合作进行游戏的幼儿，教师应该让他们自主决定游戏情节。

(6) 鼓励幼儿借取其他区域的材料

教师可以鼓励幼儿从别的区域借取材料，促使他们创造出新的道具，将原有的道具另作他用，并且引导幼儿将在其他区域里学到的知识运用到角色区。这也能增强幼儿对该区的兴趣。

8. 户外区指导要点

教师应该认识到户外区域活动的重要性，使户外区变成一个能满足幼儿兴趣和需求的动态环境。如同对待室内活动一样，教师也有责任为幼儿设计每天的户外活动并与他们互动，支持他们的学习，促进幼儿间的社会交往并鼓励幼儿开展安全游戏。

(1) 创设丰富且具有挑战性的自然环境

户外环境需要依据幼儿的兴趣和需要不断地调整。在规划户外区域时，尽可能多元化，尽可能丰富内容，让户外真正成为满足幼儿学习和发展需要的重要场所。

(2) 制定户外游戏时间表

《纲要》指出幼儿园一日作息时间中必须包含2个小时的户外活动时间。教师应制定户外游戏时间表，以保证每天有足够的户外活动时间。在天气晴好的情况下，幼儿都能进行户外活动，但是，教师和幼儿应该为活动准备好合适的衣服。如果天气不好而不能进行户外活动，教师可以利用功能室、走廊或楼梯间进行类似的活动。如果实际条件不允许，也可以在班级活动室里进行。

(3) 设计特别的户外活动

应尽量多策划一些特别的户外活动。这些活动为幼儿提供更多的选择，从而丰富他们的锻炼机会。障碍训练场可以增加活动的多样性，它可以由幼儿自主创设而成。

(4) 提供丰富的道具

道具能够拓展幼儿的学习，也能支持他们的发展水平、兴趣和活动目标。教师应为户外活动提供丰富的道具。

(5) 与幼儿互动

为了让幼儿得到更好的发展，教师应与他们互动。在户外活动中，教师要和幼儿一起游戏，示范和教授活动技能，引导幼儿热爱、享受大自然，给予幼儿鼓励和认可等。

三、幼儿园区域活动中的评价

评价在教育实践中起到一种杠杆作用，但这一作用却未必一定会把教育推向理想的方向。评价是一把双刃剑，评价的理念、目的以及评价的方法和技巧都影响着教育的导向。

(一) 评价的理念

所有的文化都是平等的，文化的差异性和由此产生的智力发展的多样性应当得到尊重。

多元智力理论强调智力的社会文化性，坚信“人类所有的智力活动都是在各自的文化背景中展现的”，智力总是在特定的文化和社会环境中彰显其价值，不应将智力视为超越文化和社会环境而独立存在的东西，而这正是传统智力评价的主要弊端之一。多元智力理论以平等的眼光看待所有的文化，而不是把某种主流文化看作凌驾于其他文化之上，因而主张在评价中充分尊重不同文化中智力表现的多样性，充分尊重不同社会环境中幼儿个体经验的差异性，在一个宽松、公平、多元文化的环境中，让所有的幼儿都能表现和发展其自身文化认同中的智力，而不是让那些因文化选择而被忽视的智力得不到应有的认可和尊重。

（二）评价的目的

发现每个幼儿的潜力和特点，让每个幼儿得到更好的发展。

基于多元智力理论的评价既不是为了发现小天才，也不是为了对幼儿进行选拔、排队，而旨在发现每个幼儿的潜力和特点，识别并培养他们区别于他人的智能和兴趣，帮助他们去实现富有个性特色的发展，为他们提供一条实现自我价值的有效途径。每个幼儿所具有的独特能力的组合存在着质的不同，难以从量上加以排序、分类；每个幼儿都拥有相对于自己或是相对于他人的智力强项，教育旨在帮助幼儿发现、培育自己的智力优势，并以强项带动弱项的学习，建构自己的优势智力组合，实现自身全面、和谐的发展。如果评价仅仅以筛选、排序为目的，眼睛总盯在幼儿的不足、缺陷上，就会忽视幼儿所表现出的自尊、热情、投入和毅力，就会导致幼儿沮丧，甚至丧失自信，这样不仅不利于幼儿能力的发展，还妨碍其健全人格的形成。

（三）评价的参与者

具有共同经验基础的“相关人员”，共同构成灵活的评价体系。

幼儿园的教育评价参与成员的构成比较灵活，应是基于共同经验基础的“相关人员”。具体说，是对一个共同话题感兴趣，并具有相应的经验基础的所有“相关人员”，包括教师、幼儿甚至家长。这使评价活动更具有灵活性和针对性，避免了许多幼儿因缺乏相关经验对评价不感兴趣或游离于评价活动之外的现象。“相关人员”就某一共同话题或活动进行评价，不仅提高了幼儿参与评价活动的积极性，更为重要的是，有利于幼儿真正参与到评价活动中来，并且在与同伴的互评过程中，产生高质量的碰撞与对话，因为对话的一个重要条件就是有一个对话参与者共同关心的话题以及相应的经验基础。

（四）评价的时机

随机评价，让评价更加全面有效。

幼儿园教育评价不再仅仅局限于活动后的评价，而是可以根据需要扩展到活动过程中的任一环节，教师要将活动过程中的随机评价和活动结束后的集中评价相结合，将主要固定于活动结束时开展的评价环节转变为基于需要进行的随机评价。

（五）评价的功能

《纲要》将幼儿园教育评价的功能界定为是了解教育的适宜性、有效性，调整和改进工作，促进每一个幼儿发展，提高教育质量的必要手段。《纲要》还指出：

评价的过程，是教师运用专业知识审视教育实践，发现、分析、研究、解决问题的过程，也是其自我成长的重要途径。概括地说，幼儿园教育评价具有三个功能：促进每个幼儿的发展；促进教师的自我成长；促进课程本身的发展。由此可见，评价的发展性功能得到了充分的关注。这种模式的评价是一个持续的过程，包含已有的发展和潜在的发展，能在真实情景的社会互动中进行，在评价的过程中幼儿可以接受支持和援助，评价也能反映幼儿的变化和成长历程。所以，在区域活动中，教师通过评价的过程，不仅能对自己班级的区域环境和区域活动有较为理性的认识，而且可以提高自身对幼儿发展的认识，完善自身的幼儿教育价值观，提升自身的专业素养。

(六) 评价的内容

1. 对区域活动中的幼儿的评价

区域活动的主体是幼儿，区域环境是否适宜、区域活动是否有效都是透过幼儿的表现和发展状况体现出来的，所以，对区域活动中的幼儿的观察和评价至关重要。一般教师可以从以下几个方面入手：

(1) 评价幼儿的兴趣和参与度

① 活动兴趣高低。

② 活动过程中的专注与投入度。

③ 持续时间长短。

④ 对活动结果的关注度。

(2) 评价幼儿活动的目的性和计划性

(3) 评价幼儿的社会性发展水平

① 参与群体活动的兴趣。

② 在群体活动中的交流与合作。

③ 对玩具材料的分配和使用。

④ 发生同伴纠纷的频率。

⑤ 解决同伴纠纷的途径和方式。

(4) 评价幼儿的认知发展水平

① 语言表达水平。

② 选择材料的难易程度。

③ 对材料的创造性使用。

④ 已有经验的迁移。

⑤ 作品完成情况。

⑥ 解决困难和问题的能力。

⑦ 对活动结果的总结与评价能力。

(5) 评价幼儿的规则意识

① 是否知道每个区域的活动规则。

② 能否按照规则约束自己的行为。

③ 被指出违规后是否愿意改正。

④ 以何种态度对待同伴的违规行为。

2. 对区域活动中的教师的评价

教师在区域活动的整个开展过程中起着举足轻重的作用。通过对教师进行评价进而促进教师专业素养的提升,将有助于区域活动水平的不断提高。对教师的评价主要包括以下六个方面的内容:

(1) 评价教师对区域活动目标的定位

(2) 评价教师对区域材料的投放

① 材料投放是否有计划性。

② 推介材料的方式是否恰当。

③ 能否根据幼儿的发展水平随时调整、补充和更新材料。

④ 是否具备对材料进行价值分析的意识和能力。

(3) 评价教师在区域活动中的角色定位

(4) 评价教师对幼儿的观察

① 是否有明确的观察目的。

② 是否有观察重点。

③ 是否站在客观的立场上进行观察记录。

④ 是否全面观察与个别观察相结合。

⑤ 观察方法是否科学、适宜。

(5) 评价教师对区域活动的指导

① 指导的内容是否全面。

② 指导的介入时机是否合适。

③ 指导方式和策略是否适宜。

(6) 评价教师对区域活动的反思

① 是否能够及时反思。

② 是否明确需要反思的内容。

③ 是否能够站在客观的立场上进行反思。

④ 是否能够进行有价值的反思。

⑤ 是否能通过反思对区域活动进行及时的改进和调整，促进区域活动的开展。

3. 对区域环境的评价

一个完整、有效的区域环境通常是要从其合理性、适宜性、科学性、发展性进行综合评价的。

（1）对空间布局的评价

① 空间设计是否体现了以幼儿为本的理念。

② 空间的分割是否科学合理。

③ 是否依据办园条件因地制宜地开展区域活动。

④ 区域空间规划要点的把握是否到位。

（2）对区域种类的评价

① 区域的种类是否涵盖了幼儿全面发展的多项内容。

② 区域的选择是否有明显的年龄段差异，并符合各年龄段幼儿的需要和发展目标。

③ 区域的数量是否满足全班幼儿同时活动。

④ 区域的功能是否支持幼儿新经验的建立和多种能力的发展。

（3）对区域材料的评价

① 对材料选择的评价。

② 对材料投放的评价。

③ 对材料管理的评价。

（4）对区域标识的评价

① 标识的整体造型是否鲜明、生动有趣，能吸引幼儿关注。

② 图文比例是否恰当，是否突出了区域的主要功能。

③ 表示符号的暗示和引导意义是否直观、简洁，易于幼儿理解和操作，能帮助幼儿有序地活动并养成良好的习惯。

参 考 文 献

[1] 常敬.中美高校开放教育资源建设比较研究[D].济南：山东师范大学，2013.

[2] 董旭花，韩冰川，王翠霞，等，小区域，大学问[M].北京：中国轻工业出版社，2015.

[3] 董旭花，刘霞，赵福云，等.幼儿园自主性学习区域活动指导(生活操作区・美工区・益智区・科学区)[M].北京：中国轻工业出版社，2015.

[4] 范兆雄.课程资源概论[M].北京：中国社会科学出版社，2002.

[5] 盖伊・格朗兰德.发展适宜性游戏：引导幼儿向更高水平发展[M].北京：北京师范大学出版社，2014.

[6] 高芬.幼儿园区域活动环境创设与材料投放的优化策略[J].江苏教育学院学报.社会科学版，2009(5).

[7] 郝瑞萍.人类发展生态学视野下幼儿园区域活动研究[D].桂林：广西师范大学，2005 .

[8] 华爱华.幼儿园活动区材料投放方式与儿童行为的研究[D].上海：华东师范大学，2005.

[9] 黄菊芳.幼儿园课程资源开发利用初探[J].学前教育研究，2007(7-8).

[10] 教育部师范教育司.课程资源的开发与利用[M].北京：高等教育出版社，2004.

[11] 基础教育教学研究课题组.幼儿园活动区游戏指导[M].北京：高等教育出版社，2014.

[12] 孔敏.农村幼儿园课程资源开发与利用研究[D].新乡：河南师范大学，2013.

[13] 李会敏.幼儿园区域活动中教师指导行为的研究[D].桂林：广西师范大学，2006.

[14] 李会敏，季燕.幼儿园区域活动组织实施现状的调查[J].研究与探索，2006(7)：8.

[15] 李建君.区角，儿童智慧的天地[M].上海：上海社会科学院出版社，2005.

[16] 李季湄，冯晓霞.《3—6岁儿童学习与发展指南》解读[M].北京：人民教育出版社，2013.

[17] 林崇德.发展心理学[M].北京：人民教育出版社，2009.

[18] 刘炎.幼儿园游戏教学论[M].北京：中国社会出版社，2000.

[19] 吕音.幼儿园区域活动材料的选择[J].长春教育院学报，2006(12).

[20] 秦元东.幼儿园科学教育中集体活动和区域活动关系研究[J].幼儿教育：教育科学版，2006.

[21] 秦元东.生态式幼儿园区域活动的基本定位及其超越性[J].幼儿教育科学.教育科学版，2007(10).

[22] 秦元东.幼儿园区域活动材料观的转变[J].幼儿教育.教育科学版，2008(12).

[23] 秦元东，陈芳.如何有效实施幼儿园主题性区域活动[M].北京：中国轻工业出版社，2015.

[24] 秦元东，王春燕.幼儿园区域活动新论：一种生态学的视角[M].北京：北京师范大学出版社，2008.

[25] 孙洪泉.幼儿教师如何根据生态式区域活动特点制定指导策略[J].《林区教学》，2007(7).

[26] 孙艳华.幼儿园课程资源的开发与利用[J].学前教育研究，2007(3).

[27] 王晓樊.我国幼儿园科学课程资源开发利用的研究综述[J].基础教育研究，2013(6).

[28] 吴刚平.课程资源的理论构想[J].教育研究，2001(9).

[29] 向建秋.幼儿园区域活动中存在的问题及对策初探[J].成都大学学报.教育科学版，2008(5).

[30] 虞莉莉.幼儿园区域活动设计与指导[M].杭州：浙江教育出版社，2001.

[31] 虞永平.生活化的幼儿园课程[M].北京：高等教育出版社，2010.

[32] 翟理红，侯娟珍，等.幼儿游戏[M].北京：北京师范大学出版社，2012.

[33] 张海红.幼儿园区域活动中存在的问题与对策探析[J].教育导刊,2006(10).

[34] 张慧和,张俊.幼儿园数学教育[M].北京:人民教育出版社,2012.

[35] 张俊.幼儿园科学教育[M].北京:人民教育出版社,2012.

[36] 周兢,余珍有.幼儿园语言教育[M].北京:人民教育出版社,2012.

[37] 中华人民共和国国务院.国家中长期教育改革和发展规划纲要(2010—2020 年)[EB/OL]. http://www.gov.cn/jrzg/2010-07/29/content_1667143.htm,2014-9-23.

[38] 中华人民共和国国务院.国务院关于当前发展学前教育的若干意见[EB/OL]. http://www.gov.cn/zwgk/2010-11/24/content_1752377.htm,2014-9-23.

[39] 中华人民共和国教育部.教育部关于规范幼儿园保育教育工作,防止和纠正"小学化"现象的通知[EB/OL]. http://www.moe.gov.cn/publicfiles/business/htmlfiles/moe/s3327/201201/xxgk_129266.html,2014-9-23.

[40] 朱莉·布拉德.0-8 岁儿童学习环境创设[M].南京:南京师范大学出版社,2014.

[41] 中共中央编译局.马克思恩格斯全集(第 19 卷)[M].北京:人民出版社,1963:406.

后　　记

《直击〈指南〉幼儿园区域活动》一书，是参与湖南省教育科学研究院学前与特殊教育研究室副主任周丛笑老师主持的“十二五”规划2015重点课题“幼儿园教育活动资源建设研究”的子课题研究成果，也是我园园本课程研究的阶段性成果。

湖南省长沙市芙蓉区教育局德政园幼儿园对区域活动的研究始于2012年下学期，之前并未想过，自己平凡的工作点滴能汇编成书。感谢湖南省教育科学研究院周丛笑副主任的美好设想让我们第一次产生了出书的冲动，也很有幸能和非常优秀的课题研究团队在专业道路上共同前行。

本书分为六个篇章，分别涉及区域活动的概述、区域活动的目标构建、区域活动的内容选择、区域活动的环境创设、区域活动的过程设计以及区域活动中的观察与指导。其编写分工如下：编写方案、体例撰写、稿件统修与前言、后记，由周丛笑（湖南省教育科学研究院）和罗霞（芙蓉区教育局德政园幼儿园）负责；统稿工作与第一章、第三章第一节、第四章第一至三节、第五章、第六章第三节的撰写由蒋丽薇负责；第二章、第六章第四节由钟炼真负责撰写；钟炼真、胡昕、杨波、李素琴、吴丽帅、程姣、张利蓉、何聘裴、李丹、陆漫利、张曦、贺喜梅、黄维、西新林、苏丹慧分别提供了第三章第二节、第四章第四节、第六章第一和二节的原始素材；此外，钟炼真、杨波、李素琴、吴丽帅、程姣、张利蓉、何聘裴、屈献红等提供了部分案例素材。书中记录了我们四年多来关于区域活动研究的各种思考与体验，凝聚着我们反复锤炼的各个区域的设想与设计思路，呈现了区域活动探讨和实践的成果，特别是关于“一班一主题，一班一主材”的区域活动构想，相信会带给读者不一样的感受。书中罗列出来的素材与设计都来自一线教师，其中的实例与学习故事也是带班教师个人的经验总结和体会。我们很高兴能将其集结成书，因为它是我们努力工作的积累，也是我们专业成长道路上的一个个脚印。

收集与整理书稿的过程并不轻松，删删减减、备受煎熬，就像满怀期待的父母第一次养育新生儿一样困难。拜读过李开复的自传《世界因你而不同》，深受震撼，封面上印着一行小字："一个世界有你，一个世界没有你，让两者的不同最大，就是你一生的意义。"这本书让我们看到了，我们内心仍然有一股强烈的实现自我价值的动力。尽管我们的影响力仍然弱小，很难改变世界，但我们可以改变自己，让幼儿园教育活动资源因为有区域活动内容而更加完整，而区域活动也会因为我们的点滴经验而多一份参考与选择！

编撰此书的过程中，我们内心充满感激！感谢湖南省教育科学研究院周丛笑副主任亲自指导我们如何编排本书的篇章和目录，修改书稿中不当之处；感谢编写团队中的蒋丽薇细致而耐心的组织，感谢钟炼真、胡昕、杨波、李素琴、吴丽帅、程姣、张利蓉、何聘裴、李丹、陆漫利、张曦、贺喜梅、黄维、酉新林、苏丹慧的倾情编写。本书在编写过程中，参考了许多专家、学者的著作，在此谨致以诚挚的谢意！

囿于水平所限，本书难免会有不足，恳请各位专家、读者给予建议和指导，为我们后续的研究和实践提供支持。

谨以此书献给我们深爱的学前教育，献给芙蓉教育，献给所有关注湖南省长沙市芙蓉区教育局德政园幼儿园的人！

罗 霞

2017 年 8 月